UEBERREUTER
WIRTSCHAFT

Waltraud Langer
Michael Jungblut

DER EURO

Das Erste-Hilfe-Paket rund um die neue Währung

Unter Mitarbeit von
Mag. Susanne Spreitzer

UEBERREUTER
WIRTSCHAFT

Die Deutsche Bibliothek – CIP-Einheitsaufnahme

Langer, Waltraud
Der Euro : Das Erste-Hilfe-Paket rund um die neue Währung /
Waltraud Langer, Michael Jungblut. --
Frankfurt/Wien : Wirtschaftsverlag Ueberreuter, 2001
ISBN 3-7064-0841-1

Unsere Web-Adressen:

http://www.ueberreuter.at
http://www.ueberreuter.de

1 2 3 / 2003 2002 2001

Umschlag: Kurt Rendl, Wien

Druck: Landesverlag Druckservice, Linz
Printed in Austria

Inhaltsverzeichnis

Vorwort

An die großen Schritte Europas haben wir uns bisher rasch gewöhnt, etwa an die Aufhebung der Grenzkontrollen zwischen den Schengen-Staaten. So unvorstellbar es vorher war, so selbstverständlich fahren wir heute nach Italien oder Deutschland, ohne den Pass zu zeigen – ganz zu schweigen von jenen, die den Pass bei einer Reise nach Zürich oder Prag zu Hause lassen, weil sie das Thema Grenzkontrollen in Europa gänzlich vergessen haben.

Ganz so einfach wird es mit dem Euro nicht werden, vor allem für die Österreicher, die mit dem Wechselkurs von 13,7603 Schilling für einen Euro einen mühsamen Kurs fürs Kopfrechnen bekommen haben. Andere Länder haben es beim Kurs besser erwischt, aber auch ihnen wird der Abschied von der bisher gewohnten Währung emotional nicht ganz leicht fallen.

An dieser Währungsunion werden die Euro-Staaten dennoch nicht mehr rütteln. Sie bietet zu viele praktische Vorteile in einer durch Internet und E-Commerce zusammenwachsenden Welt. Für die Kinder wird die Umstellung auf den Euro so einfach und selbstverständlich wie der Umgang mit dem Computer. Ältere Generationen werden es zum Teil schwerer haben. Vielleicht tröstet sie der Gedanke, dass der Euro eine Investition in Europas Zukunft ist. Auch auf das Auto oder das Flugzeug hat die Menschheit nicht verzichtet, nur weil dabei umgelernt werden musste. Dass der Euro nicht nur eine Investition in die wirtschaftliche Konkurrenzfähigkeit, sondern auch in den Frieden ist, das könnte die ältere Generation vielleicht am ehesten überzeugen. Das gemeinsame Geld wird Europa noch stärker zur Zusammenarbeit zwingen und damit zusammenkitten, ohne dass die nationalen Unterschiede verschwinden müssen.

Der Euro kommt, daran ist nicht zu zweifeln. Tatsächlich gibt es den Euro längst, es fehlt nur noch die Umstellung des Bargeldes. Seit mit dem Jahreswechsel 1998/1999 die Wechselkurse von elf EU-Staaten fix aneinander gebunden wurden, ist der Euro Realität. Seit damals existiert der Euro als Buchgeld, kann bei Überweisungen ebenso verwendet werden wie bei der Erstellung einer Bilanz. An den Börsen der EU werden seit 1999 alle Aktienkurse nur mehr in Euro angegeben. Das hat zu einer besseren Vergleichbarkeit europäi-

scher Aktien geführt. Genauso wird es für alle wirtschaftlichen Leistungen sein, wenn nun auch das Bargeld umgestellt wird.

In den letzten Monaten haben den Euro dennoch hauptsächlich negative Schlagzeilen begleitet. Hauptursache ist die Entwicklung des Wechselkurses zum Dollar. Tatsächlich ist der Euro-Kurs seit 1999 im Vergleich zum Dollar-Kurs deutlich gefallen. Und: ja, die Europäische Zentralbank hat als gemeinsame Notenbank der Euro-Staaten einiges an Routine und Fingerspitzengefühl vermissen lassen und damit Kritikern der Währungsunion Argumente geliefert.

Dennoch ist die Diskussion viel zu kurz gegriffen. Der Euro ist eine vergleichsweise junge Währung. Es wäre unrealistisch, ein von Anfang an perfektes Zusammenspiel aller Teilnehmerstaaten zu erwarten. Auch manche Sorge lässt sich entkräften: Die Mitgliedstaaten der EU, die ihre nationalen Währungen über Bord werfen, sind hoch entwickelte Demokratien mit einer funktionierenden Marktwirtschaft. Und es macht durchaus Sinn, was sie hier umsetzen: Seit sie 1999 ihre Währungen aneinander gebunden haben, gibt es keine Schwankungen der Wechselkurse mehr. Seither sind die Euro-Staaten, die füreinander die wichtigsten Wirtschaftspartner sind, auch gegenseitig berechenbare Wirtschaftspartner. Abwertungen sind kein Thema mehr.

Mit Krisen innerhalb der Währungsunion muss dennoch gerechnet werden. Alles andere wäre eine echte Überraschung. Der Wechselkurs zum Dollar ist aber bisher noch keine ernstzunehmende Schwierigkeit für Europas neue Währung: Diese Schwankungen hat es immer schon gegeben. Der Schilling war im Verhältnis zum Dollar schon wesentlich schwächer als heute. Wer weiß schon, wo er heute ohne den Euro stehen würde – vielleicht sogar unter dem Kurs des Euro?

Pessimisten der Währungsunion werden es anders sehen. Doch auch ihnen sei gesagt: Den Schilling wird es in der Form, wie wir ihn jetzt haben, nie wieder geben. Selbst für den Fall, dass die Währungsunion irgendwann scheitern sollte, hat es keinerlei Sinn, Schilling-Bestände aufzubewahren. Sie würden als unverzinstes Geld liegen bleiben, das ab März 2002 nur mehr in der Nationalbank in Euro umgetauscht werden kann. Auch den Skeptikern bleibt es somit nicht erspart, den Wechsel von Schilling auf Euro mitzumachen. Dieses Buch soll ihnen dabei helfen, die Umstellung möglichst problemlos zu bewältigen.

Selbstverständlich bietet es aber auch wertvolle Tipps für jene, die sich auf den Euro freuen. Sie werden sie vielleicht nur mit mehr Freude lesen ...

Zu welcher Gruppe auch immer Sie sich zählen – wir hoffen, dass Ihnen dieses Buch bei der Umstellung vom Schilling auf den Euro als umfassender Ratgeber dient.

Die Autoren

DANK Gedankt sei an dieser Stelle vor allem Mag. Susanne Spreitzer für ihre wertvolle Mitarbeit.

Hinweis:

Um Ihnen die Orientierung zu erleichtern und Sie rasch zu Antworten zu allen Fragen rund um den Euro zu führen, sind die Stichworte in diesem Buch in alphabetischer Reihenfolge geordnet. **Blau gedruckte Begriffe** verweisen auf weiterführende Informationen zu diesem Thema.

Der Euro: Ein kurzer Steckbrief

Abkürzungen: €, EUR

Banknotenbedarf: Für die Erstausstattung der Bevölkerung der Währungsunion werden 14,25 Milliarden Euro-Banknoten im Gesamtwert von 642 Milliarden Euro hergestellt. In Österreich werden Anfang 2002 rund 340 Millionen Scheine ausgegeben, 180 Millionen Stück werden als Reserve gedruckt.

Beginn der Europäischen Währungsunion (EWU): 1. Jänner 1999. Der Euro wurde in allen der zunächst elf Mitgliedsländer gesetzliches Zahlungsmittel. Ab 1.1.2001 auch in Griechenland.

Bargeld: Bis Ende 2001 noch Verwendung der alten nationalen Münzen und Banknoten als alleinige Zahlungsmittel bei Barzahlungen. Umtausch Jänner/Februar 2002.

Bevölkerungszahl der EWU-Länder: Der Euro wird zum alleinigen gesetzlichen Zahlungsmittel für insgesamt 301 Millionen Menschen innerhalb der Währungsunion.

Börse: Seit Anfang 1999 werden alle Börsengeschäfte nur noch in Euro abgewickelt.

Devisenhandel: Seit Anfang 1999 werden Dollar und andere Drittwährungen nur noch gegenüber Euro notiert. Der Schilling und andere Mitgliedswährungen haben keinen eigenen Kurs mehr.

Mitglieder der EWU: Belgien, Deutschland, Finnland, Frankreich, Griechenland (seit 1.1.2001), Irland, Italien, Luxemburg, Niederlande, Österreich, Portugal, Spanien.

Münzen: Für die gesamte Währungsunion werden 50,3 Milliarden Münzen geprägt. In Österreich werden 2002 zunächst 1,5 Milliarden Münzen in Umlauf gebracht.

Geltungsbereich: Der Euro ist innerhalb der elf EWU-Länder seit 1999 gesetzliches Zahlungsmittel, ab 2001 auch in Griechenland. Im Laufe der ersten Monate des Jahres 2002 wird er in allen Mitgliedstaaten alleiniges gesetzliches Zahlungsmittel. Das schließt französische Überseedepartements ein. Hinzu kommen Kleinstaaten und unabhängige Regionen in Europa (Vatikanstaat, Andorra, San Marino, Monaco).

Symbol: Das €-Zeichen wurde aus dem griechischen Buchstaben Epsilon entwickelt.

Umtausch: Alte nationale Banknoten und Münzen werden ab 1. Jänner 2002 in Euro umgetauscht. Der Umtausch muss in Österreich innerhalb weniger Wochen abgeschlossen sein. Danach verlieren alte Zahlungsmittel ihre Gültigkeit.

Unbare Zahlungen: Zwischen Anfang 1999 und Ende 2001 konnte bei Überweisungen, Scheckausstellungen, der Nutzung von Kreditkarten und anderen unbaren Zahlungen zwischen Euro oder einer der alten Währungen gewählt werden. Ab Anfang 2002 müssen alle Zahlungen in Euro erfolgen.

Zahl der Euro-Münzen: 6 unterschiedliche Cent-Werte, 2 Euro-Münzen. Insgesamt 120 unterschiedliche Ausprägungen, die in allen Mitgliedsländern gelten. Ausführliche Informationen zu allen Stichworten auf den folgenden Seiten.

Die Euro-Umrechnungskurse gegenüber den zwölf Teilnehmer-Währungen der Währungsunion

Der Wert eines € in alter nationaler Währung:			
Belgischer Franc	40,3399	Luxemburgischer Franc	40,3399
D-Mark	1,95583	Niederländischer Gulden	2,20371
Spanische Pesete	166,386	Österreichischer Schilling	13,7603
Französischer Franc	6,55957	Portugiesischer Escudo	200,482
Irisches Pfund	0,78756	Finnische Mark	5, 9473
Italienische Lira	1936,27	Griechische Drachme	340,75

Wert des Schilling in Euro* (Beispiele):			
1 öS = 0,07 €	20 öS = 1,45 €	200 öS = 14,53 €	5.000 öS = 363,36 €
5 öS = 0,36 €	50 öS = 3,63 €	500 öS = 36,34 €	10.000 öS = 726,73 €
10 öS = 0,73 €	100 öS = 7,27 €	1.000 öS = 72,67 €	50.000 öS = 3.633,64 €

* alle Beträge auf zwei Nachkommastellen gerundet

Wert des Euro in Schilling* (Beispiele):

1 € = 13,76 öS	50 € = 688,02 öS	1.000 € = 13.760,30 öS
5 € = 68,80 öS	100 € = 1.376,03 öS	5.000 € = 68.801,50 öS
10 € = 137,60 öS	200 € = 2.752,06 öS	10.000 € = 137.603 öS
20 € = 275,21 öS	500 € = 6.880,15 öS	50.000 € = 688.015 öS

* alle Beträge auf zwei Nachkommastellen gerundet

Abgaben

Werden die staatlichen Abgaben bei der Umstellung auf Euro steigen, weil Bund, Länder und Gemeinden die Bürger stärker zur Kasse bitten?

Abgaben sind hoheitlich (durch Gesetz oder Verordnung) vom Staat festgelegte Beträge: **Steuern,** Sozialabgaben, Zölle, Abschöpfungen, Beiträge, Gebühren usw. Im Gegensatz zu Preisen kann der Gesetzgeber sie ohne Rücksicht auf Marktverhältnisse einseitig festsetzen.

Geht es nach dem heimischen Finanzminister, so werden in Österreich keine Umstellungsgewinnler zugelassen. Weder im privaten Bereich noch im öffentlichen Sektor dürften demnach umstellungsbedingt Preise, Tarife, Steuern oder Gebühren erhöht werden. Um mit gutem Beispiel voranzugehen, wird der Bund durch Abrundungen bei Tarif- und Gebührensätzen zu Gunsten der Bürger ab 2002 um 250 bis 300 Millionen Schilling (rund 27 Schilling pro Kopf) weniger einnehmen.

Völlig unterschiedlich gestaltet sich das **Abrunden** und Aufrunden in den Ländern und Gemeinden. Ab 1. Jänner 2002 sollen im Wege einer Sammelnovelle die in den Landesgesetzen vorkommenden Schilling-Beträge – gemäß den von der EU vorgegebenen Umrechnungsregeln – durch entsprechende Euro-Beträge ersetzt werden. Das betrifft zum überwiegenden Teil Verwaltungsstrafbestimmungen, aber auch landesgesetzliche Bestimmungen über Abgaben, Gebühren und Kostenbeiträge, Bezüge, Förderungen, Beihilfen und Sozialleistungen sowie Wertgrenzen. Laut Gesetz muss der neue Euro-Betrag auf den Cent genau nach dem festgelegten Umrechnungskurs festgesetzt wer-

den. Wenn aber etwa bei Verwaltungsabgaben oder Barzahlung eine exakte Umrechnung wenig zweckmäßig ist, darf der Betrag (nach oben oder unten) geglättet werden. Beispiele bei den **Geldstrafen** zeigen, dass dabei jedes Bundesland unterschiedlich vorgeht.

Auch bei den Gemeinden, die mit Adaptierungskosten von zwei Milliarden Schilling für EDV, Formulare und Ähnliches rechnen, gibt es in kommunalen Verordnungen und Tarifen rund 70.000 monetäre Bezüge, die umgerechnet, gerundet und in vielen Fällen geglättet werden müssen. Gemeindebund-Präsident Helmut Mödlhammer versprach zwar, dass schwarze Schafe unter den Kommunen, die sich bei der Euro-Umstellung ein Körberlgeld verschaffen wollten, an den Pranger gestellt würden. Die Verbraucherschützer sowie die im Wirtschaftsministerium angesiedelte **Preiskommission** sehen aber bereits vor der endgültigen Umstellung auf den Euro nicht nur dem Handel, sondern auch den öffentlichen Stellen bei der Umrechnung genau auf die Finger. So wird vor allem darauf hingewiesen, dass manche Verantwortlichen die Gunst der Stunde nutzen und die Preise noch in Schilling erhöhen, um sie dann mit der Euro-Umstellung abzurunden – zum Beispiel in Steyr, Baden und Innsbruck, wo die Parkgebühren noch rechtzeitig vor Einführung der doppelten Preisauszeichnung erhöht wurden.

Abkürzung

Wie wird Euro amtlich abgekürzt?

Der Euro wird nach ISO-Norm (verwendet unter anderem von Börse und Devisenhandel) mit drei Buchstaben abgekürzt: EUR, also vergleichbar mit ATS für den Schilling oder SFR für den Schweizer Franken. Daneben gibt es auch noch die Abkürzung EO, die etwa den früheren Abkürzungen DM für Deutsche Mark oder öS für österreichische Schilling entspricht.

Der Euro hat im Gegensatz zum Schilling auch ein offizielles Zeichen oder Logo: das €. Der Dollar hat schon seit Jahrzehnten mit dem $ ein international verwendetes Symbol für die US-Währung.

Der Euro – Münzen und Scheine

Die acht Euro-Münzen und sieben Euro-Banknoten unterscheiden sich durch Gestaltung, Größe und Farbe.

Es gibt Münzen zu 1, 2, 5, 10, 20 und 50 Cent sowie zu 1 € und 2 €. Die Münzen mit hohem Nennwert – 1 € und 2 € – sind zweifarbig (silber- und goldfarben), die Münzen mit mittlerem Nennwert – 10, 20 und 50 Cent – sind goldfarben und mit niedrigem Nennwert – 1, 2 und 5 Cent – kupferfarben.

Die sieben Euro-Banknoten mit Werten von 5 € bis 500 € sind leicht zu erkennen. Jeder Banknotenwert hat eine andere Farbe und Größe. Je höher der Nennwert, desto größer die Banknote.

In den Euro-Banknoten sind mehrere Merkmale eingearbeitet, die Blinden und Sehbehinderten die Unterscheidung der verschiedenen Banknotenwerte erleichtern.

5 €
120 x 62 mm
grau

10 €
127 x 67 mm
rot

20 €
133 x 72 mm
blau

50 €
140 x 77 mm
orange

100 €
147 x 82 mm
grün

200 €
153 x 82 mm
ocker

500 €
160 x 82 mm
lila

Sicherheitsmerkmale 5 €, 10 € und 20 €

Fühlen

Stichtiefdruck

Die Euro-Banknoten werden auf Papier aus reiner Baumwolle gedruckt, das sich spürbar von normalem Papier unterscheidet. Durch die Verwendung einer speziellen Drucktechnik sind einige Bildelemente auf der Vorderseite der Banknoten ertastbar.

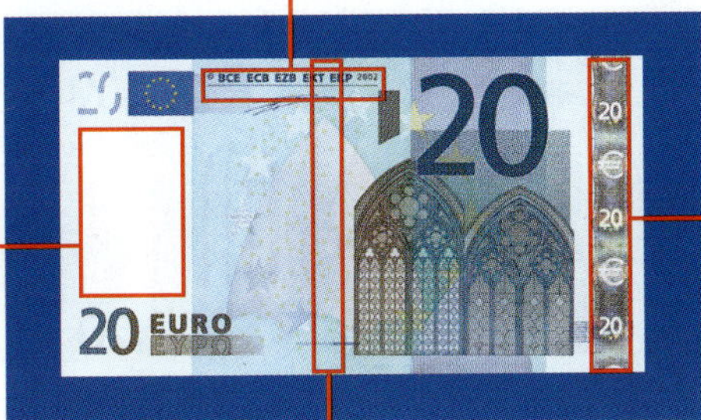

Kippen

Spezial-folienstreifen

Beim Kippen der Banknote erscheinen, je nach Betrachtungswinkel, das Euro-Symbol oder die Wertzahl als Hologramm.

Sehen

Wasser-zeichen

Im Gegenlicht sind ein Architekturmotiv und die Wertzahl zu sehen.

Sicherheitsfaden

Im Gegenlicht wird eine dunkle Linie sichtbar

Perlglanz-streifen

Auf der Rückseite der Banknote erkennt man beim Kippen gegen eine Lichtquelle einen glänzenden hell- bis goldgelben Streifen.

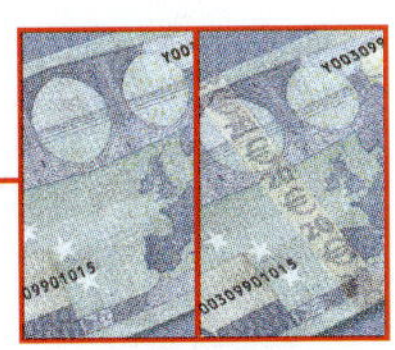

Sicherheitsmerkmale 50 €, 100 €, 200 € und 500 €

Fühlen

Stichtiefdruck

Die Euro-Banknoten werden auf Papier aus reiner Baumwolle gedruckt, das sich spürbar von normalem Papier unterscheidet. Durch die Verwendung einer speziellen Drucktechnik sind einige Bildelemente auf der Vorderseite der Banknoten ertastbar.

Kippen

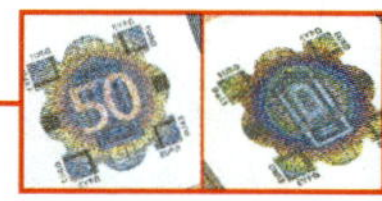

Spezialfolienelement

Beim Kippen der Banknote erscheinen, je nach Betrachtungswinkel, ein Architekturmotiv oder die Wertzahl als Hologramm.

Sehen

Wasserzeichen

Im Gegenlicht sind ein Architekturmotiv und die Wertzahl zu sehen.

Sicherheitsfaden

Im Gegenlicht wird eine dunkle Linie sichtbar

Farbwechsel

Auf der Rückseite der Banknote wechselt beim Kippen die Farbe der Wertzahl rechts unten von purpurrot zu olivgrün oder braun.

Abrunden/Aufrunden

Werden Unternehmen, Handel und Behörden die Umstellung auf den Euro nutzen, um Preise und Gebühren zu ihren Gunsten aufzurunden?

Für die **Umrechnung** alter Preise und Gebühren gibt es feste Regeln. Der festgelegte **Umrechnungsfaktor** für Schilling/Euro ist 13,7603. Für die anderen Mitgliedsländer der Währungsunion gelten die für sie festgelegten Umrechnungsfaktoren zum Euro entsprechend. Das sich daraus ergebende Resultat darf dann nach kaufmännischen Regeln gerundet werden, und zwar folgendermaßen:

Abrundung: wenn die dritte Stelle hinter dem Komma kleiner als 5 ist;
Aufrundung: wenn die dritte Stelle hinter dem Komma exakt den Wert 5 hat oder größer als 5 ist.

Beispiel: 20,2632 muss abgerundet werden zu 20,26
20,2672 kann aufgerundet werden zu 20,27

Aber es gibt natürlich viele Möglichkeiten, die Schilling-Preise im Laufe des Jahres 2001 so zu gestalten, dass sich nach 2002 bei der Umrechnung ein optisch günstiger Euro Betrag ergibt. Wenn ein Signal oder Schwellenpreis von 9,99 € gewünscht wird, dann muss im Laufe des Jahres ein wohl eher merkwürdiger Schilling-Preis von 137,47 Schilling etabliert werden. Wenn dagegen bis zuletzt an einem Preis von 149,90 Schilling festgehalten wird, dann ergibt sich bei der Umstellung auf Euro ein Betrag von 10,89 €. Das wird mancher Händler als verkaufspsychologisch ungünstig einschätzen.

Ob Unternehmen heimliche Preiserhöhungen durchsetzen können, hängt vor allem von der jeweiligen Marktlage, aber auch von der Aufmerksamkeit der Kunden und der Medien ab. Verstöße gegen die korrekte Anwendung des Umrechnungsfaktors oder ein Anheben des Preisniveaus anlässlich der Euro-Einführung können die Verbraucher der im Bundesministerium für Wirtschaft und Arbeit angesiedelten Euro-**Preiskommission** melden. Fest steht: Jedes Unternehmen, das als Preissünder bekannt wird, fügt sich damit einen langjährigen Imageschaden zu. Diese Vorgangsweise ist mit Sicherheit nicht zu empfehlen. Einige Großunternehmen, darunter Lebensmittelketten und Ver-

sicherungsgesellschaften, haben erklärt, in jedem Fall zu Gunsten ihrer Kundschaft zu runden. Der Staat versucht hier mit gutem Beispiel voranzugehen. So wird der Bund nach Aussagen des Finanzministers **Abgaben** und Tarife überwiegend abrunden.

Auch einige Bundesländer folgen diesem Beispiel: So wird etwa in Wien konsequent abgerundet, auch wenn dies der Stadtkasse einen Einnahmenverlust in zweistelliger Millionenhöhe verursachen wird. Um einige Cent billiger werden zum Beispiel Parkscheine und Tickets für die Wiener Linien. Ab dem 1. Jänner kostet etwa ein Einzelfahrschein 1,30 Euro (bisher 19 Schilling, was bei exakter Umrechnung 1,38 Euro ergeben hätte). Jahreskarten (für Abbucher) kosten dann 385,10 Euro (bisher 5.300 Schilling oder 385,17 Euro). Auch Kurzparkscheine und Geldstrafen fallen künftig etwas günstiger aus: Eine halbe Stunde Parken kostet in Wien dann statt vorher sechs Schilling nur noch 40 Cent (= 5,50 Schilling). Bei Strafbestimmungen werden für je 100 Schilling sieben Euro (statt genau umgerechneten 7,27 Euro) eingesetzt. Das ist bei einer 10.000-Schilling-Strafe (= 700 Euro) immerhin eine „Ersparnis“ von 27 Euro (= über 370 Schilling). In anderen Ländern oder Kommunen, wie etwa in Oberösterreich, wird hingegen tendenziell aufgerundet oder eine Erhöhung, beispielsweise von **Geldstrafen,** vorweggenommen, indem der Schilling-Betrag noch im Laufe des Jahres 2001 angehoben wurde.

Während vorgezogene Preisüberwälzungen nur schwer als Umstellungsbonus für Handel oder Behörden festzumachen sind, bestehen für die Zeit der **doppelten Preisauszeichnung** bis zur endgültigen Einführung des Euro (also vom 1. Oktober 2001 bis 28. Februar 2002) eine Reihe von Maßnahmen, um stille Preiserhöhungen hintanzuhalten: einerseits gesetzliche Regelungen zur Preiskontrolle und eine eigens dafür eingerichtete Euro-Preiskommission im Wirtschaftsministerium, die darüber wachen soll, dass beim Auf- und Abrunden alles mit rechten Dingen zugeht; andererseits erhöhte Aufmerksamkeit und Kontrolle von Verbraucherschützern und natürlich den Verbrauchern selbst. Der Eindruck, dass viele Unternehmen und Kommunen die Preise zu ihren Gunsten aufrunden, geht freilich aus allen Umfragen hervor und es werden auch immer mehr Beispiele bekannt, bei denen die Begründungen für Preis- oder Tariferhöhungen nur schwer nachvollziehbar sind.

Abwertung/Aufwertung des Euro

Hat der Übergang zum Euro nach 1999 international zu einer Abwertung der europäischen Währung geführt?

Der Euro startete Anfang 1999 gegenüber dem Dollar mit einem Wechselkurs von rund 1,18 Dollar für einen Euro. In den drei Jahren bis zur Einführung des Euro-Bargeldes 2002 sank der Kurs des Euro (sein **Außenwert**) zeitweise unter 0,83 Dollar, um später wieder auf über 90 Dollar-Cent zu steigen. Der zeitweilig starke Kursrückgang des Euro gegenüber dem US-Dollar wurde weltweit aufmerksam beobachtet. Vielfach wurde dies als Zeichen einer fundamentalen Schwäche oder eines internationalen Misstrauens gegenüber der neuen Währung gedeutet. Tatsächlich spiegelte diese Entwicklung aber die unterschiedliche Wirtschaftsentwicklung in den USA und Europa wider. Im Vergleich zur langfristigen Entwicklung des DM/Dollar-Kurses (und somit auch zum eng an die D-Mark gebundenen Schilling) waren die Schwankungen des Euro keineswegs ungewöhnlich. Dies zeigen die Kursbewegungen der D-Mark gegenüber dem Dollar in den 20 Jahren zwischen 1970 und 1998. So kostete der Dollar in DM:

Jahr	Dollarkurs in DM	Jahr	Dollarkurs in DM
1970	3,65 DM	1988	1,75 DM
1978	2,01 DM	1990	1,95 DM
1980	1,82 DM	**1995**	**1,36 DM**
1985	**3,15 DM**	1998	1,76 DM

Auf seinem tiefsten Punkt im Jahr 2000 hatte der Euro umgerechnet an den internationalen Devisenmärkten einen Kurs von 2,27 DM. Das entsprach ziemlich genau dem Mittelwert (2,25) zwischen dem höchsten (1985) und niedrigsten (1995) Kurs der DM gegenüber dem Dollar im oben dargestellten Zeitraum. Es spricht viel dafür, dass auch DM und Schilling, wenn sie noch eigenständige Währungen gewesen wären, in den Jahren 1999 bis 2002 gegenüber dem Dollar stark gefallen wären. Möglicherweise wäre der Außenwert sogar noch stärker gesunken, denn in dem betrachteten Zeitraum bildete Deutschland hinsichtlich Wirtschaftswachstum und Arbeitslosigkeit so ziem-

lich das Schlusslicht innerhalb der Währungsunion. Da der Schilling die Entwicklung der D-Mark 1:1 nachgebildet hat, hätte er auch diese Entwicklung nachvollzogen. Auch hinsichtlich der Preisstabilität schnitten andere Länder besser ab.

Wichtig in diesem Zusammenhang ist aber auch, dass die Währungsunion sich jetzt in einer ähnlichen Lage befindet wie die USA. Der **Wechselkurs** spielt bei weitem keine so wichtige Rolle mehr wie zur Zeit der alten nationalen Währungen, da der größte Teil des Austauschs von Waren und Dienstleistungen sich seit Anfang 1999 im eigenen Währungsraum abspielt. Wechselkursänderungen sind also nur noch für den sehr viel geringeren Teil des Außenhandels mit Drittländern von direkter Bedeutung.

Da der Zeitraum, für den sich die Kursentwicklung von Dollar und Euro an den Devisenmärkten beobachten lässt, noch sehr kurz ist, kann für eine längerfristige Einschätzung nur ein fiktiver Wert des Euro ermittelt werden. Dies geschieht, indem der Währungskorb, aus dem der Euro und sein Vorgänger, die Europäische Währungseinheit **ECU,** ursprünglich zusammengesetzt wurden, gegenüber dem Dollar zurückgerechnet wird. Dabei zeigt sich, dass dieser fiktive Wert 1975 bei 1,35 Dollar je Euro gelegen hätte. 1980 wären es 1,45 Dollar gewesen, aber 1985 nur rund 70 Cent. 1991 wären wieder 1,40 Dollar für einen Euro zu zahlen gewesen.

Insofern sind die tatsächlichen Kursschwankungen des Euro gegenüber dem Dollar zwischen 1999 und 2002 keineswegs so ungewöhnlich, wie es auf den ersten Blick erscheint.

Aktien

Was ändert sich bei Aktien durch die Vollendung der Währungsunion 2002?

Alle Aktien werden bereits seit dem ersten Börsentag (4.1.1999) nach Inkrafttreten der Währungsunion innerhalb der gesamten Währungsunion in Euro notiert (siehe auch nächstes Stichwort). Der Übergang vollzog sich trotz der Milliardenumsätze an den Wertpapiermärkten ohne jedes Problem. Der Wechsel von Schilling, D-Mark, Gulden oder Franc zum Euro be-

einflusste den realen Wert der Aktien in keiner Weise. Zum Stichtag wurden die Börsenkurse und Nennwerte von Aktien ebenso wie die der **Anleihen** durch einen einfachen Rechenvorgang in die neue Währung umgerechnet. Es fand ein **wertgleicher Umtausch** statt.

Beim Kauf oder Verkauf von Wertpapieren wurden die entsprechenden Beträge zwischen 1999 und Anfang Jahr 2002 immer in der Währung vom **Konto** abgebucht oder darauf gutgeschrieben, in der es geführt wurde – bei den meisten Konten in Österreich also bis Ende 2001 in Schilling. Wer sein Konto früher auf Euro umstellen ließ, konnte bereits ab 1999 alle Wertpapiertransaktionen ohne Umrechnung in Euro durchführen. Mit Beginn des Jahres 2002 werden alle Konten automatisch auf Euro umgestellt. Die Umrechnung der Gutschriften oder Belastungen bei Wertpapiergeschäften entfällt.

Aktien-Notierung

Seit wann werden Aktien in Euro gehandelt?

Am ersten Börsentag des Jahres 1999 wurde an der Wiener Börse ebenso wie an den anderen Börsen innerhalb der Währungsunion die Kursnotierung auf Euro umgestellt. Dies geschah nach dem Prinzip des **wertgleichen Umtauschs.** Am tatsächlichen Börsenwert der Aktien änderte sich dadurch nichts.

Für den Aktienbesitzer ergab sich dadurch in der Übergangszeit folgende Situation: An der österreichischen Börse wurden seine Papiere in Euro notiert. Wenn er aber Aktien verkaufte, erschien auf dem Konto eine entsprechende Gutschrift in Schilling. Beispiel: Am letzten Börsentag im Dezember 1998 wurde eine XY-Aktie zum Kurs von 910 Schilling erworben. Am ersten Börsentag des Jahres 1999 wurde sie in Wien bei ruhigem Geschäft mit 66,13 Euro notiert. Wenn der Anleger sich entschloss, sie zu Handelsbeginn wieder zu verkaufen, wurden seinem Schilling-Konto je Aktie wieder rund 910 Schilling gutgeschrieben. (Natürlich waren daneben noch Spesen usw. zu berücksichtigen.)

Da die meisten Privatpersonen in den einzelnen Mitgliedsländern bis Ende 2001 noch das alte nationale Geld als Kontowährung verwenden, wurden bei Wertpapiergeschäften trotz der Notierung dieser Papiere in Euro die Gegen-

werte auf dem Konto bei Kauf und Verkauf in Schilling, Franc oder Gulden umgerechnet. Trotz dieser millionenfachen Umrechnungen hat der Wertpapierhandel in der dreijährigen Übergangszeit stets reibungslos funktioniert.

Es handelte sich bei allen Wertpapiergeschäften innerhalb des europäischen Währungsraumes um bloße Rechenvorgänge, bei denen niemand etwas gewinnen oder verlieren konnte. Im Gegensatz dazu muss bei Wertpapierkäufen an der Wall Street, in Tokio oder London ebenso wie bei Investitionen in jedem anderen Drittland immer damit gerechnet werden, dass zu den Kursveränderungen an den jeweiligen Börsen auch noch Wechselkursveränderungen kommen können. Wertpapiergeschäfte im Devisenausland (also außerhalb der Währungsunion) sind daher immer mit einem doppelten Risiko behaftet.

Alte Banknoten

Sollte man nach 2002 einige der alten Geldscheine aufbewahren? Werden sie später im Wert steigen? Könnten sie wieder zu Zahlungsmitteln werden?

Bei jedem Umtausch alter gegen neue Münzen oder Geldscheine kommen derartige Gerüchte auf. Das gilt sogar bei einer **Währungsreform,** dem Austausch wertlos gewordenen Geldes gegen eine neue Währung, wie dies nach der großen Inflation 1923 oder nach dem Zweiten Weltkrieg in Österreich und Deutschland erforderlich war. Bei der Europäischen Währungsunion handelt es sich jedoch nicht um eine Währungsreform, sondern um einen **wertgleichen** Umtausch. Deshalb galten die alten nationalen Währungen und der Euro zwischen 1999 und 2002 auch parallel als gesetzliche Zahlungsmittel. Ab März 2002 verlieren die alten Scheine und Münzen aber ihre Funktion als gesetzliches Zahlungsmittel. Sie dürfen dann nicht mehr im Geschäftsverkehr verwendet werden. Sie können aber in Österreich bei Kreditinstituten und Postämtern sowie später für unbegrenzte Zeit bei den Kassen der Oesterreichischen Nationalbank zum festen Umrechnungskurs von 1 Euro = 13,7603 Schilling umgetauscht werden. (Auch wer in 20 Jahren noch Schilling-Scheine in einer Schublade oder unter der Matratze findet, kann sie zum amtlichen Kurs von 13,7603 Schilling pro Euro eintauschen.)

Gesetzliche Zahlungsmittel werden diese alten Banknoten aber nie wieder – selbst in dem rein theoretischen Fall nicht, dass die Währungsunion irgendwann im gegenseitigen Einvernehmen wieder aufgelöst würde. Dann müsste in jedem Fall neues Geld gedruckt werden. In allen EWU-Ländern wird **altes Geld** nach dem Umtausch im Auftrag der Zentralbank vernichtet

Alte Geldscheine oder **Münzen** über das Jahr 2002 hinaus aufzubewahren und darauf zu hoffen, dass sie später wieder gültig werden, ist sinnlos und unwirtschaftlich. Eine andere Frage ist, ob sie zu Sammlerobjekten werden. Das wird zwar mit Sicherheit so sein. Doch die meisten Münzen und Scheine werden noch auf Jahrzehnte hinaus nur einen sehr geringen oder gar keinen Sammlerwert haben (also einen Wert, der über den Umtauschkurs hinausgeht). Das ist erst nach langer Zeit der Fall, wenn die Zahl der gut erhaltenen Exemplare alter Währungen sehr gering geworden ist. Ausnahmen gibt es aber immer bei solchen Scheinen oder Münzen, die Besonderheiten aufweisen oder schon vor vielen Jahren aus dem Verkehr gezogen wurden. Sammler, die Wert auf Vollständigkeit ihrer Kollektion legen, sind dann oft bereit, für solche Stücke hohe Preise zu zahlen.

Alter allein reicht nicht. Es kommt auf Seltenheit an. So wirken viele der Geldscheine aus der Zeit der österreichischen Hyperinflation in den Zwanzigerjahren mit Nennwerten in Milliarden- oder gar Billionenhöhe auf uns heute zwar sehr skurril und werden innerhalb von Familien oft von Generation zu Generation vererbt. Doch gerade deswegen haben sie meist nur einen geringen Sammlerwert. Nur wer sehr seltene oder kuriose Stücke (wie Holzgeld oder Ähnliches) besitzt, kann manchmal Beträge dafür erlösen.

Vergleichbares gilt auch für die meisten der schon seit Jahren nicht mehr gültigen Schilling-Scheine, die in den vergangenen Jahren von der Nationalbank gegen Banknoten ausgetauscht wurden, die sich weniger leicht fälschen lassen. Sie haben meist ebenfalls keinen Sammlerwert, können aber bis Ende 2001 gegen neue Schilling-Banknoten und danach unbegrenzt gegen Euro eingetauscht werden.

Altpapier und Schrott

Wer sich aus Nostalgie ein paar alte Münzen oder Banknoten aus Österreich oder anderen EWU-Ländern aufheben will, kann dies tun. Ein Geschäft lässt sich damit aber in der Regel nicht machen.

Alte Münzen

Was geschieht mit den alten Schilling- und Groschen-Stücken? Haben sie später Sammlerwert?

Rund drei Milliarden alte Schilling- und Groschen-Stücke mit einem Gewicht von 9.000 Tonnen sind nach Schätzungen der Oesterreichischen Nationalbank im Jahr 2001 im Umlauf. Sie stecken in Geldbeuteln, Park- und Getränkeautomaten, in Sammlerbüchsen, in Sparschweinen, Strümpfen, Marmeladengläsern, liegen in Brunnen oder sind in Sesselritzen verschwunden. Allein in den österreichischen Haushalten soll im Schnitt etwa ein halbes Kilo Münzen lagern.

Der reine Materialwert der derzeit noch umlaufenden Schillinge und Groschen beläuft sich auf etwa 300 Millionen Schilling. Da sie eine andere Legierung als die neuen Euro-Münzen haben, werden sie eingeschmolzen und als Altmetall verkauft. Mit dem Erlös auf den Kupfer- und Nickelmärkten wird das Rohmaterial für die Euro- und Cent-Stücke finanziert.

Sammlermünzen, die im Laufe der Jahre in großer Zahl geprägt und an Liebhaber verkauft wurden, behalten auch nach der Euro-Einführung ihren vollen Nennwert. Sie sind zwar nach dem 28. Februar 2002 keine gesetzlichen Zahlungsmittel mehr, werden aber bis dahin von jedem Händler angenommen. Wie alle anderen zum Jahresende 2001 gültigen Zahlungsmittel werden sie danach von der Notenbank – allerdings nur von ihr – ohne zeitliche Begrenzung in Euro umgetauscht. Münz-Sammlungen müssen also nicht sofort aufgelöst werden. Der Nominalwert der Gedenkmünzen (umgerechnet in Euro) ist den Sammlern in jedem Fall auch dann sicher, wenn sie sich (oder ihre Erben) erst in zehn Jahren von diesen Stücken trennen wollen.

Liegen Materialwert oder Sammlerwert einer Münze über ihrem Nennwert (wie etwa beim „Wiener Philharmoniker“, bei Sammlermünzen in limitierter Auflage oder mit besonderen Prägequalitäten), gibt es keinen Grund, sie in Euro umzuwechseln. Bei sehr alten Silbermünzen liegt der Wert unter Umständen über dem Nennwert, die neuen Silberhunderter bringen hingegen meist weniger als den Nominalwert; wenn Sie nicht aus bestimmten Gründen daran hängen, zahlt es sich daher nicht aus, sie zu behalten.

Keine gesetzlichen Zahlungsmittel sind historische Gold- und Silbermünzen

(Dukaten, Gulden, Kronen, Maria-Theresien-Taler). Sie können zwar jederzeit zum jeweiligen Tageskurs verkauft werden, es gibt aber ebenfalls keinen Grund, sie in Euro umzuwechseln.

Münzen und Medaillen: nur Liebhaberwert

In der Regel lohnt es sich nicht, alte Schilling-Münzen oder -Scheine in der Hoffnung auf einen künftigen Sammlerwert aufzuheben. Bis auf wenige Stücke sind sie in zu großer Zahl vorhanden. Bei Gedenkmünzen gilt die Devise: Behalten, was einem gefällt! Goldmünzen wie der „Philharmoniker" sollten hingegen nicht zum Nennwert getauscht werden: Hier liegt allein der Metallwert über der Nominale – und vielleicht auch der Sammlerwert.

Überhaupt keine Hoffnung auf Wertsteigerungen dürfen Sie sich in der Regel bei **Medaillen** machen. Sie sind meist völlig wertlos.

Alterseinkünfte und Euro

Was wird aus Renten und Pensionen in der Europäischen Währungsunion?

Grundsätzlich ändert sich durch den Euro für Ruheständler und ihre Bezüge nichts. Denn ebenso wie bei allen anderen in Geld ausgedrückten Werten werden auch **Pensionen** ab 2002 wertgleich in Euro umgerechnet. Die ausgezahlten Beträge werden dabei zwar rein zahlenmäßig stark reduziert (also durch 13,7603 geteilt). Eine tatsächliche Schmälerung ihrer Bezüge müssen diese Rentner aber ebenso wenig befürchten wie Lohn- und Gehaltsempfänger oder die Bezieher von Zinseinkünften. Denn auch die Preise, Mieten, **Steuern** und **Abgaben** werden in gleicher Form „verringert".

Besonderheiten gilt es allerdings beim Bezug einer **Pension im Ausland** zu beachten. Das gilt sowohl für Rentenüberweisungen innerhalb der Währungsunion als auch für ehemalige „Gastarbeiter", die wieder in ihre Heimat zurückkehren. Bei Rentenüberweisungen innerhalb der EWU entfällt spätestens Anfang 2002 die Notwendigkeit des Umrechnens, im Fall der nach Hause zurückgekehrten „Gastarbeiter" ändert sich mit dem Euro die Währung.

Altersrenten

Was geschieht mit den Zahlungen aus der sozialen Pensionsversicherung?

Siehe unter: **Pension**

Altes Geld

Was geschieht mit den alten Banknoten und Münzen nach dem Umtausch in Euro?

Im Jahr 2001 waren rund 470 Millionen Schilling-Banknoten im Umlauf. Nicht alle davon befanden sich in österreichischen Brieftaschen, Ladenkassen, Geldautomaten oder Tresoren. Auch in vielen anderen Ländern wurde der Schilling als Zahlungsmittel verwendet oder gehortet. Nach Schätzungen der Notenbank befanden sich in Nachbarländern wie der Tschechischen Republik, der Slowakischen Republik und Ungarn mehr als 20 Milliarden Schilling Bargeld; das sind mehr als zehn Prozent des gesamten Banknotenumlaufs von 180 Milliarden Schilling.

Umfassender noch als der Schilling wurde die D-Mark außerhalb Deutschlands als Zweitzahlungsmittel verwendet. In Bosnien, Montenegro sowie im Kosovo war die DM sogar zum Teil offiziell, zum Teil faktisch die Landeswährung. Die deutsche Bundesbank geht davon aus, dass sich 30 bis 40 Prozent der umlaufenden DM-Banknoten im Ausland befinden. Schon im Laufe des Jahres 2001 kamen ganze Flugzeugladungen davon nach Deutschland zurück. Ab Jänner 2002 stapeln sich dann die alten Münzen und Scheine in großen Mengen beim Handel, bei Banken und Sparkassen, wenn sie gegen die neuen Banknoten und Münzen eingetauscht werden. Daraus ergeben sich in vielen Euro-Ländern schwierige Transport-, Lager- und Entsorgungsprobleme: Insgesamt müssen in der Währungsunion alte Banknoten im Gewicht von mehr als zehntausend Tonnen vernichtet werden. In Österreich werden die ehemals kostbaren Scheine zerkleinert und als Dämmmaterial wiederverwertet; in Deutschland werden die alten DM-Banknoten geschreddert, zu „Briketts“ gepresst und anschließend in Heizkraftwerken, Zementwerken und ähnlichen Öfen „thermisch verwertet“.

Neben den Banknoten müssen auch noch an die drei Milliarden Schilling- und Groschen-Stücke entsorgt werden. Die **alten Münzen** werden schlicht eingeschmolzen. Für die Euro-Münzen kann das Altmetall nicht verwendet werden, da diese aus anderen Metalllegierungen bestehen. Im Austausch dafür werden in Österreich 2002 rund 1,5 Milliarden neue Euro- und Cent-Münzen in Umlauf gebracht, in allen EWU-Länder zusammengenommen sind es rund 50 Milliarden Stück.

Angeschlossene Euro-Gebiete

Wird der Euro auch außerhalb der Europäischen Währungsunion als Zahlungsmittel verwendet?

Der Euro gilt als Währung weit über die Währungsunion und sogar Europa hinaus. Sein **Geltungsbereich** als gesetzliches Zahlungsmittel umfasste ursprünglich die elf Mitgliedsländer der Europäischen Union, die sich 1999 zur Europäischen Währungsunion zusammengeschlossen haben. Seit Anfang 2001 gehört Griechenland als zwölftes Land dazu. Bis in die ersten Wochen des Jahres 2002 hinein gelten neben dem Euro noch die alten nationalen Währungen. Danach ist nur noch der Euro gesetzliches Zahlungsmittel für die rund 300 Millionen Bewohner von „Euro-Land". Die Währungsunion reicht aber einerseits über die Grenzen Europas hinaus. Andererseits gilt der Euro auch in europäischen Ländern, die nicht der Währungsunion angehören.

Der Euro ist gesetzliches Zahlungsmittel in den französischen Überseedepartements Guyana, Guadeloupe, Martinique und Réunion. Dazu kommen die französischen Territorialgebiete Mayotte und St.-Pierre-et-Miquelon.

Durch Abkommen mit den souveränen Kleinstaaten Vatikan, Monaco und San Marino ist der Euro auch dort offizielle Währung. Diese Staaten haben zudem das Recht, in bestimmter Menge eigene Euro-**Münzen** zu prägen, die in der gesamten Währungsunion gelten.

Länder oder unabhängige Gebiete wie Andorra, Kosovo oder Montenegro, in denen bisher Franc und Peseta (Andorra) oder die Mark als Währung verwendet wurden, haben durch einseitige Erklärung den Euro zur Landeswährung gemacht. Sie können aber weder Banknoten noch Münzen ausgeben und

sind daher darauf angewiesen, dass durch Touristen, Exportgeschäfte und vor allem die Überweisungen von Landsleuten, die innerhalb der Währungsunion arbeiten, so viele Euro-Beträge ins Land kommen, dass der inländische Zahlungsverkehr aufrecht erhalten werden kann.

Bosnien-Herzegowina, Bulgarien und Estland haben ihre Währungen vollkommen an den Euro gebunden. Ihre Zentralbanken haben sich verpflichtet, jederzeit heimische Währung zu einem fixierten Kurs gegen Euro zu kaufen oder zu verkaufen. Sie wollen so ihrem Geld den Status einer international konvertiblen Währung sichern.

Dänemark hat seine Krone weitgehend an den Euro gebunden. Im Rahmen des Europäischen Wechselkurssystems (**EWS II**) hält es die Schwankungen der Krone gegenüber dem Euro in möglichst engen Grenzen. Schweden strebt dies auch an.

Da Frankreich und Portugal die währungspolitische Verantwortung für 14 Staaten in Afrika sowie die Komoren und Cap Verde übernommen haben (die auch nach Vollendung der Europäischen Währungsunion bestehen bleibt), hängen diese Länder ebenfalls sehr eng am Euro. Sie geben zwar eigene Münzen und Banknoten heraus, überlassen die Geldpolitik aber den ehemaligen „Mutterländern“. Frankreich und Portugal garantieren dafür die volle Konvertierbarkeit dieser Währungen. Dadurch sind sie in der Praxis direkt an den Euro gebunden. Ähnliches gilt für Französisch-Polynesien und Neukaledonien.

Anlageberater

In Anzeigen oder am Telefon bieten Anlageberater wegen der Risiken der Währungsunion „sichere Alternativen" zum Euro an.

Wenn jemand mit diesem Argument wirbt oder so genannte Anlageberater unaufgefordert am Telefon mit solchen Sprüchen kommen, sollten Sie sehr vorsichtig sein. Besonders die telefonische Anbahnung von Kundenkontakten lässt in der Regel vermuten, dass es sich um unseriöse Firmen und höchst riskante Geschäfte handelt. Deshalb sollten Sie auf Angebote dieser Art entweder gar nicht reagieren oder die Vorschläge von Fachleuten prüfen lassen.

Es wäre aber auch nicht das erste Mal, dass ein „Anlageberater", der sein Geschäft mit der Angst oder Profitgier zu machen versucht, mit der gesamten Kasse durchbrennt, nachdem leichtgläubige Sparer ihm ihr Geld anvertraut haben. Oft sind es auch Steuersünder, die nach Anlagemöglichkeiten für **Schwarzgeld** suchen.

Verhalten Sie sich als Sparer und Anleger nicht anders als früher auch. Es gibt zwar – vor allem bei **Aktien** – viele interessante Möglichkeiten, durch eine entsprechende **Anlagestrategie** vom Euro und dem Zusammenwachsen der Börsen innerhalb der Währungsunion zu profitieren. Aber es gibt keinen Grund, nur aus Angst vor dem Euro hohe Risiken einzugehen. Die Jahre 1999 bis 2002 haben gezeigt, dass der Übergang zum Euro entgegen vielen düsteren Prophezeiungen keinerlei Probleme an den Kapitalmärkten verursacht hat. Die zeitweilig starke **Abwertung** des Euro gegenüber dem Dollar war – gemessen an der Wechselkursentwicklung der vergangenen Jahre – keineswegs ungewöhnlich und hat manchem Anleger sogar zusätzliche Gewinne beschert (Beispiele siehe: **Ausländische Anleihen**).

Anlagestrategie

Was können Sparer und Anleger mit Blick auf den Euro tun, um von der Währungsumstellung zu profitieren?

Eine für alle Sparer und Anleger gleichermaßen optimale Anlagestrategie gibt es nicht. Die Frage, wie und wo Geld am günstigsten angelegt wird, ist vor allem abhängig:

- vom persönlichen Risikoprofil,
- von den verfügbaren Beträgen,
- von der Zeit, für die das Geld angelegt werden soll,
- von den jeweiligen Anlagezielen,
- vom Alter des Sparers und
- von seiner steuerlichen Situation.

In vielen EU-Ländern kann eine Anlagestrategie, die von den wirtschaftlichen Impulsen der Währungsgemeinschaft ausgeht, zu Ergebnissen führen, die

günstiger sind als die Gesamtentwicklung des Marktes (gemessen am ATX, DAX oder anderen Indizes). Dabei sollte der Sparer beispielsweise in Österreich, den Niederlanden oder Frankreich vor allem auf die Branchen und Unternehmen achten, die vom Euro besonders profitieren. Dazu gehören alle, die geringere **Transaktionskosten** haben, die ihre Produkte überwiegend innerhalb der Währungsunion verkaufen und daher besonders vom Wegfall der **Wechselkursrisiken** begünstigt werden. Vor allem die im europäischen Aktienindex Stoxx vertretenen Unternehmen werden in Zukunft im Blickfeld der Anleger stehen und daher oft überdurchschnittliche Kurschancen haben.

Wenn einzelne Unternehmen an den verschiedenen europäischen Börsen daraufhin untersucht werden, ob sie überdurchschnittliche Vorteile von der gemeinsamen Währung haben, zählen vor allem die folgenden Punkte:

- **Börsenphantasie** auf Grund möglicher Übernahmen, Fusionen oder Zusammenschlüsse im nationalen oder europäischen Rahmen.
- Anteil der **Exporte** am gesamten Umsatz.
- Anteil der **EU-Exporte** am Gesamtexport.
- **Verflechtung** mit Zulieferern/Abnehmern innerhalb des Euro-Gebiets.
- Höhere **Wettbewerbschancen,** weil Exporte nicht mehr durch isolierte Aufwertungen verteuert werden.
- Leichtere und günstigere **Kapitalbeschaffung** durch den ab 1999 weit größeren Kapitalmarkt.
- Auswirkung der Integration von Güter- und Kapitalmärkten auf die **Distribution.**
- Kostenvorteile für Unternehmen in ehemaligen **Hochzinsländern** durch die Zinsangleichung innerhalb des gemeinsamen Währungsraums.

Viele dieser Faktoren sind bereits in den Kursen „eingepreist". Schließlich besteht die Währungsunion bereits seit 1999. Dennoch wird die Einführung des Euro als Bargeld für viele Unternehmen zusätzliche Chancen oder Risiken mit sich bringen. Dazu gehört vor allem die größere **Preistransparenz** innerhalb der Währungsunion. Käufer erkennen nicht nur bei Reisen durch die Mitgliedsländer, sondern vor allem auch beim Surfen im **Internet** auf einen Blick (also ohne langes Rechnen mit den verschiedenen Wechselkursen), wo Güter und Dienste besonders preiswert angeboten werden. Ob es sich um Konsumartikel, Medika-

mente, Autos oder Hotelpreise, um Handwerkerbedarf oder Zahnersatz handelt: wer sich mit Hilfe des Internet in Euro-Land umsieht, entdeckt immer wieder interessante Angebote. Das können sich aber nicht nur die Käufer zu Nutze machen. Auch leistungsfähige Produzenten und Händler können nun mit einem einzigen Preisangebot über 300 Millionen Verbraucher ansprechen.

Anleihen

Sind bei den Kursen von Anleihen Veränderungen zu erwarten, wenn der Euro die alleinige Währung ist?

Alle Anleihen oder **festverzinslichen Wertpapiere** wurden 1999 **wertgleich** umgestellt. Das bedeutet, dass sowohl der Nominalbetrag als auch die auszuzahlenden Zinsbeträge bereits mit dem für alle Geldwerte gleichen **Umrechnungsfaktor** (in Österreich 13,7603 Schilling je Euro) umgestellt wurden. Ab 2002 werden beim Kauf oder Verkauf die entsprechenden Belastungen oder Gutschriften auch auf Ihrem Konto in Euro erfolgen – unabhängig davon, in welcher Währung Sie eine Anleihe oder ein anderes festverzinsliches Wertpapier ursprünglich erworben haben. Der **Zinssatz** (die Prozente) dagegen bleibt unverändert. Ähnliches gilt für **Investmentfonds.** Hier findet ebenso wie bei **Löhnen** oder **Krediten** zu Beginn des Jahres 2002 in jedem Fall eine wertgleiche Umstellung statt.

Anleihen in Euro

Seit wann können Anleihen erworben werden, die auf Euro lauten?

Anfang Februar 1997 hat die Europäische Investitionsbank (EIB) die erste auf Euro lautende Anleihe auf den Markt gebracht – ausgerechnet in London, obwohl die britische Regierung immer wieder erklärt hatte, dass Großbritannien nicht zu den Mitgliedern der ersten Stunde zählen werde. Da es den Euro als Währung zu diesem Zeitpunkt aber noch nicht gab, musste die Anleihe beim Kauf in der europäischen Recheneinheit **ECU** bezahlt werden. Auch die Zinszahlungen (5,25 Prozent) erfolgten bis zum Beginn der Wäh-

rungsunion in ECU. Danach wurden die Zinsen ebenso wie die Tilgung in Euro gezahlt. Mit Beginn der Währungsunion am 1. Jänner 1999 wurde die Anleihe automatisch 1:1 auf Euro umgestellt.

Alle anderen Anleihen, die auf eine der Mitgliedswährungen (Francs, Gulden, Lire, DM, Peseten, Schilling usw.) lauteten, wurden entsprechend den jeweiligen nationalen Umrechnungskursen auf Euro umgestellt. Seit Anfang 1999 lauten neue Anleihen, die innerhalb der Währungsunion aufgelegt wurden, nur noch auf Euro. Bis Ende 2001 konnten sie in alter Währung bezahlt (bzw. vom Konto abgebucht) werden. Ab 2002 erfolgen alle Zahlungen nur noch in Euro.

Aufnahme neuer EWU-Mitglieder

Wie wird darüber entschieden, welches Land der Währungsunion beitreten kann?

Für die Auswahl der zum 1.1.1999 beitrittsberechtigten Teilnehmer gab es ein genau festgelegtes Verfahren. Entscheidend war schließlich die Abstimmung im Rat der Staats- und Regierungschefs der Europäischen Union im Frühjahr 1998. Die einzelnen Mitglieder des Rates können bei derartigen Entscheidungen unterschiedliche Gewichte in die Waagschale werfen. Die Vertreter der großen Länder verfügen bei der Entscheidung über die Beitrittskandidaten im Rat über mehr Stimmen als die Repräsentanten der kleineren EU-Mitglieder. Dahinter steht der Gedanke, dass die Mitgliedstaaten zwar als Mitglieder der Union alle gleichberechtigt sind, aber dennoch unterschiedliche Bevölkerungszahlen aufweisen.

Für die bei dieser Abstimmung notwendige qualifizierte Mehrheit sind 62 der insgesamt 87 Stimmen erforderlich. Durch eine Erweiterung der Union (siehe **EU-Osterweiterung**) ergibt sich für die kommenden Jahre ein Änderungsbedarf in Hinblick auf die Stimmengewichtung (siehe Tabelle rechts). Außerdem ist künftig die qualifizierte Mehrheit erreicht, wenn

- der Beschluss eine **bestimmte Anzahl von Stimmen** erhält, wobei diese Stimmenzahl nach jedem Beitritt neu geprüft wird, **und** wenn
- die **Mehrheit der Mitgliedstaaten** dem Beschluss zustimmt.

Stimmengewichtung im Ministerrat			
Land	**Bevölkerung in Millionen**	**Zahl der Stimmen 2001**	**Zahl der Stimmen ab 2005**
Mitgliedstaaten			
Deutschland	82,2	10	29
Großbritannien	59,6	10	29
Frankreich	58,7	10	29
Italien	57,7	10	29
Spanien	39,4	8	27
Niederlande	15,9	5	13
Griechenland	10,5	5	12
Belgien	10,2	5	12
Portugal	10,0	5	12
Schweden	8,8	4	10
Österreich	8,1	4	10
Dänemark	5,3	3	7
Finnland	5,2	3	7
Irland	3,8	3	7
Luxemburg	0,4	2	4
Beitrittskandidaten			
Polen	38		27
Rumänien	22,5		14
Tschechien	0,3		12
Ungarn	10,0		12
Bulgarien	8,2		10
Slowakei	5,4		7
Litauen	3,7		7
Lettland	2,4		4
Slowenien	2,0		4
Estland	1,4		4
Zypern	0,8		4
Malta	0,4		3
Gesamt	**481,7**	**87**	**345**

Aufrunden/Abrunden

Werden Unternehmen, Handel und Behörden die Umstellung auf Euro nutzen, um Preise und Gebühren anzuheben?

Siehe dazu: **Abrunden**

Aufwertung

Kann es auch in Zukunft noch zu starken Aufwertungen kommen?

Mit Beginn der Währungsunion 1999 wurden die Umtauschkurse der Mitgliedswährungen unwiderruflich fixiert. Durch die gemeinsame europäische Währung gibt es auf dem Binnenmarkt (ebenso wie früher innerhalb Österreichs oder Deutschlands) keine Kursveränderungen mehr. Mit der Einführung des Euro auch als Bargeld existiert innerhalb des Euro-Raumes (ebenso wie mit dem Dollar in den 50 Staaten der USA) nur noch eine einzige Währung. Auf- und Abwertungen innerhalb von Euro-Land sind damit ausgeschlossen.

Es gibt seit Anfang 1999 nur noch Auf- oder Abwertungen (Kursschwankungen) des Euro gegenüber Drittländern. Sie treffen alle an der Währungsunion beteiligten EU-Länder gleichermaßen. Eine Höherbewertung der gemeinsamen Währung hat daher keine Wirkung mehr auf den Warenaustausch innerhalb der Währungsunion. Das bedeutet aus österreichischer Sicht: Ein großer Teil aller österreichischen Exporte und Importe wird von Wechselkursveränderungen nicht mehr berührt. Der europäische Binnenmarkt ist davor heute ebenso geschützt, wie es der Handelsverkehr innerhalb des Dollar-Raums schon immer war. Für die USA spielten Veränderungen des Dollar-Kurses daher immer eine weit geringere Rolle als für die europäischen Länder vor der Schaffung der gemeinsamen Währung.

Der **Außenwert** des Euro wird auch in Zukunft mehr oder weniger starken Schwankungen gegenüber Dollar, Yen und anderen Drittwährungen ausgesetzt sein. Das war auch zu den Zeiten des Schilling und seinem Wechselkurs gegenüber dem Dollar oder Yen nicht anders.

Ausländische Aktien

Ändert sich durch die Währungsunion etwas beim Kauf ausländischer Aktien?

Bei ausländischen Aktien muss danach unterschieden werden, ob es sich um Aktien von Unternehmen handelt, die innerhalb oder außerhalb der Währungsgemeinschaft angesiedelt sind.

Aktien aus dem Euro-Raum: Zwischen österreichischen Aktien und Anteilen an Unternehmen aus anderen Ländern der Währungsunion gibt es prinzipiell keinen Unterschied mehr. Sie wurden ebenso wie österreichische Wertpapiere zum Stichtag (4.1.1999) **wertgleich** auf Euro umgestellt. Bei ihrem Kauf oder Verkauf gibt es seither kein Wechselkursrisiko mehr. Ansonsten gelten hinsichtlich der Risiken und Gewinnaussichten die gleichen Überlegungen wie beim Kauf österreichischer Aktien.

Aktien aus Drittländern: Wenn es sich um Aktien von Unternehmen handelt, die außerhalb des neuen europäischen Währungsgebietes angesiedelt sind, besteht neben dem allgemeinen Kursrisiko in der Regel ein zusätzliches Wechselkursrisiko. Wenn der Wechselkurs der Währung, in der die Aktien notiert werden, gegenüber dem Euro steigt, kann dies zu einem zusätzlichen Gewinn führen. Wenn diese Währung (zum Beispiel Franken, Yen, US oder australischer Dollar) an den Devisenbörsen im Kurs fällt, schmälert dies den möglichen Gewinn bzw. erhöht es einen eventuellen Verlust aus dem Aktiengeschäft.

Wechselkursgewinne oder -verluste wirken entweder wie Verstärker oder Dämpfer auf die an ausländischen Börsen erzielten Resultate. Ausländische Börsen in diesem Sinn sind seit Beginn der Währungsunion 1999 nur noch die Wertpapiermärkte, die außerhalb der Währungsunion liegen. Wenn sie – wie zum Beispiel Dänemark – den Wert ihrer Währung an den Euro binden, gibt es auch in diesem Fall kein nennenswertes Wechselkursrisiko.

Beispiel: Sie kaufen US-Aktien im Wert von 1.000 Dollar. Dafür müssen bei einem Wechselkurs von beispielsweise 0,89 Dollar für einen Euro 1.123.60 Euro aufgebracht werden. Wenn der Kurs der Aktien um 10 Prozent steigt, können Sie beim Verkauf 1.100 Dollar kassieren. Das entspricht einem Gewinn von 10 Prozent. Ist inzwischen der Euro-Kurs auf 0,98 gestiegen (der

Euro also teurer geworden), erlösen Sie beim Umtausch 1.146,52 Euro. Dadurch bleiben von Ihrem Gewinn nur 23,08 Euro (oder 2,05 Prozent) übrig. Umgekehrt wäre es, wenn in der Zwischenzeit der Euro gegenüber dem Dollar weiter gefallen wäre. Bei einem Kurs von 0,85 Dollar je Euro würde die Gutschrift auf Ihrem Konto 1.294,18 Euro betragen. Kurs- plus Währungsgewinn lägen dann bei 170,58 Euro (oder rund 15,2 Prozent).

Bei Investitionen in Länder außerhalb der Währungsunion müssen Sie stets beide Risiken (aber auch Chancen) im Auge behalten: das Kursrisiko der Aktie oder Anleihe sowie das Wechselkursrisiko. Insbesondere bei Geldanlagen, die Ihrer Alterssicherung dienen, sollten Sie dies beachten. Wenn jemand zum Beispiel 1970 Geld langfristig in den USA anlegt hätte, als der Dollar bei rund 25 Schilling stand, und auf diese Reserven im Jahr 1995 zurückgreifen musste, als der Dollar-Kurs zeitweise bis auf rund 10 Schilling gesunken war, hätte er über 60 Prozent seines Kapitals verloren. (Natürlich müssten in einem solchen Fall auch noch Zinsen und Kaufkrafteinbußen berechnet werden.)

Ausländische Anleihen

Kann es sinnvoll sein, Geld in ausländischen Anleihen anzulegen?

Hier muss – ebenso wie bei Aktien – zunächst unterschieden werden, ob es sich um eine Anlage innerhalb oder außerhalb des gemeinsamen Währungsgebietes handelt. Anleihen von Mitgliedsländern unterscheiden sich nur dann noch von Bundesanleihen oder anderen österreichischen Schuldverschreibungen, wenn die Bonität des Schuldners anders eingestuft werden muss.

Bei Anleihen aus Ländern, die nicht zur Europäischen Währungsunion gehören und ihr auch in Zukunft nicht beitreten werden (wie zum Beispiel die USA, Japan, Australien, Argentinien oder Brasilien), muss zunächst geprüft werden, wie hoch das Risiko ist, das Geld vom jeweiligen Schuldner überhaupt zurückzubekommen. Je exotischer das Land oder das Unternehmen ist, umso höher sind in der Regel die Zinsen – aber auch das Risiko. Anschließend sollte überlegt werden, wie hoch das Wechselkursrisiko angesichts der Stabilität der jeweiligen Währung einzuschätzen ist. Denn wenn die Fremdwährungsanleihe in einem Geld zurückgezahlt wird, bei dem die Gefahr hoch ist, dass der Wechselkurs gegenüber dem Euro sinkt, droht ein Verlust (siehe Beispiel unter **Ausländische Aktien**), der durch die meist wesentlich höhere Verzinsung derartiger Papiere nicht aufgewogen wird.

Wenn es sich um Anleihen von Ländern handelt, deren Bonität als gut oder sehr gut gilt, die Zinszahlungen und die Tilgung der Anleihe also gesichert sind, muss nur noch geprüft werden, wie hoch das Risiko (oder die Chance) ist, durch Auf- oder Abwertungen der jeweiligen Währung gegenüber dem Euro beim Verkauf oder der Rückzahlung der Anleihe einen Gewinn oder Verlust zu machen.

Beispiel: Wer Anfang 1999 in den USA für 1.000 Dollar festverzinsliche Wertpapiere kaufte, musste dafür beim damaligen Euro-Kurs (1,18 Dollar) knapp 847 Euro aufbringen. Wenn diese Wertpapiere im Jahr 2000 wieder für etwa 1.000 Dollar veräußert werden konnten, betrug die Gutschrift auf dem Konto infolge des gesunkenen Euro-Kurses (0,88 Dollar) rund 1.136 Euro. Die Wechselkursveränderungen führten also zu einem Kursgewinn von 289 Euro.

Umgekehrt: Wer zu diesem Zeitpunkt festverzinsliche Wertpapiere im Gegenwert von 1.000 Dollar in den USA erwarb, musste dafür 1.136 Euro von seinem Konto abbuchen lassen. Beim Verkauf Ende April 2001 (Euro-Kurs 0,90 Dollar) gab es nur eine Gutschrift von 1.111 Euro. Hierbei sind immer nur die Wechselkurseffekte berücksichtigt. In der Realität müssen selbstverständlich auch noch Spesen bei An- und Verkauf sowie eventuelle Kursänderungen bei den Anleihen berücksichtigt werden.

Achtung: Hochzinsanleihen aus Ländern mit instabilen politischen Verhältnissen, hohen Inflationsraten oder der Gefahr, dass sie ihre Schulden nicht zurückzahlen können, sind nur für spekulative Anleger geeignet. Bei sicheren Schuldnern muss das Wechselkursrisiko im Auge behalten werden. Kleine Zinsdifferenzen allein sollten kein Anlass sein, Anleihen außerhalb des Euro-Gebietes zu erwerben.

Außenwert des Euro

Beweist die Kursentwicklung des Euro gegenüber dem US-Dollar, dass der Euro eine schwache Währung ist und international kein Vertrauen genießt?

Der Euro startete Anfang 1999 gegenüber dem Dollar mit einem Wechselkurs von rund 1,18 Dollar bzw. 130 Yen für einen Euro. In den drei Jahren bis zur Einführung des Euro-Bargeldes 2002 sank der Kurs des Euro (sein Außenwert) zeitweise unter 0,83 Dollar. Der Tiefstkurs gegenüber der japanischen Währung lag Ende Oktober 2000 bei 90 Yen. Der zeitweilig starke Kursrückgang des Euro gegenüber wichtigen anderen Währungen wurde weltweit aufmerksam beobachtet. Vielfach wurde dies als Zeichen einer fundamentalen Schwäche oder eines internationalen Misstrauens gegenüber der europäischen Währung gedeutet. Im Vergleich zur langfristigen Entwicklung des Schilling- oder DM/Dollar-Kurses waren die Schwankungen des Euro aber keineswegs ungewöhnlich. **Abwertungen** und Aufwertungen wechselten einander ab. So mussten beispielsweise 1978 durchschnittlich rund 14 Schilling für einen Dollar gezahlt werden, 1985 aber rund 22 Schilling und 1995 nur etwa 10 Schilling.

Da der Zeitraum, für den sich die Kursentwicklung von Dollar und Euro an den Devisenmärkten beobachten lässt, bisher noch sehr kurz ist, wurde für eine längerfristige Betrachtung ein fiktiver Wert des Euro ermittelt. Dazu wurde der Währungskorb, aus dem der Euro bzw. die **ECU** ursprünglich zusammensetzt wurden, gegenüber dem Dollar zurückgerechnet. Dabei zeigt sich, dass dieser fiktive Wert 1975 bei 1,35 Dollar je Euro gelegen hätte. 1980 wären es 1,45 Dollar gewesen. 1985 wären nur rund 70 Cents für einen Euro zu bekommen gewesen, 1991 aber schon wieder 1,40 Dollar.

Insofern sind die Kursschwankungen des Euro gegenüber dem Dollar zwischen 1999 und 2002 keineswegs so ungewöhnlich, wie es auf den ersten Blick erscheint.

Außenwert und innerer Wert des Euro
Beim Euro wie beim Dollar und jeder anderen Währung muss zwischen der Entwicklung der Kaufkraft im Inneren und dem Außenwert unterschieden werden.

- Die Stabilität der **inneren Kaufkraft** hängt davon ab, ob die Preissteigerungsrate (Inflationsrate) unter Kontrolle gehalten werden kann.
- Der **Außenwert** (Wechselkurs gegenüber wichtigen anderen Währungen) hängt davon ab, wie der Euro an den Devisenmärkten bewertet wird. Der wichtigste Maßstab dafür ist sein Kurs gegenüber dem Dollar. Der Euro/Dollar-Kurs wird vom Verhältnis von Angebot und Nachfrage an den Devisenmärkten bestimmt, von spekulativen Käufen, aber auch von der unterschiedlichen Höhe der Zinsen in der Währungsunion und in den USA. Die Erwartungen der Devisenhändler werden unter anderem vom unterschiedlichen Wirtschaftswachstum und von Defiziten in der Außenhandelsbilanz beeinflusst. Da sich über 60 Prozent des Außenhandels der EU-Länder seit 1999 im eigenen Währungsraum abspielen und daher durch stark schwankende Wechselkurse nicht mehr gestört werden, hat der Außenwert der Währung für die Länder der Euro-Zone stark an Bedeutung verloren.

Austritt aus der Währungsunion

Kann Österreich oder ein anderes Mitgliedsland aus der Europäischen Währungsunion später wieder austreten?

Der Vertrag von Maastricht über die Schaffung einer gemeinsamen europäischen Währung sieht dies ebenso wenig vor wie alle anderen europäischen Verträge. Sie sind „auf ewig" geschlossen – eine Klausel für den Austritt aus der Währungsunion ist im Vertrag nicht vorgesehen. Genauso wenig gibt es Verfahren, um aus der EU auszutreten. Nur Grönland ist 1985, fünf Jahre, nachdem es die Autonomie erlangt hatte, aus der Gemeinschaft ausgeschieden. Seither hat Grönland den Status des assoziierten außereuropäischen Hoheitsgebiets von Dänemark.

EU-Mitgliedstaaten wollten bisher nicht aussteigen. Selbst Länder, die traditionell gerne ihre EU-Skepsis kundtun, wie die Briten, überlegen einen Austritt nicht ernsthaft. Die Mitgliedschaft dürfte sich also – trotz aller Kritik – für sie auszahlen.

Eines darf aber als sicher vorausgesetzt werden: Wenn ein Staat tatsächlich aussteigen will – weil sich zum Beispiel die Bevölkerung in einer Volksabstimmung dafür ausspricht –, dann wird sich auch ein Instrumentarium dafür finden.

Aus heutiger Sicht ist ein Auseinanderbrechen der EU oder der Währungsunion eine ebenso theoretische Frage wie der Austritt eines Landes wie Kärnten oder Vorarlberg aus der Republik Österreich oder von Kalifornien aus den Vereinigten Staaten von Nordamerika. Zwar hat die Geschichte gezeigt, dass selbst Verträge ohne Kündigungsklausel einmal überholt sein können und dann auch staatliche Gebilde, wie zum Beispiel die ehemalige Sowjetunion, die Tschechoslowakei oder das frühere Jugoslawien, wieder zerbrechen können. Aber das ist dann meist die Folge schwerer Krisen oder von Bürgerkriegen.

Automaten

Können alle Geldautomaten und Münzgeräte auf die neuen Euro-Münzen umgestellt werden?

In der **Europäischen Zentralbank** in Frankfurt bot sich in der zweiten Jahreshälfte 2001 ein interessantes Bild: In einem Kellerraum saßen unzählige Mitarbeiter von Automatenherstellern, die den ganzen Tag nichts anderes taten, als Münzen in ihre Geräte einzuwerfen. Statt einem Gewinn oder einer Ware erschienen auf Computerterminals nur einige Werte: Wurde die Münze erkannt, war der Automat richtig eingestellt?

Die Hersteller von Verkaufsautomaten und Münzprüfgeräten waren die Einzigen, die schon früh im Jahr 2001 mit den neuen Euro-und Cent-**Münzen** experimentieren durften. Unter strengen Sicherheitsvorkehrungen konnten sie die Münzen elektronisch vermessen und in ihren Geräten testen. Für sie stellt die Einführung des Euro nämlich nicht nur eine beträchtliche finanzielle, sondern auch organisatorische Herausforderung dar. Millionen von Automaten in den teilnehmenden Ländern mussten auf die neuen Euro- und Cent-Münzen vorbereitet werden. Anfang 2002, spätestens aber bis 1. März 2002 müssen sie statt der bisherigen Centimes, Schilling, Groschen, Markstücke, Gulden oder Francs in allen EWU-Ländern die neuen Euro-Münzen verarbeiten. Dies gilt sowohl für Geldausgabe- und Geldwechselgeräte als auch für die Zahlautoma-

ten zum Kauf von Fahrkarten, Parktickets, Getränken und Briefmarken sowie für die zahlreichen Spielautomaten. Allein in Österreich flossen rund 350 Millionen Schilling und somit mehr als zehn Prozent des Jahresumsatzes der Hersteller in die Umrüstung der rund 150.000 Automaten.

Das Problem, das den Experten schier unlösbar erschien: Euro-Münze ist nicht gleich Euro-Münze. Abgesehen von den insgesamt acht verschiedenen Stückelungen (1, 2, 5, 10, 20 und 50 Cent sowie 1 und 2 Euro) müssen die Automaten die Euro-Münzen auch zuverlässig von Münzen aus Drittländern oder anderen Metallplättchen unterscheiden. Sie dürfen sich auch von den vielen leicht unterschiedlichen Euro-Münzen nicht „verwirren“ lassen. Denn einerseits hat jedes Land das Recht, die von ihm geprägten Münzen auf einer Seite mit eigenen Motiven zu gestalten. So ist etwa auf Österreichs Ein-Euro-Münze Wolfgang Amadeus Mozart abgebildet, in Spanien hingegen der König und in Deutschland das Staatswappen. Andererseits ist jede dieser Münzen in allen Ländern der Währungsunion gültiges Zahlungsmittel. Daraus ergeben sich 96 Varianten. Hinzu kommen Euro-Münzen aus den **angeschlossenen Gebieten,** die ebenfalls eine „nationale Seite“ haben dürfen. In der Praxis ist die Zahl der Motive allerdings etwas geringer, da zum Beispiel Luxemburg auf alle seine Münzen einheitlich das Konterfei von Großherzog Henry prägt.

Die unterschiedliche nationale Seite hat zur Folge, dass sich die Münzen geringfügig unterscheiden – im Gewicht, aber auch in der Metallmischung. Die meisten Automaten können also auf die lokalen Euro-Münzen eingestellt werden, erkennen in einigen Fällen dann aber ausländische Pendants nicht. Der Metro-Fahrscheinkauf mit österreichischen Euro an französischen Automaten könnte also zum Glücksspiel werden. Denn stellten die Automatenhersteller die Geräte so unsensibel ein, dass alle Euro-Münzen akzeptiert würden, könnte auch mit allem möglichen „Schrott“ bezahlt werden.

Bei den elektronischen Münzprüfgeräten ist die Umstellung einfacher als bei mechanischen Vorrichtungen, die aber immer weniger eingesetzt werden. Viele der modernen Geräte können in der Silvesternacht ferngesteuert von der alten auf die neue Währung umprogrammiert werden. Geräte, die 2002 schon älter als zehn Jahre sind, lassen sich in der Regel nicht auf Euro umstellen. Dabei handelt es sich meist um betagte Kaugummi- oder Kondom-Automaten, die nur noch verschrottet werden können.

Die kleinste, automatentaugliche Münze ist nach der Umstellung das 5-Cent-Stück. So wie die Münzgeräte schon in der alten Währung keine Groschen schluckten, sind die Euro-Automaten auch nicht für 1- und 2-Cent-Stücke gerüstet. Dadurch ist eine exakte Umrechnung unmöglich. Im österreichischen Euro-Währungsangabengesetz (EWAG) ist deshalb festgehalten, dass es den Automatenbetreibern erlaubt ist, auf die nächsten fünf Cent aufzurunden. Bei einem Fünf-Schilling-Kaffee aus dem Automaten bedeutet das beispielsweise, dass er dann nicht 36, sondern 40 Cent (= 5,50 Schilling) kostet. Allerdings sind die Automatenbetreiber verpflichtet, die Warenpreise bis Ende Februar 2002 in Schilling und Euro anzugeben.

Umgestellt müssen auch alle Geräte werden, die Münzen als „Pfand" benützen, also etwa die Einkaufswagen im Supermarkt. Dort ist allerdings weniger Präzision gefragt, und die meisten Ketten haben bereits auf Module umgestellt, die gleichzeitig Zehn-Schilling- und Ein-Euro-Münzen akzeptieren.

Den hohen Kosten für die Umrüstung der Automaten stehen langfristig aber auch Vorteile gegenüber. Da ab dem Jahr 2002 weniger unterschiedliche Münzen im Umlauf sind, können die Hersteller ihre Geräte ohne Änderungen im gesamten Bereich der Währungsunion verkaufen.

Banknoten

Wie viele Banknoten werden benötigt, wie werden die Euro-Scheine gestückelt sein, wer produziert sie und wann werden sie in Umlauf gesetzt?

Um die Bevölkerung der Währungsunion mit ausreichend Bargeld zu versorgen und eine ausreichende Reserve zu schaffen, werden bis Ende 2001 auf Beschluss des EZB-Rates 14,25 Milliarden Euro-Banknoten hergestellt. Ihr Gesamtwert beträgt 642 Milliarden Euro. Diese Menge setzt sich aus dem Bedarf für die Erstausstattung der Bürger, des Handels und der Banken zusammen. Dazu kommt eine logistische Reserve von 10 Prozent des Erstausstattungsbedarfs.

Hergestellt werden die neuen Euro-Banknoten von 14 ausgewählten Druckereien in Europa. Damit eine gleichmäßige Qualität gewährleistet ist und die

Banknoten unabhängig vom Ort der Herstellung von Banknotenzählmaschinen und Banknotenakzeptoren (Prüfgeräten) zuverlässig erkannt werden können, mussten alle Druckereien ein einheitliches Qualitätssicherungskonzept einführen.

Das Design der Banknoten – die im Unterschied zu den Münzen in allen Euro-Ländern gleich aussehen – hat der Österreicher Robert Kalina gestaltet, der sich in einem gesamteuropäischen Wettbewerb durchsetzen konnte. Bei der Entwicklung des Euro holten die Druckexperten auch den Rat der Europäischen Blindenunion ein. Auf ihren Vorschlag wurden zahlreiche Merkmale in die Banknoten eingearbeitet, mit deren Hilfe Blinde und Sehbehinderte den Nennwert der Noten ertasten können. Einige Elemente der Banknoten sind mit einer speziellen Drucktechnik (Stichtiefdruck) als „Relief" gedruckt. Die 200- und 500-Euro-Banknoten sind an den Rändern mit speziellen Mustern versehen worden, die das Erkennen der Scheine erleichtern sollen. Überdies ist der Nennwert der Banknoten in großen Ziffern mit kontrastreichen, dominanten Farben aufgedruckt.

Das **Europäische Währungsinstitut** (als Vorläufer der **Europäischen Zentralbank**) hatte bereits im Dezember 1996 die ausgewählten Entwürfe für die künftigen Geldscheine und die dafür gewählten Farben vorgestellt. Danach gibt es nach Farben und Größen sortiert:

Wertangabe der Euro-Banknoten	Größe in mm	Wert in öS
Fünfer (Grundfarbe: grau)	120 x 62	68,80
Zehner (rot)	127 x 67	137,60
Zwanziger (blau)	133 x 72	275,21
Fünfziger (orange)	140 x 77	688,02
Hunderter (grün)	147 x 82	1.376,03
Zweihunderter (ocker)	153 x 82	2.752,06
Fünfhunderter (lila).	160 x 82	6.880,15

Einen Gegenwert des bisher gebräuchlichen 20-Schilling-Scheines als Note wird es also nicht mehr geben. So wie schon die Schilling-Noten unterscheiden sich aber auch die Euro-Noten in ihrer Größe. Der Fünfer ist der kleinste, der Fünfhunderter der größte Schein. Sie tragen die Bezeichnung Euro in lateini-

scher und griechischer Schrift (EURO und EYPΩ). Auf der Vorderseite zeigen alle die Flagge der Europäischen Union und die Abkürzung der Europäischen Zentralbank in fünf Varianten: BCE, ECB, EZB, EKT, EKP sowie die Unterschrift des Präsidenten (Wim Duisenberg). Auf Vorder- und Rückseite werden Bauwerke und Baustile aus sieben Epochen der europäischen Kulturgeschichte dargestellt: Klassik, Romanik, Gotik, Renaissance, Barock und Rokoko. In den sechs Monaten nach ihrer Vorstellung wurden die Entwürfe überarbeitet und mit allen erforderlichen Sicherheitsmerkmalen versehen.

Ab 1. Jänner 2002 erfolgt die Ausgabe der neuen Scheine. Kleine Mengen an Münzen (Euro und **Cent**) werden schon ab Mitte Dezember verteilt (siehe **Startpakete**). Nach maximal zwei Monaten (Ende der **dualen Phase**) darf das alte Geld in der gesamten Währungsunion bei Barzahlungen nicht mehr verwendet werden.

In Österreich wird der **Bargeldumtausch** ebenfalls mit 28. Februar abgeschlossen. Alte Schilling-Münzen und Scheine werden vom Einzelhandel bis dahin noch angenommen und bei Kreditinstituten und Postämtern getauscht. Mit 1. März 2002 verlieren sie endgültig ihre Funktion als **gesetzliches Zahlungsmittel.** Das ist aber nur noch ein formaler Vorgang. Denn das alte Geld ist schon seit dem 1. Jänner 1999 nur noch eine andere Ausdrucksform (Fachausdruck: **Nichtdezimale Denomination**) für die Gemeinschaftswährung Euro.

Große Mengen, großer Wert

Die Vorbereitungszeit bis zum Umtausch des Bargeldes war auch deshalb so lang, weil sehr große Mengen an Papier- und Münzgeld produziert, zwischengelagert und schließlich verteilt werden mussten. Eine logistische Aufgabe, für die es in Friedenszeiten kein Beispiel gibt. Um eine Vorstellung von der schieren Menge zu geben: Die 14,25 Milliarden Euro-Banknoten würden aufeinandergelegt einen Turm von rund 140 km Höhe ergeben. Aneinandergereiht würden sie eine Papierschlange bilden, die viermal zum Mond und zurück reichen würde.

Fälschungssicherheit: Die modernen Reproduktionstechniken erlauben es, relativ gute Kopien jeder gedruckten Abbildung herzustellen. Um die Banknoten gegen diese Art der Fälschung zu sichern, wurden sie mit zahlreichen Sicher-

heitsmerkmalen versehen. Diese sollen die Unterscheidung zwischen echten und gefälschten Banknoten erleichtern. Die wichtigsten Merkmale sind:

- Oberflächenstruktur des Papiers und das Stichtiefdruckrelief
- Wasserzeichen
- Sicherheitsfaden
- Durchsichtsregister
- Spezielle Folien
- Spezielle Druckfarben

Die Euro-Banknoten werden auch mit maschinenlesbaren Merkmalen ausgestattet, damit Geldautomaten die Echtheit der Banknoten schnell und eindeutig feststellen können. Der Vorteil der neuen Euro-Banknoten liegt in der Vielzahl und Kombination bewährter Sicherheitsmerkmale. Zwar lassen sich Fälschungsversuche nie ganz verhindern, aber der hohe Sicherheitsstandard soll dies sehr erschweren.

Banknotenproduktion

Wie, wann und wo wurden die neuen Euro-Scheine hergestellt?

Im Anschluss an einen Gestaltungswettbewerb, bei dem der österreichische Notenbankdesigner Robert Kalina als Sieger hervorging, wurde 1996 mit der Übertragung der Rohentwürfe für die verschiedenen Euro-Banknoten auf die Originaldruckplatten begonnen, nachdem die ursprünglichen Entwürfe für die Euro-Banknoten überarbeitet und mit allen erforderlichen Sicherheitsmerkmalen versehen worden waren. Die Herstellung der Druckplatten nahm wegen der hohen Anforderungen an die Fälschungssicherheit rund ein Jahr in Anspruch. Um Fälschern das Handwerk so schwer wie möglich zu machen, enthalten die Euro-Noten neben Wasserzeichen und Sicherheitsfäden auch fluoreszierende Fasern und Folien, die Licht reflektieren.

Im Jahr 1998 wurde eine Nullserie gedruckt. Anfang 1999 wurden die technischen Spezifikationen genehmigt. Im Juli 1999 begann die eigentliche Produktion der für die Erstausstattung in der Währungsunion insgesamt benötig-

ten 14,25 Milliarden Geldscheine. Die Banknoten werden von allen nationalen Zentralbanken der am Euro teilnehmenden Mitgliedstaaten hergestellt. Um sicherzustellen, dass Qualität und Erscheinungsbild zu einem einheitlichen Ergebnis führen, wurde ein eigenes Qualitätsmanagement eingeführt. Auch die Herstellung der Euro-**Münzen** fand gleichzeitig in insgesamt 15 europäischen Prägeanstalten statt.

Die Erstausstattung mit Banknoten in Milliarden Stück

Deutschland	4.342	Portugal	535
Frankreich	2.570	Belgien	530
Italien	2.380	Österreich	520
Spanien	1.924	Irland	243
Niederlande	655	Finnland	219
Griechenland	581	Luxemburg	46

Bankomat-Kassen

Wann erfolgt die Umstellung bei Geldausgabeautomaten und bei der elektronischen Geldbörse „Quick"?

Bankomat-Kassen sowie die Lade- und Zahlungsterminals der elektronischen Geldbörse „Quick" werden in der Silvesternacht von 2001 auf 2002 durch ein Software-Update auf die neue Währung umgestellt. Ab 1. Jänner 2002 werden Zahlungen an Bankomat-Kassen nur noch in Euro abgewickelt. Die Stückelung der ausgegebenen Banknoten wird gegenüber vorher etwas geändert: Während vor der Umstellung bei einer Behebung von 1.000 Schilling ein Tausender-Schein ausgegeben wurde, werden in der Übergangsphase die ersten 100 Euro – so lange verfügbar – in zehn mal 10-Euro-Banknoten ausgegeben. Dadurch sollen vermehrt kleine Banknoten in Umlauf gebracht und die Bevölkerung schnell und flächendeckend mit Euro-Scheinen versorgt werden. Das neue Bezugslimit liegt – wenn nicht ein anderer Betrag mit dem Kreditinstitut vereinbart wurde – bei 400 Euro (= 5.504,12 Schilling, bislang waren es 5.000 Schilling).

An den Automaten in den Foyers der Banken sind auch größere Euro-Schei-

ne zu beheben; auf Grund der unterschiedlichen technischen Ausstattung der Geldausgabeautomaten gibt es hierfür aber keine einheitliche Regelung.

Die elektronische Geldbörse „Quick“ arbeitet ab 1. Jänner 2002 ebenfalls nur noch in Euro. Schilling-Guthaben auf der Karte werden bei der ersten Ladung oder Online-Zahlung im neuen Jahr automatisch auf die neue Währung umgerechnet. Bei Quick-Transaktionen wird das Limit von derzeit 2.000 Schilling auf 400 Euro angehoben.

Bankomat-Kassen gegen Münzlawinen

Die Installation von Bankomat-Kassen bietet für bargeldintensive Handelsbetriebe die Möglichkeit, den Wechselgeldbedarf in der Doppel-Bargeldphase zu reduzieren. Heimische Kreditinstitute sponsern die Anschaffung von Bankomat-Kassen für Handelsbetriebe, um die Anzahl der bargeldlosen Zahlungen zu erhöhen. So kostet etwa die von P.S.K. und Europay mit einem Bonus von 13.000 Schilling geförderte Bankomat-Kasse bis 31.12.2001 (ohne Installation und Drucker) 1.990 Schilling (144,62 Euro).

Bankverbindungen

Kann nach der Einführung des Euro die Zahl der Bankverbindungen verringert werden?

Diese Frage ist vor allem für Unternehmen interessant, die in mehreren EU-Ländern engagiert sind. Sofern diese Länder zum europäischen Währungsgebiet gehören, wird es oft nicht mehr erforderlich sein, dort jeweils eine eigene Bankverbindung zu unterhalten. In Österreich muss auch nicht in jedem Bundesland, in dem ein Unternehmen Kunden oder Lieferanten hat, eine eigene Bankverbindung bestehen. Da überall mit einer Währung gezahlt und gerechnet wird, reicht oft eine Bank, bei der die Konten geführt werden. Es gibt auch keine Wechselkursrisiken oder größeren Zinsunterschiede mehr. Überall in der Währungsunion wird mit gleicher Münze gezahlt.

Bargeldumtausch für Unternehmer

Wie läuft in den Betrieben die Umstellung auf das neue Wechselgeld ab und mit welchen Kosten ist dabei zu rechnen?

Bereits seit Monaten können die Unternehmen bei ihren Hausbanken den errechneten Euro-Bedarf bestellen. Eine wertvolle Hilfe bei der Ermittlung der erforderlichen Menge an **Wechselgeld** kann das an der Wirtschaftsuniversität entwickelte Rechenprogramm **EuroCalculus** darstellen, mit dem sich je nach Branche, Größe des Unternehmens und Öffnungszeiten die erforderliche Stückelung abschätzen lässt. Zumeist stehen auch die Bankbetreuer bei der Errechnung des Bedarfs zur Verfügung. Manche Institute erstellen dann „Konfektionspakete“ mit Münzen und Banknoten für ihre Kunden, die im Lauf des Septembers, Oktobers und Novembers den Unternehmen geliefert werden. Die Nationalbank hat hier zusammen mit der Post einen eigenen Zustelldienst ins Leben gerufen.

Die Pakete müssen dann wieder in Safes „verschwinden“ und sind mit einer einmaligen Prämie von 200 Schilling bis zu einem Gesamtwert von 1,2 Millionen Schilling versichert. Rechtlich gesehen ist das Euro-Bargeld bis zum 1. Jänner 2002 nur Metall und buntes Papier. Deswegen verrechnen die Banken den Unternehmen dafür auch nichts – bis zum 2. Jänner. Dann muss für die Euro-Rollen und -Geldstapel bezahlt oder das Konto belastet werden. Ab dann fallen im Fall einer Konto-Überziehung auch die üblichen Zinsen an, die für den identen Schilling-Betrag fällig geworden wären.

Streng verboten ist es, Euro vor dem 1. Jänner 2002 in Verkehr zu bringen. Wird jemandem nachgewiesen, dass er die neue Währung vor dem offiziellen Startschuss in Umlauf gebracht hat, muss er mit hohen Geldstrafen rechnen, die bei betrügerischen Absichten natürlich auch in Haftstrafen münden können.

Wie für die Konsumenten ist auch für die Unternehmen der Geldtausch an sich spesenfrei. Die Einzelhändler werden während der **dualen Phase** die Schilling und Euro aus der Kasse wie bisher nach Geschäftsschluss in Geldboxen in die Banksafes einwerfen, und die Beträge werden ihnen in Euro am Konto gutgeschrieben. Spesen entstehen nur dann, wenn Bargeld gleich gegen Bargeld getauscht werden soll, und auch dann nur, wenn der Betrag 50.000

Schilling übersteigt. Manche Kreditinstitute haben dieses Limit bereits auf 200.000 Schilling angehoben. Je nach Verhandlungsgeschick und Bankverbindung werden in diesem Fall 1 bis 1,5 Prozent der zu wechselnden Summe als Spesen einbehalten. Bargeld-Transaktionen gehören allerdings auch im Einzelhandel eher zur Ausnahme, so dass aus dem Titel Geldtausch im engeren Sinne den Unternehmen kaum Kosten entstehen werden.

Bargeldumtausch für Verbraucher

Ab wann und wie lange kann altes Bargeld in Euro getauscht werden?

Ab 1. Jänner ist der Euro auch als Bargeld gesetzliches Zahlungsmittel innerhalb der Währungsunion mit ihren zwölf Mitgliedsländern und den **angeschlossenen Gebieten.** In Österreich gelten ab dann Schilling und Euro bis 28. Februar 2002 parallel als gesetzliche Zahlungsmittel. In anderen Ländern der Währungsunion gelten zum Teil abweichende Regelungen (siehe Tabelle auf Seite 50).

Der Wechsel von Schilling in Euro kann prinzipiell ohne Kosten bewerkstelligt werden: Wer zu Jahresende sein Geld auf das Konto oder Sparbuch einzahlt, wacht am 1. Jänner mit einem Euro-Konto auf und kann die entsprechenden Beträge in Euro wieder abheben. Wer Bargeld gegen Bargeld tauschen will, kann dies spesenfrei mit Beträgen bis 50.000 Schilling machen. Einige Banken wechseln auch bis zu 200.000 Schilling spesenfrei. Darüber hinaus verrechnen die Institute Beträge, die etwa in der Höhe von normalen Wechselspesen in Euro-Währungen liegen, also bei etwa 1 bis 1,5 Prozent der zu wechselnden Summe.

Aber auch nach Ablauf der **dualen Phase** mit 28. Februar 2002 verlieren Schilling-Noten nicht ihren Wert: Die Oesterreichische Nationalbank mit ihren Zweigstellen in allen Landeshauptstädten wechselt Schilling „auf ewig" in Euro um (siehe Adressen im Anhang). Wer also geheime Geldlager unter der Matratze oder im Kleiderschrank vergessen hat und erst 2010 findet, braucht nicht zu verzweifeln.

Um zu vermeiden, dass sich zu Jahresanfang lange Schlangen vor den Bank-

schaltern bilden, wurden alle Bürger der Währungsunion aufgerufen, Bargeld schon vorher auf Konten einzuzahlen. Es wird dann automatisch in Euro umgewandelt. Rechtzeitiges Einzahlen auf Konten wird vor allem bei **Münzen** empfohlen, da es sich hierbei um riesige Mengen handelt. Allein in Österreich wird mit der Rückgabe von insgesamt 3 Milliarden Münzen gerechnet.

Wer größere Mengen an Bargeld besitzt, sollte darauf achten, nicht mit dem **Geldwäschegesetz** in Konflikt zu geraten.

Überblick über die Geltungsdauer und Umtauschfristen*

Land	Ablauf der Gültigkeit am ...	Umtausch bei Banken bis ...	Rücknahme durch Notenbank bis ...
Belgien	28. Februar 2002	31. Dezember 2002	Noten unbegrenzt, Münzen bis Ende 04
Deutschland	31. Dezember 2001	28. Februar 2002	unbegrenzt
Finnland	28. Februar 2002	Banken bestimmen selber	10 Jahre
Frankreich	17. Februar 2002	unbeschränkt	Noten 10 Jahre, Münzen 3 Jahre
Griechenland	28. Februar 2002	unbeschränkt	Noten 10, Münzen 2 Jahre
Irland	09. Februar 2002	Banken bestimmen selber	unbegrenzt
Italien	28. Februar 2002	unbeschränkt	10 Jahre
Luxemburg	28. Februar 2002	30. Juni 2002	Noten unbegrenzt, Münzen bis Ende 04
Niederlande	28. Jänner 2002	31. Dezember 2002	Noten bis 1.1. 2032, Münzen bis 1.1.07
Österreich	28. Februar 2002	28. Februar 2002 bis 50.000 ATS	unbegrenzt
Portugal	28. Februar 2002	30. Juni 2002	Noten 20 Jahre, Münzen 31.12.2002
Spanien	28. Februar 2002	30. Juni 2002	unbegrenzt

*für kostenlosen Umtausch in den EWU-Ländern

In den meisten Fällen bleibt viel Zeit, altes Geld im „Mutterland“ gegen Euro zu tauschen. Wenn die Frist für den Umtausch bei Banken abgelaufen ist, wird dann aber in den meisten Fällen ein Gang zur Zentralbank oder zumindest zu einer Landeszentralbank (bzw. einer ähnlichen Einrichtung im jeweiligen Land) erforderlich sein.

Ratschläge für den Bargeldumtausch

Sie sparen sich viel Zeit, Mühe und eventuell auch Ärger, wenn Sie nicht benötigte Bargeldbestände (Münzen wie Banknoten) so früh wie möglich auf ein Konto einzahlen. Das wird 2002 automatisch auf Euro umgestellt. Restliches Bargeld können Sie beim Einkaufen los werden. Sie müssen sich dann Anfang 2002 nicht in eine lange Schlange vor dem Bankschalter einreihen.

Bargeldeinnahmen regelmäßig auf das Konto einzahlen. Dann bilden sich keine so hohen Geldbestände, dass es zu – immer unangenehmen – Fragen nach der Herkunft kommen kann.

Wer sein Geld auf dem Konto hat, kann sich ab 1. Jänner 2002 wie üblich aus dem Geldautomaten mit Bargeld versorgen. Ab Mitternacht gibt er nur noch Euro aus.

Wer aus irgendwelchen Gründen Vorbehalte gegen den Euro hat und eine „eiserne Reserve“ in einer anderen Währung halten möchte, kann vorhandenes Bargeld in Drittwährungen wie Dollar, britische Pfund oder Schweizer Franken tauschen. Das kann man entweder im Urlaub ausgeben oder zu einem späteren Zeitpunkt in Euro wechseln lassen, wenn inzwischen Vertrauen in die neue Währung gewachsen sein sollte. Der Kauf von Reiseschecks, die auf eine Drittwährung (in der Regel Dollar) lauten, hat die gleiche Wirkung und bietet mehr Sicherheit vor Verlust oder Diebstahl als Bargeld. Der Kauf von Devisen und Reiseschecks ist bei jeder beliebigen Bank oder Sparkasse, im In- und Ausland bei den Wechselstuben an Bahnhöfen oder Flughäfen möglich. Jeder Geldwechsel verursacht freilich Kosten.

„Alte“ Währungen aus Euro-Ländern umtauschen

Wer Zahlungsmittel aus anderen EWU-Ländern besitzt, sollte sie am besten dort noch bis zum Ablauf der Frist als gesetzliches Zahlungsmittel ausgeben. Das spart später Zeit und in vielen Fällen auch Kosten. Falls das nicht mehr möglich ist: Bei der Oesterreichischen Nationalbank ist der Rücktausch von Währungen der Euro-Länder bis zu 3.000 Euro gebührenfrei möglich. Bis Ende 2001 werden dafür Schilling ausgezahlt, ab Jänner 2002 Euro. Der Umtausch von alten Scheinen aus EWU-Ländern ist bis 31. März 2002 möglich. Wer etwa 2003 noch einen Stapel DM oder Lire findet, wird um eine Auslandsreise nicht herumkommen, denn dann können die Banknoten der „Alt-Währungen“ nur noch bei den jeweiligen Zentralbanken (meist zeitlich unbegrenzt) umgetauscht werden. Ausländische Münzen werden generell nicht gewechselt.

Als Sammelobjekte eignen sich die meisten alten Banknoten und Münzen aus anderen EWU-Ländern ebenso wenig wie alte österreichische Zahlungsmittel. Sie werden noch auf Jahre hinaus in zu großen Mengen vorhanden sein. Sammlerwert haben immer nur ganz bestimmte Stücke. Aufheben lohnt sich also fast immer nur dann, wenn man Gefallen an alten Münzen findet oder sich Erinnerungsstücke aus der Zeit vor der Währungsunion bewahren möchte.

Bausparen

Ändern sich die Guthaben oder die Konditionen von Bausparverträgen beim Übergang zum Euro?

Hier gilt, was für alle anderen Guthaben zutrifft: Am 1. Jänner 1999 änderte sich am Kontostand zunächst noch nichts, da im privaten Bereich und bei den meisten Unternehmen weiterhin mit Schilling gerechnet wurde. Für die meisten Bürger findet die Umstellung erst im Jahr 2002 statt. Dann werden bei Bausparverträgen ebenso wie bei allen anderen Konten die Beträge mit dem fixen **Umrechnungsfaktor** 13,7603 auf die Euro-Währung umgestellt. Wenn auf einen Bausparvertrag über 300.000 Schilling bereits 180.045 Schilling ein-

gezahlt wurden, dann ergeben sich daraus beispielsweise eine Vertragssumme von 21.801,85 Euro und ein Guthaben von 13.084,38 Euro. Dies zeigt, dass nicht nur das Guthaben in Euro gerechnet optisch niedriger wird, sondern auch die Vertragssumme. Da gleichzeitig aber auch die Grundstückspreise, die Löhne der Handwerker usw. mit dem gleichen Faktor umgerechnet werden, bleibt der reale Wert der Vertragssumme und des bereits angesparten Betrages unverändert. Es gilt hier wie überall das Prinzip der **wertgleichen** Umstellung.

Selbstverständlich ändert sich nach dem Prinzip der **Vertragskontinuität** auch an den Konditionen des Bausparvertrages nichts. Alle Termine, Zinsen und die übrigen vertraglichen Abmachungen bleiben bestehen. Vor allem bleibt der Anspruch des Bausparers auf ein konstant niedrig verzinstes Darlehen. Es gibt daher keinen Anlass, die **Bausparsumme** mit Blick auf den Euro zu **erhöhen** oder gar den Bausparvertrag zu kündigen.

Achtung: Wenn Ihnen Vertragsanpassungen angeboten werden, um krumme Summen zu glätten, müssen Sie darauf bestehen, dass sich an den sonstigen Konditionen nichts zu Ihren Ungunsten ändert. Das gilt insbesondere für die wichtige „Bewertungsziffer". Durch eine Erhöhung der Vertragssumme steigt nämlich der Regelsparbetrag und sinkt die Bewertungsziffer des Vertrages. Das bedeutet dann eine spätere Zuteilung. Da es keinen Grund gibt, (nur) wegen des Euro die Bausparsumme zu erhöhen, sollten Sie Aufrundungen ablehnen, wenn damit andere Konditionen verbunden sind.

Bausparsumme erhöhen?

Wird wegen des Euro meine Bausparsumme gekürzt und reicht die Summe dann nicht mehr für den Hauskauf?

Richtig daran ist nur, dass die Summe – in Euro ausgedrückt – niedriger sein wird. Wegen der **Umrechnung** wird sowohl die Vertragssumme als auch das Guthaben rechnerisch geringer sein. Über den Daumen gerechnet werden alle Beträge circa 14-mal niedriger. Dies ist aber ohne Bedeutung für den tatsächlichen Wert, da nicht nur die Guthaben, sondern auch die Einzahlungen und späteren Raten sowie alle Preise entsprechend umgerechnet werden. Das gilt

selbstverständlich auch für den Preis von **Immobilien.** Daneben ist zu beachten, dass auch nach der Umstellung die Finanzierung einer Wohnung oder eines Hauses nur zum Teil über das **Bausparen** stattfindet. Die restliche Summe muss aus sonstigen Ersparnissen und über Hypothekardarlehen aufgebracht werden. Aber in allen diesen Fällen gilt das Prinzip: Es wird **wertgleich** umgestellt.

Achtung: Wenn Ihnen Vertragsanpassungen angeboten werden, um „krumme Summen zu glätten“, kann das Nachteile bringen. Steigt der Regelsparbetrag und sinkt die Bewertungszahl, kann das zu einer späteren Zuteilung führen.

Beginn der Währungsunion

Warum begann die Europäische Währungsunion am 1. Jänner 1999 und warum wird der Euro als Bargeld erst am 1. Jänner 2002 eingeführt?

Im Vertrag von Maastricht war der 1. Jänner 1997 als Zeitpunkt für den frühestmöglichen Beginn der Europäischen Währungsunion festgelegt worden. Aber das hat sich als unrealistisch erwiesen. Der Vertrag hätte nur in Kraft treten können, wenn die Mehrzahl der EU-Länder (also 8 von 15) die Beitrittsbedingungen erfüllt hätten. Das war angesichts der tatsächlichen Wirtschaftsentwicklung in den EU-Ländern bereits Anfang 1996 auszuschließen.

Spätester Zeitpunkt für den Beginn der Währungsunion war immer der 1. Jänner 1999. Dann sollte laut Vertrag die Währungsunion mit den Ländern beginnen, die sich bis zum Prüfungstermin qualifiziert hatten. Auf dem Gipfel von Madrid (Dezember 1995) wurde beschlossen, den geltenden Zeitplan einzuhalten. Das bedeutet: Übergang zur Währungsunion am 1.1.1999 zunächst im Finanzsektor, Ausgabe der Euro-Banknoten und Münzen im Jahr 2002. Zudem wurde in Madrid festgelegt, dass die Prüfung der Beitrittskandidaten auf Erfüllung der **Konvergenzkriterien** im Frühjahr 1998 stattfinden sollte. Diese abschließende Konferenz fand am 2. und 3. Mai 1998 statt.

1999 startete die Währungsunion mit jenen elf Ländern, die „ihre Schulaufgaben“ erledigt hatten. Griechenland trat 2001 als zwölftes Land bei. Die Währungen der teilnehmenden Länder konnten in der Übergangszeit bis 2002 nur

noch zu unwiderruflich festgelegten Kursen untereinander und gegen den Euro getauscht werden. Ab 1. Jänner 2002 ist der Euro auch bei Barzahlungen gesetzliches Zahlungsmittel innerhalb der Währungsunion. Diese Übergangszeit von drei Jahren war erforderlich, damit sich Banken, Unternehmen und Behörden ausreichend vorbereiten konnten. Denn die Umstellungsmaßnahmen waren und sind oft sehr umfangreich und zeitraubend. Auch den Arbeitnehmern, Sparern und Verbrauchern sollte Gelegenheit gegeben werden, sich auf den historischen Einschnitt vorzubereiten. Außerdem musste sichergestellt werden, dass die erforderliche Menge Bargeld bereitstand, um alle rund 300 Millionen Bürger der Währungsunion gleichzeitig mit der erforderlichen Menge an **Banknoten** und Euro-**Münzen** auszustatten.

Beispiele für eine Währungsunion

Gibt es Beispiele dafür, dass eine Währungsunion funktionieren kann, ohne dass es gleichzeitig eine gemeinsame Regierung gibt?

Ein Beispiel dafür ist die Währungsunion zwischen Belgien und Luxemburg, die viele Jahrzehnte reibungslos funktioniert hat, obwohl beide Länder ihre Souveränität bewahrt haben und eine sehr unterschiedliche Wirtschaftsstruktur besitzen. Belgien hat zudem sehr hohe staatliche Schulden, Luxemburg so gut wie keine.

Eine andere – faktische – Währungsunion funktionierte sogar ohne jede vertragliche Grundlage: Der österreichische Schilling war seit vielen Jahren aus wohl erwogenen Gründen eng an die D-Mark gekoppelt, sodass von einer stillschweigenden Währungsunion gesprochen werden konnte. Andere Länder (die Niederlande, Belgien, Luxemburg) verfuhren später ähnlich. Dadurch ist der so genannte **D-Mark-Block** entstanden. Insofern ist eine Art Europäische Währungsunion ohne gemeinsame Regierung nicht so grundlegend neu, wie viele behaupten, und eine **Europäische Regierung** ist keine zwingende Voraussetzung dafür, dass die Währungsunion funktionieren kann. In den drei Jahren zwischen Beginn der Währungsunion 1999 und der Bargeldumstellung 2002 hat sich dies auch in der Praxis gezeigt.

Auch bei der deutschen Wirtschafts- und Währungsunion (1. Juli 1990) gab es bis zur staatlichen Vereinigung im Oktober des gleichen Jahres zunächst keine gemeinsame Regierung. Allerdings ist der Beitritt der damaligen DDR zum D-Mark-Währungsgebiet aus vielen Gründen nicht mit der Europäischen Währungsunion vergleichbar (siehe **Deutsch-deutsche Währungsunion**).

Am ehesten vergleichbar mit der Währungsunion ist die Einführung der D-Mark im Saarland nach der Rückgabe des Gebiets an Deutschland am 1.1.1957. Damals wurde das umlaufende französische Geld ebenso wie 1999/2002 bei der Umstellung auf Euro **wertgleich** in D-Mark umgetauscht. Alle Preise, Löhne, Kredite usw. wurden entsprechend umgerechnet. Eine **Währungsreform** war auch damals nicht damit verbunden.

Wer weiter zurück in die Geschichte blickt, kann noch andere **historische Beispiele** für eine Währungsunion ohne gemeinsame Regierung finden, wie etwa die lateinische und die skandinavische Münzunion.

Wie bei den alten Römern

Historisch gesehen stellt die Europäische Währungsunion einen Zustand wieder her, wie er zuletzt vor rund 2000 Jahren in Europa bestand, zu den Zeiten des Römischen Reiches. Auch damals wurde in ganz Westeuropa sowie im Mittelmeerraum mit einer Münze bezahlt. Römische Münzen galten in Palästina ebenso wie in den germanischen Provinzen, in Spanien, in Italien oder Griechenland. Karl der Große ließ Silbermünzen mit seinem Kopf und Namenszug prägen, die über Jahrhunderte immerhin noch diesseits und jenseits des Rheins als Zahlungsmittel akzeptiert wurden.

Beitrittskandidaten

Was geschieht mit den EU-Ländern, die der Europäischen Währungsunion noch nicht beigetreten sind?

Jene Länder, die zum Zeitpunkt der abschließenden Prüfung im April/Mai 1998 die Stabilitätsbedingungen (**Konvergenzkriterien**) noch nicht erfüllt hatten (Griechenland) oder aus politischen Gründen noch nicht beitreten wollten (Großbritannien, Dänemark, Schweden), bleiben nicht auf Dauer ausgeschlossen. Das gilt auch für die osteuropäischen Beitrittskandidaten (siehe **EU-Osterweiterung**). Sie können – wie es bei Griechenland 2001 bereits geschehen ist – beitreten, sobald sie die vorgeschriebenen Bedingungen erfüllen. Eine Aufnahme neuer Mitglieder kann bei späteren Konvergenzprüfungen beschlossen werden. Diese sollen alle zwei Jahre stattfinden. Ein Beitritt ist aber auch zu einem früheren Zeitpunkt auf Antrag möglich, wenn die Stabilitätsbedingungen erfüllt sind. Dies war bei Griechenland der Fall.

Für die Länder, die (noch) nicht beigetreten sind, gilt eine dem früheren **Europäischen Währungssystem** (EWS) vergleichbare Lösung. Dabei übernimmt der Euro die Rolle als Leitwährung. Die nicht der Währungsunion angehörenden Staaten versuchen dabei den Kurs ihrer Währungen gegenüber dem Euro so stabil wie möglich zu halten, damit die wirtschaftlichen Beziehungen nicht nachhaltig gestört werden. Dänemark hat trotz der Ablehnung eines Beitritts bei der Volksabstimmung im Jahre 2000 seine Krone praktisch an den Euro gebunden.

Börsen

Wann haben die europäischen Börsen auf Euro umgestellt?

Dies geschah sofort nach dem Start der Währungsunion am ersten Börsentag des Jahres 1999 – also am 4. Jänner. Bereits vorher wurde der erste europäische Aktienindex geschaffen: Der „Stoxx" wird seit Februar 1998 berechnet.

1998 gab es innerhalb der Europäischen Union 32 offizielle Aktienbörsen. Viele davon haben allerdings nur eine geringe oder nur eine regionale Bedeutung. Allein in Deutschland gibt es neben dem großen internationalen Finanzplatz Frankfurt mit seiner dominierenden Wertpapierbörse beispielsweise noch Börsen in Berlin, Düsseldorf, Hannover, Hamburg, Bremen, Stuttgart und München.

An allen diese Börsen wie auch an der Wiener Börse verlief die Umstellung völlig problemlos. Da Anleger schon seit mehreren Jahren in Euro rechnen,

war die frühe Umstellung der Börsen auch ein wichtiger Beitrag dazu, den Umgang mit dem Euro zu üben.

Briefmarken

Wie lange gelten die alten Briefmarken noch? Wie wird sich das Porto ändern, wenn Euro-Preise gelten? Was bedeutet der Euro für Briefmarkensammler?

Obwohl in Österreich die doppelte Preisauszeichnung im Bereich des Handels früher und rigoroser als in den anderen EWU-Ländern gesetzlich vorgeschrieben ist, hat sich die Österreichische Post gegen eine doppelte Preisangabe bei Briefmarken entschieden. Damit geht die heimische Post AG auch anders vor als beispielsweise in Deutschland, wo Briefmarken bereits im Jahr 2001 Wertangaben in Mark und Euro enthalten und ab Jänner 2002 nur noch auf Euro lauten.

Briefmarkenabonnenten der Österreichischen Post AG haben ab 1. Oktober 2001 über das Service Center Material (SCM) die Möglichkeit des (Vor-)Kaufes von neuen Euro-Briefmarken. Als Porto sind die neuen Marken allerdings erst mit 1. Jänner 2002 gültig. Ab da startet auch der allgemeine Verkauf von Euro-Briefmarken, also parallel mit Beginn der **dualen Phase** für das Bargeld.

Umgerechnet wird das Briefporto exakt nach dem **Umrechnungsfaktor** 13,7603. Das führt zu folgenden Wertangaben auf gängigen Briefmarken:

Wert in öS	7 öS	8 öS	10 öS	12 öS	28 öS
Wert in €	0,51 €	0,58 €	0,73 €	0,87 €	2,03 €

Gültigkeitsdauer: Schilling-Briefmarken mit den Nennwerten 7, 8, 10 und 12 Schilling können bis Ende Juni 2002 kostenlos in allen Postämtern in gebührenmäßig entsprechende Euro-Dauermarken umgetauscht werden.

Zielführender ist aber, die Möglichkeit zu nutzen und die Schilling-Marken noch bis 30. Juni 2002 zur Frankierung zu verwenden – die so genannte „Mischfrankatur“. Darunter versteht man die wahlweise Freimachung von Postsendungen mit Schilling- und/oder Euro-Marken. Für Briefmarkensammler kann die Variationsbandbreite in der Doppelfrankaturphase zwischen

1. Jänner und 30. Juni 2002 einmalige Sammel-Gelegenheiten bieten, die so schnell nicht wiederkommen dürften.

Ein Umtausch gegen Bargeld ist, so wie in anderen Euro-Ländern, ausgeschlossen.

Geltungsbereich: Jedes Mitgliedsland der Europäischen Währungsunion behält seine regionale Posthoheit. Das bedeutet auch, dass die Euro-Briefmarken – im Gegensatz zum Euro-Geld – nur im jeweiligen Mitgliedsland frankaturgültig sind! Sonst würden die Postgesellschaften der einzelnen Länder vor ein unüberbrückbares Verrechnungsproblem gestellt. Gleiches gilt für die Freimachung mittels Absenderfreistempelmaschinen (AFM).

Frankier-/Absenderfreistempelmaschinen (AFM): Die Umrüstung der AFM muss in Eigeninitiative durch den Inhaber der Freistempelmaschine in Zusammenarbeit mit den von der Post bevollmächtigten Generalvertretungen der Herstellerfirmen erfolgen. Ziel der Österreichischen Post AG war und ist es, alle Frankier- oder Freistempelmaschinen so rasch wie möglich auf das neue „Euro-Klischee“ der so genannten Teleporto-AFM umzustellen, spätestens aber bis Ablauf der Doppel-Bargeldphase (28. Februar 2002). Für den Umstieg von Wertkarten- und Entgelteinstell-AFM auf die neuen Teleporto-AFM gab es sogar eine Gutscheinaktion zu insgesamt 200 Euro.

Die veralteten Wertkarten-AFM werden von der Post nur noch bis 28. Februar 2002 (letztes Datum des Verkaufes von ATS-Wertkarten) unterstützt, danach werden keine Wertkarten mehr aufgelegt. Freistempelabdrucke in Schilling werden jedoch noch bis spätestens 30. Juni 2002 anerkannt.

Ab 1. Juli 2002 sind Schilling-Freistempelabdrucke nicht mehr gültig. Sämtliche Freistempelmaschinen mit Schilling-Klischee können nicht mehr verwendet werden. Allfällige Restguthaben auf diesen Maschinen werden jedoch zurückgezahlt.

Briefmarken als Geldanlage: Die alten Schilling-Briefmarken in der Hoffnung auf ein gutes Geschäft mit Sammlern zu horten, ist eine sehr fragwürdige Spekulation. Da es sehr unwahrscheinlich ist, dass es bei kompletten Briefmarkensätzen der Österreichischen Post oder anderer EWU-Länder in der alten Währung bald zu einer Knappheitssituation kommen wird, werden sich die bisherigen Preise am Sammlermarkt nicht wesentlich ändern. Das bedeutet, dass der Sammlerwert sehr gering sein wird. Erst sehr viel später kann sich das bei bestimmten Marken ändern. Briefmarken, die heute schon gesucht sind, werden natürlich auch später in Sammlerkreisen Beachtung finden.

Für Philatelisten interessant: Der Euro gilt in 23 Sammlergebieten. Dazu gehören: Belgien, Deutschland, Finnland, Frankreich, Andorra, Åland, Monaco, Mayotte, St-Pierre-et-Miquelon, TAAF (französische Gebiete in der Antarktis), Italien, Irland, San Marino, Luxemburg, Niederlande, Österreich, Vatikan, Vereinte Nationen Wien, Portugal, Azoren, Madeira, Spanien, Andorra (spanische Post und französische Post). Von diesen 23 Sammlergebieten geben die Territorien Åland, Andorra, Monaco, Mayotte, St-Pierre-et-Miquelon, TAAF, San Marino, Vatikan, Vereinte Nationen Wien, Azoren und Madeira eigene Postwertzeichen heraus. Einige davon verwendeten dafür bereits 2001 eine doppelte Währungsangabe (Euro und bisherige Landeswährung). Die französischen Überseedepartements Guadeloupe, Guayana, Martinique und Réunion verwenden französische Briefmarken und haben daneben keine eigenen Postwertzeichen.

Für Briefmarken gilt ebenso wie für **Münzen:** Gewinne mit seltenen Stücken oder kompletten Sammlerserien wird es immer wieder einmal geben. Aber das hat wenig oder nichts mit der Währungsunion zu tun. Vor allem gehört der notwendige Sachverstand oder viel Glück zu solchen Gewinnen – meist beides. Auch in diesem Fall gilt: Durch den Währungstausch allein ändert sich relativ wenig. Nur wer auch bisher schon sammelte, soll sein Hobby weiter pflegen. Wer allein mit Blick auf den Euro einsteigt, wird eher Verluste als Gewinne machen. Insofern ist es ähnlich wie bei allen anderen Spekulationen.

Bußgelder für Stabilitätssünder

Welche Strafen sind für Mitglieder der Währungsunion vorgesehen, die die zulässigen Verschuldungsgrenzen überschreiten?

Auf Grund des **Stabilitätspaktes** müssen die Mitgliedsländer der Währungsunion Bußen in die Gemeinschaftskasse zahlen, wenn sie die zuläs-

sigen Verschuldungsgrenzen überschreiten. Dabei geht es um 0,2 Prozent des Bruttoinlandsproduktes als Sockelbetrag plus je 0,1 Prozent für jeden Prozentpunkt, um den das zulässige Defizit der öffentlichen Haushalte (3 Prozent in normalen Zeiten) überschritten wird. Diese Strafe muss jedes Land, das gegen den Stabilitätspakt verstößt (bis zu einer Obergrenze von 0,5 Prozent des BIP), zinslos hinterlegen. Diese Bußgelder verfallen nach zwei Jahren zu Gunsten der Gemeinschaftskasse, wenn bis dahin die Neuverschuldung nicht wieder auf höchstens 3 Prozent des BIP zurückgeführt wurde. Obwohl die Prozentsätze klein erscheinen, handelt es sich in Zahlen ausgedrückt um empfindliche Strafen in Milliardenhöhe.

Kritiker dieses Bußgeldsystems argumentieren, dass „eine Krähe der anderen kein Auge aushackt“, also die Finanzminister alle Sünder seien, die kein Interesse daran hätten, sich gegenseitig mit Strafen zu belegen. Dabei wird aber übersehen, dass die Bußgelder jenen EU-Staaten als „Prämie“ zugute kommen sollen, die sich an die Haushaltsdisziplin halten. Das soll das Interesse auf beiden Seiten an einer sehr genauen gegenseitigen Kontrolle fördern.

Anfang 2001 hat die Europäische Kommission die ihr von den Mitgliedsländern vorgelegten Stabilitätsprogramme (Fortschreibung der Stabilitätsprogramme 2000–2004) geprüft. Irland musste seine Pläne daraufhin überarbeiten. Italien wurde ermahnt, seine Staatsausgaben streng zu kontrollieren. Österreich erhielt gute Noten für sein aktualisiertes Stabilitätsprogramm und den Sparkurs. Auch Frankreich wurde wegen eines unerwartet starken Abbaus seines Defizits im Jahr 2000 gelobt.

Cent

Neben dem Euro werden ab 2002 auch kleinere Münzen gebraucht. Sind sie ebenso wie die Banknoten innerhalb der gesamten Währungsunion einheitlich?

Die kleineren Münzeinheiten (Scheidemünzen), die in Österreich dem Groschen, in Deutschland dem Pfennig und in anderen EU-Ländern etwa dem Cent oder Centime entsprechen, werden im Rahmen der Euro-Umstellung durch den Cent oder Euro-Cent ersetzt. Davon gibt es Stücke von 1, 2, 5,

10, 20 und 50 Cent. Sie sind in ihrem Aufbau, den verwendeten Metalllegierungen und Sicherheitsmerkmalen identisch. Die Euro-**Münzen** haben eine einheitliche europäische und eine nationale Seite – abhängig davon, wo sie geprägt wurden. Jedes Land hat die Möglichkeit, eigene Symbole einprägen zu lassen. Größe, Gewicht und Legierung sind jedoch innerhalb eines Nennwerts einheitlich:

- Die drei kleinen Münzen (1, 2 und 5 Cent) wurden aus preiswertem, kupferlegiertem Stahl gefertigt. Bei ihnen ist das Fälschungsrisiko gering.
- Die Münzen mit dem Nennwert 10, 20 und 50 Cent bestehen aus Aluminium, Kupfer, Zink und Zinn.

Das unterschiedliche Material, verschiedene Farben, Größen und Gewichte sowie Randprägungen sollen Blinden und Sehbehinderten erleichtern, die Münzen zu erkennen.

Bei insgesamt sechs verschiedenen Cent-Stückelungen (1, 2, 5, 10, 20 und 50 Cent) und zwölf Mitgliedsländern der Währungsunion ergeben sich daraus theoretisch 72 verschiedene Gestaltungsmöglichkeiten für die nationale Seite der Cent-Stücke. Dazu kommen noch – wenn auch in sehr geringer Stückzahl – die Münzen aus den drei Kleinstaaten Monaco, San Marino und Vatikan (siehe dazu **angeschlossene Gebiete**). Tatsächlich ist die Zahl der Motive aber geringer, da nicht jedes Land auf jedem der sechs verschiedenen Cent-Stücke ein spezielles Motiv unterbringt.

Die Gestaltung der Cent-Münzen

- Luxemburg hat auf alle seine Münzen einheitlich das Konterfei von Großherzog Henry geprägt.
- Der Kopf des belgischen Königs ist ebenfalls auf allen Münzen zu sehen, die dieses Land im Rahmen der Gesamtmenge prägen lassen darf.
- Auch die Niederlande entschieden sich für ein Bildnis ihrer Königin auf allen Münzen.
- Irland prägt einheitlich sein nationales Symbol – eine Harfe – auf die nationale Seite.
- Spanien verwendet zwei Motive für die Cent-Stücke (die Kathedrale von Santiago de Compostela und den Kopf des Schriftstellers Cervantes).

- Deutschland prägt auf die Cent-Stücke das schon auf den Pfennigen verwendete Eichenlaub (1, 2 und 5 Cent) und das Brandenburger Tor (10, 20 und 50 Cent).
- Frankreich und Finnland verwenden ebenfalls drei verschiedene Motive.
- Portugal prägt drei unterschiedliche historische Siegel auf sein Münzkontingent.
- Österreich, Italien und Griechenland gestalten jede Münze individuell. Bei den östereichischen Cent-Münzen wurden in aufsteigender Wertigkeit folgende Symbole verwendet: Enzianblüte, Edelweiß und Alpenprimel (1, 2 und 5 Cent) sowie Stephansdom, Schloss Belvedere und die Wiener Secession (10, 20 und 50 Cent). Auf der 1-Euro-Münze prangt Wolfgang Amadeus Mozart, auf der 2-Euro-Münze Bertha von Suttner.

Einschließlich der beiden Euro-Werte sind somit 120 unterschiedliche Münzen (ohne **Sammlermünzen**) innerhalb der Währungsunion in Umlauf. Die Hersteller und Betreiber von **Automaten** mussten dies bei der Umrüstung der Münzprüfgeräte berücksichtigen.

Vorsicht: Immer wieder werden von Münzversendern in irreführender Weise **Medaillen** angeboten, die den Käufer in den Glauben versetzen sollen, es handle sich um Euro-Münzen oder wertvolle Sammlerstücke. In Wirklichkeit sind es Phantasieprodukte, die meist zu überhöhten Preisen verkauft werden. Sie haben in der Regel nicht einmal einen Sammlerwert.

Computerprogramme

Müssen Computerprogramme bei Umstellung auf den Euro erneuert werden?

Bei privater Verwendung eines PC ist die **EDV-Umstellung** bei jüngeren Programmen in der Regel kein großes Problem. Auch bei älteren Versionen von Windows oder Mac OS sind Updates von den Herstellern zu erhalten. Wer größere Datenbestände umrechnen will, kann Unterstützung durch

Konverterprogramme erhalten (siehe unter **EDV-Umstellung privat**). Wenn **Homebanking**-Programme verwendet werden, könnten je nach Produkt zum Teil erhebliche Schwierigkeiten auftreten.

Unternehmen und Selbstständige, die eine pünktliche Umstellung nicht rechtzeitig vorbereiten, könnten dagegen in Zeitnot geraten. Zehntausende von Programmen bei Behörden, in Instituten, bei Banken und Unternehmen, zahlreiche Rechenzentren und Millionen von PC in Unternehmen müssen auf das Euro-Zeitalter vorbereitet werden. Besonders stark sind die Banken betroffen, da sie neben der generellen Umstellung von Schilling auf Euro in der Übergangszeit seit 1999 den Zahlungsverkehr intern in Euro, im Verhältnis zu den meisten Kunden aber in nationaler Währung abwickeln mussten. Sie waren aber bereits 1999 „euro-fit". Viele Großunternehmen haben die dreijährige Übergangszeit genutzt, um alle Systeme eurofähig zu machen. Viele haben die Hauswährung schon vor 2002 auf Euro umgestellt.

Betriebe, die den Wechsel auf den Euro noch nicht vorgenommen oder vorbereitet haben, sollten so schnell wie möglich prüfen, ob selbst entwickelte oder früher speziell an betriebliche Erfordernisse angepasste Programme noch umgeschrieben werden können. Wenn diejenigen, die diese Programme entwickelt haben, nicht mehr verfügbar sind, wird eine Anpassung an die Erfordernisse der Währungsumstellung oft kaum oder gar nicht mehr möglich sein – oder sehr teuer werden. Daher ist zu prüfen, ob nicht die Gelegenheit genutzt werden sollte, auf moderne Standardsoftware umzurüsten. Wichtig ist auch, rechtzeitig zu prüfen, wie der Zugriff auf „historische Daten" gesichert werden kann (siehe auch **Euro-Checkliste**), sobald alle Systeme auf Euro umgestellt sind. Bereiche, die besonders betroffen sind:

- Auftragsbearbeitung
- Rechnungswesen
- Finanzbuchhaltung
- Steuern
- Lohn- und Gehaltsabrechnung
- Fakturierung
- Debitoren- und Kreditorenbuchhaltung

Die Mehrzahl der kleinen und mittleren Unternehmen sowie die meisten Selbstständigen blieben nach 1999 ebenso wie ein großer Teil der Behörden

und andere öffentliche Institutionen beim Schilling als „Hauswährung". Sie wollten zum spätestmöglichen Zeitpunkt, nämlich zum 1. Jänner 2002 umstellen. Dabei wurde der Zeitbedarf und die Zahl der zu lösenden Probleme oft stark unterschätzt. Das kann auch Angehörige der selbstständigen Berufe treffen, wie etwa Ärzte oder Notare, wenn die Honorarrechnungen nach vorgegebenen Gebührentabellen bis auf tausendstel Cent genau berechnet werden müssen.

Vorsicht: Schadensersatz droht

Wenn es in einem Betrieb nicht mehr gelingt, das Rechnungswesen, Preislisten, Lohn- und Gehaltsabrechnung bzw. die gesamte Datenverarbeitung rechtzeitig vor 2002 auf Euro umzustellen, muss der Geschäftsführer für dadurch entstehende Schäden persönlich haften. Das Gesetz und die Rechtsprechung sehen in fehlender oder unzureichender Vorbereitung auf vorhersehbare Ereignisse eine schuldhafte Pflichtverletzung. Bei der Euro-Umstellung handelt es sich aber ohne jeden Zweifel um ein – zudem sehr lange – vorhersehbares Ereignis. Spätestens seit Anfang 1999 steht sein Eintreten auf die Sekunde genau fest: 31.12.2001 um Punkt 24 Uhr.

D-Mark-Block

Was verstand man früher unter dem so genannten D-Mark-Block?

Als „D-Mark-Block" wurde die Gruppe der Länder bezeichnet, die sich in der Vergangenheit währungspolitisch sehr eng an die Deutsche Mark angelehnt hatten. Sie bemühten sich, durch eine entsprechende Finanz-, Wirtschafts-, Währungs- und Geldpolitik dafür zu sorgen, dass sich der Kurs ihrer Währungen gegenüber der D-Mark möglichst wenig veränderte. Dies war insbesondere bei Österreich, den Niederlanden und Belgien/Luxemburg der Fall. Aber auch in Frankreich gehörte es in den letzten Jahren vor Bildung der Europäischen Währungsunion zu den vorrangigen Zielen der Wirtschafts- und Finanzpolitik, den Kurs des Franc gegenüber der Mark nur in sehr engen

Grenzen schwanken zu lassen. Die D-Mark hatte in Europa die Funktion einer Leitwährung übernommen.

Der Grund für diese Bemühungen, die gleichzeitig der Einübung einer gemeinsamen Währungspolitik dienten, war die immer engere wirtschaftliche Verflechtung zwischen den genannten Ländern. Das galt nicht nur für die gegenseitigen Warenlieferungen und den Dienstleistungsverkehr. Ebenso wichtig wurden die Verflechtungen von Unternehmen, die umfangreichen Geldanlagen auch privater Sparer in den Nachbarländern, die gemeinsamen Forschungs- und Entwicklungsprojekte, der ständig wachsende Austausch von Arbeitskräften, die Zusammenarbeit in der militärischen Entwicklung sowie in der Luft- und Raumfahrt. Auch der Tourismus ist für alle beteiligten Länder ein immer wichtigerer Wirtschaftsfaktor geworden.

In der Praxis bestand daher schon seit langem eine Art Währungsunion zwischen diesen Ländern. Sie hätte aber jederzeit durch Unruhen an den Devisenmärkten gestört oder sogar zerstört werden können. Die beiden Währungskrisen im Herbst 1992 und im Sommer 1993 hatten gezeigt, wie rasch auch das bis dahin scheinbar festgefügte **Europäische Währungssystem (EWS)** an den Rand des Zusammenbruchs geraten konnte, wenn an den internationalen Finanzmärkten Unruhe ausbricht. Nach Schätzung der Deutschen Bank wurde dadurch in den davon betroffenen Ländern das Wirtschaftswachstum um rund ein Prozent reduziert, was allein auf Deutschland und Frankreich bezogen einem Wohlstandsverlust in der Größenordnung von 50 Milliarden Mark entsprach.

Datensatzstruktur

Was ist bei Überweisungsformularen in der Übergangszeit bis 2002 zu beachten?

Zwischen dem 1. 1. 1999 und dem Jahr 2002 konnte in vielen Bereichen wahlweise mit Euro oder Schilling gezahlt werden. Die österreichischen Kreditinstitute wickelten innerhalb des Banksektors den gesamten Zahlungsverkehr in Euro ab. Privat- und Firmenkunden konnten weiterhin in der nationalen Währung rechnen und ihre Konten bis 2002 in der alten nationalen

Währung führen. Sie konnten sich aber auch sofort für den Euro entscheiden. Viele europäische Großunternehmen haben bereits 1999 ihr gesamtes Rechnungswesen und den Zahlungsverkehr auf Euro umgestellt, weil sie nach den einmaligen **Umstellungskosten** im Betrieb deutliche Vereinfachungen und Einsparungen erwarteten.

Damit bei Überweisungen klar war, in welcher Währung der Zahlungsvorgang stattfinden soll, und um den Betrag korrekt zu erfassen (der Betrag in Euro wird immer geringer sein), musste auf dem **Zahlschein** zweifelsfrei zu erkennen sein, welche Währung vom Zahlungspflichtigen gemeint war und in welcher Währung dem Empfänger der Betrag gutgeschrieben werden sollte. Deshalb mussten für die elektronische Bearbeitung der Überweisungen oder Abbuchungen entsprechende Datensätze geschaffen werden. Es musste also eine entsprechende Währungskennzeichnung sowohl auf der Seite des Zahlenden als auch des Empfängers geben. Dies gehört zu den zahlreichen Veränderungen, die bei Unternehmen, Banken oder Behörden an den **Computerprogrammen** vorgenommen werden mussten.

Deutsch-deutsche Währungsunion

Ist die Europäische Währungsunion mit der Währungsunion zwischen der damaligen DDR und der Bundesrepublik Deutschland vergleichbar?

Die deutsch-deutsche Wirtschafts-, Währungs- und Sozialunion ist in keiner Weise mit der künftigen Europäischen Währungsunion vergleichbar. Am 1. Juli 1990 haben sich ein nahezu bankrotter Staat mit einer Währung, die nicht einmal innerhalb des „sozialistischen Lagers" als Zahlungsmittel voll akzeptiert wurde, sowie eine der leistungsfähigsten Volkswirtschaften der Welt mit einer überall begehrten Währung – nämlich der D-Mark – aus rein politischen Gründen zu einem einheitlichen Währungsgebiet und wenige Monate später zu einem einheitlichen Staat zusammengeschlossen. Dies geschah notgedrungen ohne ausreichende Vorbereitung, ohne jede Übergangsregelung und unter großem Zeitdruck. Um die wirtschaftlichen und sozialen Folgen zu bewältigen, musste sich der westliche Teil der Bundesrepublik zu Transferleis-

tungen entschließen, für deren Umfang es historisch kein Beispiel gibt. Der so genannte Marshallplan, der nach dem Krieg auch im Westen Deutschlands zum Wiederaufbau beitrug, war im Vergleich zum deutschen West-Ost-Transfer finanziell gesehen ein „Trinkgeld".

Ganz anders bei der Währungsunion: Sie führte zum währungspolitischen Zusammenschluss von Ländern, die sich jahrelang auf diesen Schritt vorbereitet hatten und noch länger in politischen, wirtschaftlichen und sozialen Fragen partnerschaftlich zusammenarbeiteten. Die Diskussion über eine Währungsunion begann schon 1970 mit dem „Werner-Plan". 1987 wurde dieses Ziel in den EG-Vertrag aufgenommen. Der 1989 vorgelegte „Delors-Bericht" schlug vor, die Währungsunion in drei Stufen zu verwirklichen. Die erste Stufe begann bereits 1990. Erst zehn Jahre später, nämlich Anfang 1999, sollte dann der Übergang endgültig vollzogen werden. Aber auch dann blieb noch bis zum Jahr 2002 Zeit, um die nationalen Währungen schrittweise gegen das gemeinsame europäische Geld auszutauschen.

Es gibt aber noch weitere – und mindestens ebenso wichtige – Unterschiede zur deutsch-deutschen Währungsunion: Alle Länder, die sich für eine Teilnahme qualifizieren, verfügen im Gegensatz zur früheren DDR über eine leistungsfähige Wirtschaft, über umfangreiche Devisenreserven und über ein stabiles, in der ganzen Welt als Zahlungsmittel begehrtes Geld. Noch wichtiger ist, dass es sich bei den EU-Staaten um gefestigte Demokratien handelt, die sich zum Rechtsstaat und zur Marktwirtschaft bekennen. Auch das sind Merkmale, die dem ehemaligen Arbeiter- und Bauernstaat vollkommen fehlten.

Die Europäische Währungsunion ist aus guten Gründen auch nicht mit einer Sozialunion verbunden worden, wie dies bei der deutschen Wiedervereinigung der Fall war. Deshalb besteht auch keine Verpflichtung, in kurzer Zeit innerhalb der gesamten Union gleiche soziale Leistungen zu gewähren – beispielsweise im Krankheitsfall, bei Arbeitslosigkeit oder beim Rentenbezug. Das regelt nach wie vor jedes Land im Rahmen seiner Möglichkeiten. Auch die Löhne werden nicht automatisch angepasst. Weiters gibt es keinerlei Verpflichtung, für die Schulden der Partnerländer aufzukommen. Ein Länderfinanzausgleich wie innerhalb der Bundesrepublik ist in der EWU nicht vorgesehen und wurde im Vertrag vom Maastricht sogar ausdrücklich ausgeschlossen.

Devisenbewirtschaftung

Kann es wieder zu einer Devisenbewirtschaftung kommen, wenn EU-Staaten nach dem Beitritt zur Währungsunion in finanzielle Schwierigkeiten geraten?

Das ist ganz ausgeschlossen. Die EU-Länder, die sich für einen Beitritt zur Währungsunion qualifizieren, müssen einen freien Kapitalverkehr zulassen und dürfen es ihren Bürgern nicht verwehren, Geld von einem Mitgliedsland der Währungsunion in ein anderes EU-Land oder in Drittländer zu bringen.

Nach Beginn der Währungsunion ist eine Beschränkung des freien Kapitalverkehrs oder ein Verbot der Mitnahme beliebig hoher Geldbeträge in ein anderes Mitgliedsland der Währungsgemeinschaft ebenso wenig möglich wie heute innerhalb Österreichs. Die Währungsunion ist ex definitione eine Garantie dafür, dass ein Rückfall in die Devisenzwangswirtschaft früherer Zeiten nicht mehr möglich ist.

Dezimalstellen

Warum wird beim Euro mit mehr als zwei Stellen hinter dem Komma gerechnet?

Bei der Umrechnung der alten Währungen in die neue sind mehr als zwei Stellen hinter dem Komma notwendig, damit es nicht zu größeren Rundungsfehlern kommt. Das gilt insbesondere dann, wenn eine Währung wie die Lira mit ihren hohen nominalen Werten umgerechnet werden muss.

Da nach 1999 bis zur Ausgabe der Euro-Banknoten das bisherige nationale Geld parallel zum Euro als Zahlungsmittel verwendet wurde, waren vor allem innerhalb des Kreditsektors ständige Umrechnungen erforderlich. Damit diese mit der notwendigen Genauigkeit erfolgten, wurde festgelegt, dass dabei immer mit sechs „**signifikanten Ziffern**" gerechnet werden muss. In Bezug auf den Schilling bedeutet dies zwei Stellen vor und vier hinter dem Komma. Beispiel: 23,4567. Damit es zu keinen unterschiedlichen Ergebnissen kommt (wenn meist auch nur hinter dem Komma), musste die Umrechnung verschiedener Währungen (also von Schilling in Francs, von DM in Gulden usw.)

immer auf dem Weg über den Euro erfolgen. Die Verwendung **inverser Kurse** ist verboten. Danach kann dann kaufmännisch gerundet werden. Das bedeutet: Von 1 bis 4 wird abgerundet, von 5 bis 9 wird auf den nächsthöheren Cent-Betrag **aufgerundet.** Die dabei entstehenden kleinen Differenzen gleichen sich angesichts der zahlreichen Umrechnungen aus.

Wenn ab 2002 die Umrechnungen wegfallen, kann innerhalb der Währungsunion generell wieder mit zwei Stellen gerechnet werden. An der Devisenbörse werden aber weiterhin ebenso wie beim Dollar mehr als zwei Stellen hinter dem Komma angegeben. Angesichts der Millionen- und Milliardenbeträge, die dort gehandelt werden, reichen zwei Dezimalstellen nicht aus.

Direktorium der Europäischen Zentralbank

Welche Aufgabe hat das Direktorium der EZB? Wer ist für die Geldpolitik der EZB verantwortlich?

An der Spitze der **Europäischen Zentralbank (EZB)** mit Sitz in Frankfurt steht der **Europäische Zentralbankrat.** Er besteht aus dem Direktorium und den Notenbankchefs der Mitgliedsländer (für Österreich: Nationalbank-Gouverneur Klaus Liebscher) und bestimmt die Leitlinien der Politik der EZB. Für die praktische Umsetzung ist das Direktorium verantwortlich. Weder der Rat insgesamt noch das Direktorium sind Weisungen von anderen Stellen unterworfen – also auch nicht von Seiten der Regierungen der teilnehmenden Länder, der Brüsseler Kommission oder des EU-Ministerrates. Die EZB ist also mit der gleichen Unabhängigkeit ausgestattet wie zuvor die Oesterreichische **Nationalbank.**

Mitglieder des Direktoriums der EZB sind der Präsident und der Vizepräsident sowie bis zu vier weitere Mitglieder. Sie werden vom Europäischen Rat (auf der Ebene der Staats- und Regierungschefs) ernannt. Die Mitglieder müssen Persönlichkeiten sein, die als Bank- und Währungsfachleute international anerkannt sind. Vor ihrer Ernennung müssen das Europäische Parlament und der Rat der Zentralbank dazu gehört werden. Die Auswahl und Ernennung durch den Ministerrat muss einvernehmlich erfolgen. Die Mitglieder des Direktoriums

werden auf die Dauer von acht Jahren ernannt. Eine Wiederernennung ist nicht zulässig. Dadurch soll verhindert werden, dass sich Mitglieder des Direktoriums gegenüber den Regierungen gefällig erweisen, um für eine weitere Amtsperiode ernannt zu werden. Da sie die erforderlichen Qualifikationen und Erfahrungen in der Regel erst in einem fortgeschrittenen Alter vorweisen können, wird für die meisten Mitglieder des Direktoriums am Ende ihrer Amtszeit auch keine andere politische Position mehr in Frage kommen. So soll sichergestellt werden, dass sie keinen Anlass haben, einer bestimmten Regierung oder politischen Gruppierung Gefälligkeiten zu erweisen, die ihren Pflichten als Mitglied des Zentralbankrates zuwiderlaufen. Die nationalen Notenbankpräsidenten werden für fünf Jahre ernannt und können wiedergewählt werden.

Alle Länder haben sich im Vertrag von Maastricht ausdrücklich verpflichtet, „nicht zu versuchen, die Mitglieder der Beschlussorgane der EZB oder der nationalen Zentralbanken bei der Wahrnehmung ihrer Aufgabe zu beeinflussen“ (Artikel 107).

Der Rat der EZB und das Direktorium entscheiden in der Regel mit einfacher Mehrheit. Jedes Mitglied hat dabei gleiches Stimmrecht. Bei Stimmengleichheit gibt die Stimme des Präsidenten den Ausschlag.

Duale Phase/Doppel-Bargeldphase

Wie lange werden gleichzeitig zwei Währungen im Umlauf sein?

Mit dem 1. Jänner 2002 beginnt in Österreich die so genannte duale Phase: Schilling und Euro sind gleichberechtigte **gesetzliche Zahlungsmittel** bis zum Ende der Übergangsfrist am 28. Februar 2002. In Deutschland etwa gibt es im Gegensatz dazu den „Big Bang“: Mit dem Jahreswechsel endet die Ära der deutschen Mark mit einem Schlag, und es gibt nur noch den Euro. DM und Pfennig können zwar ebenfalls noch bis 28. Februar 2002 beim Einkauf ausgegeben oder in Banken und Sparkassen umgetauscht werden. Als **Wechselgeld** gibt es aber prinzipiell nur noch Euro.

Für und gegen die duale Phase gibt es viele Argumente: Die österreichische Regierung entschied sich für eine Übergangsfrist mit zwei Währungen, um die

Gewöhnung und Umstellung zu erleichtern. Doch genau das kann auch zu größeren Schwierigkeiten führen. Der Einzelhandel etwa fürchtet sich vor komplizierteren Rechenoperationen: So ist es für einen Fleischhauer nicht einfach, wenn etwa ein Kilo Fleisch im Wert von 150 Schilling oder 10,90 Euro mit einem 100-Schilling-Schein und einem Fünf-Euro-Schein bezahlt wird. Was muss der Fleischhauer herausgeben? Was macht das in Schilling, was in Euro? Manche Experten gehen von längeren Wartezeiten in kleineren Geschäften vor allem in den ersten Tagen der Umstellung aus. Allerdings, so vermuten Banken und die Wirtschaftsuniversität Wien, soll der „Spuk“ schnell vorüber sein: 50 Prozent aller in Umlauf befindlichen Schilling-Bestände werden demnach in der ersten Jänner-Woche umgetauscht, am Ende der zweiten Woche sollen es bereits 80 Prozent sein, erwarten die Experten. Im Februar 2002 könnte der Schilling bereits zu einem rar gewordenen Zahlungsmittel geworden sein. Und am 1. März 2002 ist er endgültig Geschichte.

E-Commerce

Wird der Euro den Einkauf im Internet fördern?

Innerhalb der einzelnen Mitgliedsländer spielt es keine Rolle, ob bei Einkäufen im Internet mit Euro oder – wie früher – mit nationaler Währung bezahlt wird. Aber bei Einkäufen in anderen Ländern der Währungsunion wird es durch den Euro wesentlich leichter, Preise zu vergleichen. Ob es sich um Flugbuchungen, Mietwagen, die Zimmerpreise von Hotels, den Kauf von Büchern, Wein oder Autos handelt: Immer mehr Verbraucher informieren sich im Internet und beziehen in ihre Preisvergleiche auch die Angebote aus anderen Partnerländern ein.

Das wird durch die Preisangabe in nur noch einer Währung sehr erleichtert. Ob der Winzer, dessen Angebot im Internet geprüft wird, seinen Sitz in Österreich, Frankreich, Italien oder Spanien hat, macht allenfalls bei den Transportkosten noch einen Unterschied. Zölle gibt es nicht mehr und auch Privatpersonen können praktisch ohne Mengenbeschränkungen überall kaufen. Neben der Qualität zählt nur noch der Preis. Und da der in allen diesen Fällen in € ausgedrückt wird, lassen sich Unterschiede auf den ersten Blick erkennen.

Bei vielen Medikamenten, beim Kauf von Kontaktlinsen und anderen Produkten aus dem Bereich der Gesundheits- oder Körperpflege, die bei gleicher Qualität innerhalb des Binnenmarktes zu oft sehr unterschiedlichen Preisen angeboten werden, macht die Kombination von Euro und Internet den Preis-Check für jedermann zum Kinderspiel.

Das gilt auch beim Kauf von Neu- und Gebrauchtwagen. Wer das Internet nutzt, kann rasch feststellen, ob ein bestimmter Typ in Rotterdam günstiger angeboten wird als in Mailand oder Marseille. Bei den hohen Preisunterschieden, die auf dem Automarkt oft festzustellen sind, kann sich der Flug dorthin lohnen.

Aber auch immer mehr Handwerker und Kleingewerbetreibende, kleine und mittlere Unternehmen des Mittelstandes suchen auf den elektronischen Marktplätzen europaweit nach günstigen Einkaufsmöglichkeiten. Die durch die gemeinsame Währung geschaffene Preistransparenz wird in den nächsten Jahren dafür sorgen, dass der grenzüberschreitende Einkaufsbummel immer selbstverständlicher wird.

ECU – Europäische Währungseinheit

War die Europäische Währungseinheit ECU der Vorläufer des Euro?

Bei der Europäischen Währungsunion und dem Euro handelt es sich um einen qualitativen Sprung und nicht nur um eine Namensänderung. Die ECU oder Europäische Währungseinheit war vor allem eine Rechengröße und eine „Kunstwährung“. Der Euro dagegen ist eine echte Währung (gesetzliches Zahlungsmittel), in der ab 1999 alle unbaren und ab 2002 auch alle baren Zahlungsvorgänge abgewickelt werden können. Die ECU diente dagegen überwiegend zu Verrechnungszwecken innerhalb der Europäischen Gemeinschaft und hatte nur in wenigen Bereichen die Funktion von echtem Geld. ECU ist die Abkürzung für European Currency Unit. Die Bezeichnung erinnert allerdings auch an ein historisches Zahlungsmittel, den französischen Ecu.

Die Europäische Währungseinheit ECU wurde innerhalb der Europäischen Union seit 1984 anstelle der früheren „Europäischen Rechnungseinheit“ (ERE) verwendet und war vor dem Euro die Grundlage für alle finanziellen Transak-

tionen innerhalb der Gemeinschaft. Dies gilt für den Haushalt der EU ebenso wie für die gemeinsamen Agrarpreise und vor allem für das bisherige **Europäische Währungssystem** (EWS).

Der ECU-Wert errechnete sich aus einem „Korb“, in dem alle Währungen der Mitgliedsländer enthalten sind und in Annäherung an die wirtschaftliche Bedeutung des jeweiligen Landes gewichtet werden. Diese Zusammensetzung wurde alle fünf Jahre überprüft oder auch dazwischen bei Bedarf verändert. Die letzte Anpassung der Leitkurse fand im März 1997 anlässlich der Aufnahme der griechischen Drachme in den Wechselkursmechanismus des EWS statt. (Griechenland schuf damit eine wichtige Voraussetzung, um im Jahr 2001 der Währungsunion beitreten zu können.) Bei der Gewichtung der Leitkurse spielt der Anteil des Landes am Handel innerhalb der Gemeinschaft ebenso eine Rolle wie die Höhe der gesamtwirtschaftlichen Leistung. Der Kurswert der ECU gegenüber dem Dollar wurde bis Ende 1998 täglich um 14.30 Uhr von der EG-Kommission auf Grund der Marktkurse der im Korb enthaltenen Währungen an den wichtigen Börsenplätzen ermittelt. Die D-Mark als die stärkste Währung der Europäischen Gemeinschaft hatte auch innerhalb des Währungskorbs, aus dem sich der Wert der Europäischen Währungseinheit errechnet, das größte Gewicht. Da die European Currency Unit ECU nicht nur für das EWS als zentraler Wert diente, sondern auch für alle anderen Transaktionen innerhalb der EG, waren im Korb auch die Währungen der Mitgliedsländer enthalten, die sich nicht am EWS beteiligen. Allerdings wurden die Anteile mit Inkrafttreten des Maastrichter Vertrages Anfang 1993 eingefroren. Das bedeutet auch, dass die Währungen der später beigetretenen Mitglieder Österreich, Finnland und Schweden nicht mit in den Korb gelegt wurden. Die Anteile in Prozent:

Der Währungskorb der ECU

Währung	Anteil in %	Währung	Anteil in %
Deutsche Mark	33,2	Spanische Peseta	4,3
Französischer Franc	20,7	Dänische Krone	2,7
Britisches Pfund	10,3	Irisches Punt	1,0
Niederländischer Gulden	10,4	Portugiesischer Escudo	0,7
Italienische Lira	7,3	Griechische Drachme	0,5
Belgischer Franc	8,5	Luxemburgischer Franc	0,3

Nur in Belgien gab es ECU-Münzen, die neben dem belgischen Franc als gesetzliches Zahlungsmittel verwendet werden konnten. Sie waren aber praktisch kaum im Umlauf und weitgehend unbekannt. ECU-Banknoten gab es in keinem Land der EU.

Innerhalb des Europäischen Währungssystems war die ECU über viele Jahre die zentrale Bezugsgröße und Recheneinheit. Auch die gemeinsamen Agrarpreise wurden in ECU ausgedrückt. Die Haushalte der Europäischen Gemeinschaft, die Beiträge der einzelnen Mitglieder sowie die Leistungen aus den Kassen der EG an die einzelnen Staaten wurden ebenfalls in der Europäischen Währungseinheit ausgedrückt. Der ECU wird daher auch als Vorläufer der gemeinsamen europäischen Währung betrachtet.

Neben dem ECU als europäischer Währungseinheit und Verrechnungsgröße gibt es auch den historischen Ecu, der früher einmal als Zahlungsmittel in Gebrauch war. Der *Ecu d'or* (Goldener Schild) war die älteste französische Goldmünze. Sie wurde zuerst von König Ludwig dem Heiligen um 1270 geprägt. König Philipp IV. ordnete 1337 einen neuen Ecu d'or mit leicht verändertem Gehalt an. Dieser Typ erreichte außerordentliche Beliebtheit und wurde in Südwesteuropa (Navarra, Portugal) nachgeahmt, aber auch in den Niederlanden. Im westlichen Deutschland waren die „Goldenen Schilde" ebenfalls bekannt und wurden zur Unterscheidung vom Gulden „kleine Gulden" genannt. Auch der von Ludwig XI. im Jahr 1475 geschaffene *Ecu d'or au soleil*, die Sonnenkrone, war eine sehr populäre Münze. Die Sonnenkrone, die ihren Namen wegen einer kleinen aufgeprägten Sonne über dem Lilienschild zur Unterscheidung von den früheren Kronen führte, wurde in Frankreich bis 1653 geprägt. Auch diese Münze wurde in den Niederlanden verwendet und hatte Mitte des 16. Jahrhunderts als „Zonnekroon" den Rang einer Haupthandelsmünze.

Ähnlich wie bei der „Lateinischen Münzunion" (1865 bis 1927) gab es also auch in früheren Zeiten in Europa Währungen, die in mehr als einem Land galten. Dazu zählt bis zur Einführung des Euro auch die belgisch-luxemburgische Währungsunion, die trotz der großen wirtschaftlichen Unterschiede zwischen beiden Ländern viele Jahre lang gut funktioniert hat.

ECU-Umrechnung

Wie wurden ECU in Euro umgerechnet?

Die europäische Recheneinheit **ECU** musste zu Beginn der Europäischen Währungsunion (also ab 1999) immer 1:1 auf Euro umgerechnet werden. Die Umtauschkurse der nationalen Währungen errechneten sich aus ihrem jeweiligen Kurs gegenüber ECU bzw. Euro, der seit dem letzten Börsentag des Jahres 1998 unwiderruflich feststeht. Die festen Umtauschverhältnisse gelten sowohl im Verhältnis der alten nationalen Währungen zum Euro als auch in ihrem Verhältnis untereinander. Während die Umtauschkurse der teilnehmenden Länder untereinander schon vorher festgelegt werden konnten, war die Ermittlung des Euro-Kurses erst Ende 1998 endgültig möglich. Dies lag daran, dass beispielsweise auch das britische Pfund im europäischen Währungskorb enthalten war und sein frei schwankender Kurs daher bis Ende 1998 den Kurs der ECU mitbestimmte.

Grundsätzlich erhielten Besitzer von ECU-Anleihen den Nennwert in Euro. Auch hier gilt das Prinzip der **wertgleichen** Umstellung.

EDV-Anpassung: privat

Müssen alle Computer wegen des Euro umgestellt werden?

Soweit in Computerprogrammen Geldgrößen oder entsprechende Zeichen enthalten sind, ist eine Umstellung spätestens bis Anfang 2002 notwendig. Ähnlich wie beim Dollar muss auch das Euro-**Logo** in die Tastaturen (zumindest durch Belegung bestimmter Tasten oder Tastenfolgen) integriert werden. Die Programme müssen das Symbol für den Euro auf dem Bildschirm und die Druckertreiber müssen es auf dem Papier darstellen können. Neue Programme (wie Windows 98 und höher) sind dazu in der Lage. Für ältere Programme gibt es kostenlose Updates. Überdies kann ähnlich wie beim Schilling (öS oder ATS) beim Schreiben mit dem PC für die Währungsbezeichnung auch der Name Euro oder die amtliche **Abkürzung** EUR gewählt werden.

Anwender von Windows 98 oder Mac OS 9.1 und neuerer Versionen können das **Schriftzeichen** oder Logo € durch die Tastenkombination „Alt Gr + E“ dar-

stellen. Anwender älterer Versionen können sich bei Microsoft und Adobe die entsprechenden Programme im Internet herunterladen. Die Adressen lauten:

http://www.microsoft.com/windows/euro.asp
http://www.adobe.com/support/techdocs/10162.htm
ww.eu.microsoft.com/windows/euro.asp

Wenn das Logo zwar auf dem Bildschirm erscheint, der **Drucker** es aber noch nicht korrekt darstellen kann, ist Hilfe zum Beispiel unter folgenden Adresse zu finden:

- Adobe Download Euro PS-Fonds:
  http://www.adobe.com/type/eurofont.html
- Euro FAQ von Microsoft:
  http://www.microsoft.comTypography/faq/fac12.htm#general
- Epson: http://www.epson.de/euro
- HP-Drucker:
  http://www.hewlett-packard.de/euro/produkte/drucker_jets.html#

Wer alte Datenbestände umstellen will oder muss, kann sich diese Arbeit durch die Anwendung von Konverterprogrammen erleichtern. Einfache Programme konvertieren auf Tastendruck neu eingegebene Beträge oder ältere Schilling-Angaben, wenn sie mit dem Cursor markiert wurden. Aufwendigere Konverterprogramme durchsuchen die Datenbestände in Text- und Tabellendateien nach Zahlenangaben, die einen Schilling-Betrag darstellen, und rechnen ihn um. Dabei müssen sie aber erkennen können, ob es sich um eine bloße 100 oder um öS 100 bzw. 100,00 öS handelt. Fehlinterpretationen sind nicht ausgeschlossen. Daher muss dieser Umstellungsprozess überwacht werden. Konverterprogramme werden unter Bezeichnungen wie Europrice, EuroX Pro, EuroPlus Quick; Helloeuro oder X2 für Excel angeboten.

Schwierigkeiten kann es bei Office geben, den „**Büropaketen**" von Microsoft. In der Version 97 von Office kommt der Euro überhaupt nicht vor. Bei Office 2000 verfügt nur Excel über ein Werkzeug für die Euro-Anwendung. Allerdings sind die Funktionen beschränkt und der Beitritt Griechenlands ist noch nicht berücksichtigt. Die Drachme fehlt deshalb. Einen Konverter zur Umwandlung existierender Dokumente gibt es weder in Word 2000 noch in

Excel. Daher müssen so genannte Add-ins wie „EuroPlus“ verwendet werden. Das ist immerhin bei allen Windows-Versionen ab 98 möglich, die bereits eurofähig sind oder es durch ein Update (siehe oben) werden. Hinweise zu Add-ins finden sich unter: http://www.heise.de/ct/ftp/

Größere Probleme könnten Nutzer von **Homebanking-Software** haben. Zwar übertragen die Banken schon seit 1999 Euro-Daten. Dadurch mussten sich auch die Hersteller von **Homebanking**-Software sehr früh auf den Euro einstellen – aber bei manchen gelang das nicht im erforderlichen Ausmaß. Homebanking-Benutzern ist daher zu empfehlen, sich beim jeweiligen Kreditinstitut über notwendige Anpassungsschritte zu informieren.

Achtung: Während die PCs von Privatleuten vor und nach 2002 in der Regel in geringem Umfang betroffen sind und Nutzer neuerer Programme in der Regel ziemlich problemlos auf Euro umsteigen können, müssen Unternehmen sehr sorgfältig prüfen, an welchen Stellen sie ihre EDV anpassen müssen.

EDV-Anpassung: Staat

Wann stellen Behörden und staatliche Einrichtungen ihre Datenverarbeitung auf Euro um?

Im öffentlichen Bereich dauert die Umstellung länger als bei den großen Unternehmen. Da diese von der Einführung des Euro einen unmittelbaren Vorteil haben, nutzen ihn viele bereits seit 1999 als „Hauswährung“. Sie hatten daher großes Interesse daran, auch im Verkehr mit den Behörden (öffentliche Aufträge, Steuern, Gebühren) und sonstigen öffentlichen Einrichtungen (wie Rentenversicherung, soziale Krankenversicherung) den Euro nutzen zu können.

Dies wird in weiten Bereichen aber erst im Jahr 2002 der Fall sein. Bund, Länder und Gemeinden haben zwar zum Teil schon vor langem mit den Vorbereitungen begonnen. In manchen Bereichen war es auch bereits möglich, Beträge in Euro anzugeben. So konnten etwa Umsatz- und Lohnsteuererklärungen zwischen Jänner 1999 und Ende 2001 wahlweise in Schilling oder Euro eingereicht werden, und zwar unabhängig davon, ob die Buchhaltung und/

oder die Bilanzerstellung in Schilling oder in Euro erfolgte. Und auf Bescheiden waren sowohl Schilling- als auch Euro-Beträge vermerkt. Die eigentliche Umstellung wird jedoch mit 1.1.2002 erfolgen: Ab da gelten generell nur noch die in Euro umgerechneten, zum Teil durch eigene Umstellungsgesetze neu festgelegten **Abgaben,** Gebühren, Tarife, **Steuern** usw.

EDV-Anpassung: Unternehmen

Welche Anpassungen müssen in der Datenverarbeitung von Unternehmen vorgenommen werden?

Das hängt von der Größe und Art des Unternehmens ab, ist aber meist umfangreicher, als es auf den ersten Blick erscheint. Viele Systeme mussten schon in der Übergangsphase „mehrwährungsfähig“ sein. Betroffen von der Euro-Umstellung 2002 sind nahezu alle Rechnersysteme eines Betriebes, soweit darin Währungsfunktionen vorhanden sind. Das gilt für die Finanzbuchhaltung ebenso wie für das Rechnungswesen, die Produktionsplanung, die Warenwirtschaft oder die Personalbuchhaltung. Das Ausmaß der Umstellung oder Anpassung der **Computerprogramme** hängt auch davon ab, ob ausschließlich Standardsoftware eines Herstellers verwendet wird, der entsprechend vorbereitete Programme anbietet und für die Programmpflege mitverantwortlich ist, oder ob es eine Vielzahl von EDV-Anlagen und Programmen unterschiedlicher Herkunft gibt.

Schwieriger wird es, wenn Standardsoftware mehrerer Hersteller verwendet wird. Fast unlösbar kann die Umstellung alter Programme werden, für die es keine Dokumentationen mehr gibt. Das gilt vor allem dann, wenn die ehemaligen Programmierer bereits in den Ruhestand geschickt wurden.

Schadensersatz

Die Verantwortlichen im Unternehmen sollten bedenken: Wenn es in einem Betrieb nicht gelingt, die gesamte Datenverarbeitung und andere durch die Währungsumstellung betroffene Bereiche rechtzeitig zum 1.1.2002 auf Euro umzustellen, muss die Geschäftsführung für dadurch entstehende Schäden persönlich haften. Fehlende oder unzureichende

Vorbereitung auf vorhersehbare Ereignisse stellt eine schuldhafte Pflichtverletzung dar. Bei der Euro-Umstellung handelt es sich zweifelsfrei um ein vorhersehbares Ereignis. Spätestens seit Anfang 1999 steht sein Eintreten auf die Sekunde genau fest: 31.12.2001 um Punkt 24 Uhr.

Einführung der neuen Währung

Seit wann wird mit europäischem Geld gezahlt?

Der Euro ist schon seit dem 1. Jänner 1999 die gemeinsame Währung von zunächst elf und (nach dem Beitritt von Griechenland am 1. Jänner 2001) jetzt zwölf europäischen Staaten und den ihnen **angeschlossenen Gebieten.** Bis 2002 konnte er nur im unbaren Verkehr (Schecks, Überweisungen, Kredit- und Geldkarten) als Zahlungsmittel verwendet werden. Bei Barzahlung galten weiterhin allein die alten nationalen Währungen (im Einzelhandel, in Restaurants, beim Fahrkartenkauf, bei der Bezahlung von Parktickets, an Geldautomaten der Banken und Sparkassen). Auch da, wo **Schwarzgeld** eine Rolle spielt, wurde bei der üblichen Barzahlung weiter allein Schilling, DM oder Franc verwendet. Denn wer ohne Rechnung arbeitet und Steuern hinterzieht, möchte nicht, dass Spuren auf dem Konto bleiben.

Das erforderliche Bargeld steht erst im Jahr 2002 in ausreichender Menge zur Verfügung. Allein an Münzgeld muss eine Menge geprägt werden, mit der ein Güterzug mit einer Länge von 320 Waggons voll beladen werden könnte. Wie lange die Übergangszeit dauert, in der altes und neues Geld gleichzeitig bei Barzahlungen verwendet werden dürfen, bleibt jedem Land überlassen (siehe **Bargeldumtausch für Verbraucher**). In Österreich kann noch bis zum 28. Februar 2002 mit Schilling bar bezahlt werden. Danach können alte Geldbestände noch bei der Nationalbank und ihren Zweigstellen eingetauscht werden.

Lassen Sie sich nicht täuschen: Obwohl bis 28. Februar noch mit dem alten nationalen Geld gezahlt wird, ist es nicht mehr das alte Geld. Da es seit Anfang 1999 in einem unwiderruflichen Umtauschverhältnis zum Euro steht, war es seither nur noch ein anderer Ausdruck für den Euro – eine **nichtdezimale**

Denomination des Euro (weil nicht wie bei Währungen sonst üblich im Zehnersystem unterteilt). Dies kam unter anderem dadurch zum Ausdruck, dass es an den Devisenbörsen keine Notierungen mehr für Gulden, Schilling, Lira, Peseta oder D-Mark gab. Alle Mitgliedswährungen wurden nur noch auf dem Umweg über den Euro untereinander und in fremde Währungen (wie Dollar, Franken oder Yen) umgerechnet. Ähnlich wie Groschen oder Pfennig nur Untereinheiten (oder ein anderer Ausdruck) von Schilling oder D-Mark sind, waren ab Jänner 1999 auch die alten nationalen Währungen nur noch ein anderer Ausdruck für Euro. Eigenständige Spekulationen mit diesen Währungen waren also nicht mehr möglich.

Einzelhandel und Euro-Einführung

Was kommt auf die Händler in der Doppel-Bargeldphase zu?

Auf den österreichischen Unternehmen lastet ein guter Teil der Euro-Umstellung. Neben den Kosten für die firmeninterne Umstellung, etwa der Buchhaltung, der Preisausschilderung und von Hilfsmitteln wie elektronischen Waagen oder Zapfsäulen, müssen die Einzelhandelsunternehmen auch zwei Monate lang, nämlich im Jänner und Februar 2002, in zwei Währungen rechnen.

In der so genannten **dualen Phase** gelten in Österreich Schilling und Euro als gleichberechtigte Währungen. Es ist also durchaus zulässig, dass etwa jemand in der Trafik seine Zeitungen und Zigaretten im Wert von 67 Schilling oder 4,87 Euro mit einem Fünfzig-Schilling-Schein und einer Zwei-Euro-Münze bezahlt. Und es liegt auf der Hand, dass es dann für den Trafikanten eine umständlicherer Vorgang ist, auszurechnen, dass er dem Kunden darauf noch 10,52 Schilling oder – wahrscheinlicher – 76 Euro-Cents herausgeben muss.

Österreich hat sich für diese duale Phase entschieden, um die Gewöhnung an neue Preise und die neue Währung zu erleichtern. Für die Unternehmen bedeutet dies aber zweifelsohne eine zusätzliche Belastung.

Nach Ansicht von Experten aus Nationalbank und Wirtschaftsuniversität wird die duale Phase jedoch nur rechtlich, nicht aber in der Praxis die ganzen

zwei Monate dauern. 50 Prozent der Schilling-Bestände sollten bereits am Ende der ersten Jänner-Woche aus dem Verkehr gezogen worden sein, am Ende der zweiten Woche sind bereits 80 Prozent der Schilling-Münzen und Banknoten in den Geldinstituten, die es dann an die Nationalbank zur Vernichtung weiterleiten, lauten die Prognosen. Ein Großteil der baren Transaktionen läuft dann schon in Euro ab.

Die Konsumenten werden in den Geschäften zum größten Teil nur Euro als Wechselgeld herausbekommen wollen, weil der Schilling spätestens dann als „Auslaufmodell“ gilt.

Vor allem für Unternehmen, die jetzt schon mit eher kleineren Beträgen arbeiten, also etwa Bäckereien, Trafiken und Lebensmittel-Einzelhandel, steigt dadurch der Bedarf an Euro-**Wechselgeld** vor allem in den ersten Tagen des neuen Jahres drastisch. Die an der Wirtschaftsuniversität Wien entwickelte Berechnungssoftware **EuroCalculus** kann Kleinhändlern dabei helfen, den Bedarf und die genaue Stückelung ihres Bargeldbedarfs zu ermitteln. Hilfreich sind dabei aber auch in der Regel die Berater in der Hausbank.

Um den Bargeldbedarf möglichst gering zu halten, wird den Einzelhändlern außerdem angeraten, sich mit **Bankomat-Kassen** auszustatten. Um auch „kleineren“ Händlern die Investition zu erleichtern, gibt es – beispielsweise in Kooperation von Wirtschaftskammer und Kreditinstituten – Aktionspreise oder Förderungen für die Anschaffung von POS-Kassen.

Ungenaue Waagen

Fleischhauer, Gemüsehändler und andere Unternehmer, die mit Waagen arbeiten müssen, stellt die Euro-Umstellung vor Probleme. Denn die meisten Gewichtsmesser können nur bis auf eine Kommastelle genau abwiegen. Das ist für den Euro, der bis auf vier Stellen nach dem Komma berechnet werden muss, zu ungenau. Nach Untersuchungen der Wirtschaftskammer können so Rundungsfehler auftreten, die pro Posten bis zu 65 Groschen ausmachen können. Keine riesigen Beträge, aber doch unbefriedigend. Den meisten Geschäften wird der Kauf einer neuen Waage daher nicht erspart.

Vor unlösbaren Problemen standen die rund 3.000 Tankstellenbetreiber in Österreich: Nicht nur dass die weithin sichtbaren, großflächigen Preisschilder mit zwei Währungsangaben die Ausmaße einer Kinoleinwand angenommen hätten – es stellte sich auch als unmöglich heraus, die Spritpreise bei laufender Pumpe doppelt anzugeben. Für Tankstellen wurde dementsprechend eine gesetzliche Sonderregelung getroffen: Zum einen sind sie von der doppelten **Preisauszeichnung** ausgenommen. Die Preisschilder am Straßenrand sollen demnach nur den Preis in Euro angeben; neben den Euro-Rollbalken an den Zapfsäulen muss dafür im „einsehbaren Nahbereich“ die Saldierungswährung, der Umrechnungskurs und der Preis für einen Liter Kraftstoff in Schilling und Euro angegeben werden. Die andere Ausnahme ist, dass die Tankstellenpächter eine längere Frist zur Umstellung erhalten sollen als vorgesehen.

Einzelhandel und Euro-Preise

Ist zu befürchten, dass viele Händler vor, während oder nach der Umstellung auf Euro ihre Preise „aufrunden“?

Das ist die Sorge vieler Verbraucher. Wie groß die Gefahr ist, bei der Umstellung von Schilling auf Euro übers Ohr gehauen zu werden, wird sich in diesen Monaten herausstellen. Beispiele für zum Teil kräftige Preiserhöhungen gibt es jedoch derzeit immer wieder.

In den meisten Ländern der Währungsunion wurde schon sehr früh damit begonnen, die wichtigsten oder alle Preise doppelt auszuzeichnen. Das geschah entweder freiwillig oder auf Beschluss des Gesetzgebers. So wurde bereits 1998 in Österreich verfügt, dass in der Übergangszeit die **Preisauszeichnung** doppelt vorgenommen werden muss. Dadurch kann jeder Kunde leicht nachprüfen, ob beispielsweise ein Händler versucht, die Umstellung für heimliche Preiserhöhungen zu missbrauchen.

19,90 Schilling für einen Kugelschreiber oder auch 199.999 Schilling für ein Auto – solche Schwellenpreise sind dem Verbraucher wohl vertraut und gelten immer noch in vielen Branchen als unverzichtbare Marketinginstrumente. Die Frage ist, ob die Konsumenten genauso freudig zugreifen, wenn nach dem 1. Jänner 2002 auf dem Preisschild 1,45 oder 14.531,64 Euro steht. Die Euro-

Umstellung wird viele Händler vor die schwierige Situation stellen, auf attraktive optische Preise zu verzichten und die Gewinnspanne zu kürzen.

Denn so verlockend es für manches Unternehmen sein könnte, die Währungsumstellung gleich auch zu einer kleinen Preiserhöhung zu benutzen: Das ist schlicht und einfach verboten. Die Schilling-Preise müssen mit dem Euro-Kurs von 13,7603 genau umgerechnet werden. Daraus ergeben sich dann „unpraktische" Summen, die die Händler nach vorgegebenen Regeln aufrunden oder **abrunden** müssen.

Bei 9,90 Schilling etwa ergibt sich ein Euro-Preis von 0,719461. Nach kaufmännischen Kriterien sind das aufgerundet 0,72 Euro. Händler, die daraus – weil es vielleicht „runder" wäre – gleich 0,75 oder gar 0,8 Euro machen, würden unter Umständen die beim Wirtschaftsministerium angesiedelte Euro-**Preiskommission** auf den Plan rufen und müssten mit zum Teil saftigen Strafen rechnen. Preiserhöhungen wie oben beschrieben hätten im Übrigen ziemlich gravierende Auswirkungen: 0,75 Euro wären bereits 10,32 Schilling, 0,8 Euro sind gar schon 11,01 Schilling. Ausgehend vom Schwellenpreis von 9,90 Schilling eine Preiserhöhung von über zehn Prozent, die den noch Schilling-gewohnten Österreichern vermutlich auf den ersten Blick nicht auffallen würde. Denn 0,01 Euro oder ein Cent sind immer noch 13,76 Groschen. Im Hinblick auf die Inflation und damit die Kaufkraft der Bevölkerung hätte dies aber gravierende Auswirkungen – deshalb die strenge Überwachung.

Dennoch sind natürlich Preiserhöhungen auch in der Übergangsphase möglich. Sie müssen nur betriebswirtschaftlich gerechtfertigt sein. Ein Bäcker, der für sein Mehl mehr bezahlen muss, wird auch seine Semmeln verteuern dürfen. Wenn der Ölpreis international steigt, wird auch Benzin wie gewohnt teurer werden, ohne dass die Kommission einschreiten muss. Und wenn Silber teurer wird, darf auch der Schmuckhändler an der Preisschraube drehen. Im Zweifelsfall muss die betriebswirtschaftliche Notwendigkeit jedenfalls nachgewiesen werden können.

Manche Handelsketten benutzen den Euro bereits als Marketinginstrument: Sie runden nur ab und nicht auf. Daraus ergeben sich Preissenkungen von einigen Prozent. Aus 5,90 Schilling werden bei der Lebensmittelkette Spar etwa nicht 0,43, sondern nur 0,42 Euro, was eine Preissenkung von zwei Prozent bedeutet.

Eröffnungsbilanz

Muss bei der Umstellung auf Euro eine Eröffnungsbilanz aufgestellt werden?

Eröffnungsbilanzen sind bei der Neugründung eines Unternehmens aufzustellen. Grundsätzlich beginnt auch danach jedes neue Jahr mit einer Eröffnungsbilanz. Im Normalfall ist sie aber mit der Abschlussbilanz des Vorjahres identisch. Zwischen dem 1. Jänner 1999 und dem 1. Jänner 2002 bleibt es grundsätzlich jedem Unternehmen überlassen, ob und in welchem Umfang es zunächst mit der bisherigen nationalen Währung rechnet, ob es mit dieser und dem Euro gleichzeitig arbeitet oder sich schon vollständig auf Euro umstellt. Spätestens im Jahr 2002 müssen aber auch die Nachzügler ihr Rechnungswesen umstellen. Es gibt dann eine Schilling-Abschlussbilanz und eine Euro-Eröffnungsbilanz.

Dabei geht es zwar in den meisten Fällen nur darum, Schilling und Groschen durch die Worte Euro und Cent zu ersetzen. Aber in einigen Fällen müssen auch substanzielle Veränderungen vorgenommen werden, die für die betriebliche Praxis von Bedeutung sind. Daher sollte jeder Unternehmer oder Selbstständige die Presse, Fachzeitschriften und Verbandsmitteilungen sorgfältig daraufhin lesen, welche Anpassungen notwendig sind und was davon ihn betrifft. In allen Betrieben sollte es einen **Euro-Beauftragten** geben, zu dessen Aufgaben es unter anderem gehört, diese Fragen und ihre Konsequenzen für das Unternehmen genau zu prüfen.

Wenn das Geschäftsjahr nicht mit dem Kalenderjahr übereinstimmt, ist es nur dann notwendig, bei der Schilling-Abschlussbilanz und der Euro-Eröffnungsbilanz ein Rumpfgeschäftsjahr zugrunde zu legen, wenn die Umstellung erst zum letztmöglichen Zeitpunkt – nämlich am 1. 1. 2002 – stattfindet. Das ließ sich vermeiden, wenn die Umstellung auf Euro früher stattfand und dann zu Beginn eines neuen Geschäftsjahres. Unternehmen wie die Siemens AG, deren Geschäftsjahr immer am 1. Oktober beginnt, haben beispielsweise bereits am 1.10.1999 umgestellt.

EU-Osterweiterung

Wird der Euro durch den Beitritt der mittel- und osteuropäischen Beitrittskandidaten geschwächt werden?

Die Ost- und Südosterweiterung gilt nach der Einführung der gemeinsamen Währung als nächster entscheidender Schritt für die Vereinigung Europas. Für Österreich, das an vier der Beitrittsländer grenzt, ist die Erweiterung der Union um die südöstlichen Nachbarn von besonderem Interesse: Allein die vier **Beitrittskandidaten** Slowenien, Ungarn, Tschechien und Polen haben 1999 mit zusammen 91,5 Milliarden Schilling deutlich mehr Waren aus Österreich abgenommen als der für Österreich zweitwichtigste Handelspartner Italien mit 68,8 Milliarden Schilling. Auch die gesamte EU exportiert generell mehr in diese Länder, als sie von dort importiert. Die Annahme, dass die EU wegen der bereits geschlossenen Handelserleichterungen von Billigimporten aus den assoziierten Ländern überschwemmt würde, hat sich somit als haltlos herausgestellt. Derzeit exportiert Österreich rund 16 Prozent seiner Gesamtexporte in die Länder Mittel- und Osteuropas, bis 2007 wird eine Steigerung auf 25 Prozent vorausgesagt. Auch innerhalb Österreichs nahm die Beschäftigung bei den Unternehmen kontinuierlich zu, die in diesen Ländern investiert haben, was die Erhöhung von Österreichs Standortvorteil beweist.

Konkret zählen zu den mittel- und osteuropäischen Ländern (MOEL), die sich seit März 1998 bzw. Februar 2000 in Beitrittsverhandlungen mit der EU befinden: Bulgarien, Estland, Lettland, Litauen, Polen, Rumänien, Slowakei, Slowenien, Tschechien und Ungarn.

Neben diesen Bewerberstaaten hat auch Zypern die Absicht geäußert, der Union beizutreten. Malta, das sich bereits im Jahr 1990 beworben hatte, legte sein Ansuchen nach einem Regierungswechsel zurück und wurde erst wieder 1999 offiziell Erweiterungskandidat. Die Türkei hatte schon 1987 einen Beitrittsantrag gestellt; konkrete Verhandlungen wird es aber erst geben, wenn die Menschenrechtsstandards und der Minderheitenschutz in der Türkei entscheidend verbessert worden sind. Auf wirtschaftlicher Ebene gibt es aber bereits eine enge Kooperation: Seit 1996 bilden die EU und die Türkei eine Zollunion.

So wie schon beim Beitritt Griechenlands, das erst zwei Jahre nach Gründung der Währungsunion beitrat, werden die Auswirkungen auf den Euro ge-

ring sein. Die Angst, dass wirtschaftlich weniger stabile Länder den Euro schwächen könnten, ist unbegründet, da diese bereits vor der Teilnahme eine Reihe von Hürden erfolgreich nehmen müssen: Um an der Währungsunion teilnehmen zu können, müssen die Kandidatenländer zunächst Mitglieder der Europäischen Union werden. Das heißt, es müssen schon vor dem Aufnahmeverfahren besondere Anstrengungen unternommen werden, um Gesetze, Institutionen und Wirtschaft auf ein „adäquates" EU-Niveau zu bringen.

Nach dem Beitritt zur Europäischen Union folgen als nächste große Hürde die strengen Stabilitäts- bzw. **Konvergenzkriterien,** ohne deren Erreichen ein Beitritt zur Wirtschafts- und Währungsunion unmöglich ist.

Auf Grund der unterschiedlichen Entwicklung der Kandidatenländer – einige könnten ihren wirtschaftlichen Abstand zur EU insgesamt und zu den weniger wohlhabenden EU-Mitgliedstaaten verringern bzw. aufholen, andere fielen zurück – ist ein genauer Beitritts-Zeitplan nicht möglich. Aus heutiger Sicht werden die ersten mittel- und osteuropäischen Beitrittskandidaten nicht vor 2004 der Europäischen Union beitreten. Damit können sie rechtlich nicht vor 2006 am Euro teilnehmen, da die Teilnahme auch noch von einer zweijährigen spannungsfreien Beteiligung am **Europäischen Währungssystem** abhängt.

Euribor

Was bedeutet Euribor und welche Aufgaben erfüllt dieser Refenzzinssatz?

Euribor ist eine Abkürzung für European Interbank Offered Rate, den seit Anfang 1999 wichtigsten Referenzzinssatz für kurzfristige Geldanlagen unter Geschäftsbanken. Der Euribor löste die bis zur Umsetzung der dritten Stufe der Europäischen Währungsunion verwendeten Referenzzinssätze für Geldanlagen in den jeweiligen nationalen Währungen ab.

Mit der Einführung der gemeinsamen europäischen Währung wurden die zuvor verwendeten Referenzzinssätze für kurzfristige Geldanlagen, wie etwa der Fibor (Frankfurt Interbank Offered Rate), der Pibor (Paris Interbank Offered Rate) und der Vibor (Vienna Interbank Offered Rate) abgelöst. Nachdem die Geldmarktgeschäfte in den alten nationalen Währungen eingestellt

wurden, erübrigte sich auch die Berechnung der korrespondierenden Referenzzinssätze. Mit dem Euribor gilt ein neuer Zinssatz, der als Referenzzinssatz für Geldanlagen bzw. Kreditaufnahmen zwischen Banken in der gemeinsamen europäischen Währung Euro verwendet wird. Er hat im Jänner 1999 die früheren Referenzzinsätze abgelöst.

Wie schon beim Vibor handelt es sich auch beim Euribor lediglich um einen Referenzzinssatz, an dessen Höhe sich die Marktteilnehmer orientieren können. Ob sich die einzelne Bank zu diesem Satz tatsächlich bei einer anderen Bank bzw. einem Bankenkonsortium refinanzieren (also für die Kreditvergabe benötigtes Geld beschaffen) kann, hängt entscheidend von der Bonität des Instituts ab.

Euro – der Name

Hat die europäische Währung in jedem Land den gleichen Namen?

Die Finanzminister der Union haben sich schon im Dezember 1995 beim Gipfeltreffen in Madrid auf den Namen „Euro“ für die Gemeinschaftswährung geeinigt. Die Bezeichnung für die kleineren **Münzen** wurde erst beim Treffen in Verona im April 1996 festgelegt. Sie heißen Cent oder Euro-Cent. Auf den Banknoten steht EURO sowie in der griechischen Schreibweise EYPΩ.

Der Name Euro gilt ohne Zusatz. Er darf also in den jeweiligen Ländern nicht als bloße Vorsilbe verwendet werden (wie Euro-Mark, Euro-Schilling oder Euro-Franc). Damit sollte sichergestellt werden, dass es an den internationalen Devisenbörsen, im weltweiten Zahlungsverkehr und innerhalb des Finanzsektors nur eine Bezeichnung gibt. Es soll auch der Gefahr vorgebeugt werden, dass sich in der Bevölkerung oder bei Verwendung des Euro im Ausland (zum Beispiel beim Wechseln von Euro in Dollar oder Rubel) inoffizielle Bewertungsunterschiede herausbilden. Beispiel: Der Euro-Franc wird mehr geschätzt als der Euro-Schilling (oder umgekehrt) und zu einem etwas besseren Kurs gewechselt. Dazu gibt es nämlich keinen Anlass, da jeder Euro-Schein in jedem Mitgliedsland der Währungsunion gleichermaßen gilt und auch äußerlich gleich aussieht.

Bei den Münzen (Euro und **Cent**) haben die Mitgliedstaaten der Währungsunion einen gewissen nationalen Gestaltungsspielraum. Das liegt auch nahe, da die Münzhoheit in gewissem Umfang bei den einzelnen EU-Staaten verbleibt. So werden sie das Recht haben, im Rahmen der von der **Europäischen Zentralbank** erlassenen Richtlinien Münzen zu prägen. Die eine Seite (welche die Wertangabe enthält) ist innerhalb der Währungsunion einheitlich gestaltet. Die andere Seite kann vom jeweiligen Land individuell gestaltet werden.

Dass die Münzhoheit bei den einzelnen Staaten der Währungsunion bleibt, hat nicht nur historische und sentimentale Gründe. Es erlaubt ihnen auch, den so genannten Münzgewinn einzustreichen. Denn eine Münze im Wert von 1 oder 2 Euro kostet in der Herstellung deutlich weniger, als der Nennwert ausmacht. Ähnlich ist es beim „Scheidegeld“, den kleineren Münzen. Erst bei den unteren Werten deckt der Abgabepreis die Kosten der Produktion in der Regel nicht mehr. Da Euro oder Cent aber eine höhere **Kaufkraft** haben werden als die meisten der früheren heutigen nationalen Währungseinheiten (Ausnahme Irland), bringen selbst kleinere Münzen dem Staat noch einen Profit ein. Den bei der Münzprägung entstehenden Gewinn kassieren die jeweiligen Länder und können ihn bei ihrer Haushaltsfinanzierung verwenden. Damit sie diese Geldquelle nicht in unzulässiger Weise anzapfen, dürfen sie aber nur die Mengen prägen, die von der Zentralbank genehmigt sind. Dabei dürfen das kleine Luxemburg oder Belgien nicht ebenso viele Euro und Cent in Umlauf bringen wie Deutschland oder Frankreich.

Euro-Beauftragter

Ist es sinnvoll, in Unternehmen einen Euro-Beauftragten zu bestimmen?

Falls das nicht ohnehin schon passiert ist, sollte es nun so rasch wie möglich geschehen, denn selbst kleinere Unternehmen, die keine Tochtergesellschaften in anderen Ländern der EU haben und nur geringe oder gar keine Import- und Exportgeschäfte tätigen, werden in vielfältiger Form von der Umstellung der Währungseinheit auf Euro betroffen sein. Die Folgen werden noch weit über das Jahr 2002 hinaus zu spüren sein, da sich die Auswirkungen

der Einheitswährung nicht auf allen Märkten sofort zeigen werden. Vor allem aus der Kombination Währungsunion und zunehmende Verwendung des Internet werden sich noch viele einschneidende Veränderungen ergeben. Deshalb sollte in jedem Betrieb ein Euro-Beauftragter bestimmt werden, der ähnlich wie der Datenschutzbeauftragte bereichsübergreifend für alle Euro-Aktivitäten zuständig ist.

Seine Aufgabe besteht darin, sämtliche **Maßnahmen im Unternehmen** festzulegen, die anlässlich der Euro-Umstellung getroffen werden müssen – angefangen von der Adaptiertung der Frankiermaschine (siehe **Briefmarken**), der Neugestaltung von **Formularen** und der notwendigen Änderungen an den **Computerprogrammen** über die Schulung und Information von anderen Mitarbeitern, beispielsweise im Kassenbereich oder in der Lohnabrechnung, bis hin zum Errechnen des erforderlichen Euro-**Wechselgelds** in den ersten Tagen und Wochen der dualen Phase. Zu den Aufgaben eines Euro-Beauftragten kann unter anderem gehören:

- Erarbeitung einer **Euro-Checkliste,**
- Aufstellen eines Zeitplans für die notwendigen betrieblichen Maßnahmen,
- Beobachtung der Gesetzgebung zur Euro-Umstellung,
- Information der Mitarbeiter über Lohnzahlung usw. in Euro
- Vorbereitung von Schulungen für Mitarbeiter, deren Aufgabenbereiche von der Umstellung berührt werden,
- Kalkulation der **Umstellungskosten** im Unternehmen,
- Vorbereitung der **Vertragsanpassungen** bei ausländischen Lieferanten und Kunden,
- Kommunikation mit Banken, Kunden und Lieferanten, um die Umstellungsmaßnahmen zu koordinieren,
- Kontrolle, ob die erforderlichen Maßnahmen in den Abteilungen entsprechend dem Zeitplan durchgeführt werden.

Der Euro-Beauftragte sollte direkt der Geschäftsleitung unterstellt werden und dieser regelmäßig über den Stand der Vorbereitungen, die Einhaltung der Zeitpläne und neue Entwicklungen im Bereich der nationalen und europäischen Gesetzgebung berichten.

EuroCalculus

Wie können Händler und Gewerbetreibende den Wechselgeldbedarf für die ersten Wochen der Umstellung möglichst genau festlegen?

Im Unterschied zu den meisten Großunternehmen, die ihre Vorbereitungen auf die Euro-Umstellung bereits weitgehend abgeschlossen haben, hinken die heimischen Klein- und Mittelbetriebe (KMU) noch hinterher: Etwa ein Fünftel der KMU war nach einer Auswertung des Kreditschutzverbandes von 1870 knapp ein halbes Jahr vor Einführung des Euro-Bargeldes der Ansicht, dass es noch nicht an der Zeit sei, sich mit der Umstellung zu befassen. Von den 1.160 Hotel- und Gastgewerbebetrieben hatten bis dahin sogar 34 Prozent noch keine Notiz von der ab Jänner 2002 geltenden neuen europäischen Einheitswährung genommen – und dies obwohl die Tourismusbranche zu jenen Wirtschaftssektoren mit dem höchsten Bargeldumlauf zählt.

Für die betroffenen Unternehmen, deren Mitarbeiter, aber auch deren Kunden kann das sehr unangenehme Folgen haben:

- Wird die Software der Computer nicht rechtzeitig angepasst, kann das die korrekte Lohnabrechnung, die Auftragsverwaltung oder den Versand von Rechnungen gefährden.
- Ist das Personal an den Kassen in der Handhabung der doppelten Währungen nicht ausreichend geschult, entstehen Staus beim Bezahlen. Verärgerte Kunden, die möglicherweise zur besser gerüsteten Konkurrenz abwandern, sind die Folge.
- Ist bei vielen Unternehmen nicht genügend Wechselgeld in der neuen Währung vorhanden, zahlen die Kunden umso länger in der alten Schilling-Währung. Je länger beide Währungssorten zwischen 1. Jänner und 28. Februar im Umlauf sind, desto aufwendiger und kostspieliger wird die Umstellung für die Betriebe.

Um zumindest das Problem der unzureichenden Wechselgeldausstattung zu entschärfen, hat die Studiengesellschaft für Zusammenarbeit im Zahlungsverkehr das Planungs- und Berechnungsprogramm EuroCalculus initiiert. Der an der Wirtschaftsuniversität Wien entwickelte EuroCalculus soll vor allem bar-

geldintensiven Kleingewerbe- und Kleinhandelsbetrieben dabei helfen, den Bedarf an **Wechselgeld** für die ersten Wochen des Jahres 2002 zu ermitteln. Die Funktionsweise ist einfach:

- Zunächst kann der Unternehmer mit Hilfe eines kurzen Fragebogens testen, inwieweit sein Unternehmen von der Euro-Umstellung, speziell von der Bargeldumstellung, betroffen ist. Dazu werden neben der jeweiligen Branche die Öffnungszeiten im angefragten Zeitraum sowie die durchschnittlichen Umsätze pro Stunde und Kunde eingegeben.
- Mit diesen Angaben errechnet das Programm die exakte Menge an Wechselgeld für die ersten Tage im Jänner und gibt die Summe auch in Prozent des Umsatzes an. Heraus kommt eine tabellarische Übersicht, die als Grundlage für die Bestellung der nötigen Anzahl und Stückelung an Euro-Banknoten und -Scheinen bei der Bank dient.

Die Übersicht enthält außerdem Angaben zu Gewicht und Volumen des benötigten Wechselgelds – ein nicht unwesentlicher Faktor für viele Betriebe, da bereits im Vorhinein geplant werden muss, wo die neue Euro-Währung zusätzlich zur bisherigen Schilling-Währung sicher gelagert werden kann.

Der EuroCalculus ist im Internet unter http://www.stuzza.at abrufbar und als CD bei den meisten Kreditinstituten sowie der Nationalbank kostenlos zu erhalten. Wer keinen Computer hat, kann sich seinen Bedarf an Euro-Bargeld auch von der Hausbank errechnen lassen.

Für Unternehmen mit hohem Bargeldaufwand bietet sich auch die Installation einer **Bankomat-Kasse** an. Einige Kreditinstitute fördern anlässlich der Euro-Umstellung die Anschaffung von POS-Terminals für Handelsbetriebe mit umfangreichen Rabatten.

Eurocheque

Gelten eurocheque und eurocheque-Karte auch nach Einführung des Euro weiter?

Nein. Die eurocheques können zwar noch als normale Schecks weiterverwendet werden. Ab dem 1.1.2002 gibt es aber von den Banken keine

Einlösegarantie mehr dafür. Das heißt, wird ein Scheck akzeptiert, der nicht gedeckt ist, so wird er dem Schecknehmer unbezahlt retourniert. Auch die Bargeldbeschaffung bei Geldinstituten im In- und Ausland ist dann mit eurocheque nicht mehr möglich. Die Banken entsprechen damit dem Trend, der in Richtung einfacher, schneller und vor allem sicherer Geldtransaktionen mittels elektronischer Zahlungsmittel (Geldbehebung an **Bankomat-Kassen,** Überweisungen mittels **Homebanking** usw.) geht. Mit der Umstellung auf Euro hat das nichts zu tun.

Die eurocheque-Karten werden im Laufe des Jahres 2001 automatisch auf Maestro-Karten ohne eurocheque-Garantie ausgetauscht. Der PIN-Code bleibt dabei gleich. Mit der Maestro-Karte kann dann an allen Bankomat-Kassen im Handel bargeldlos bezahlt und an allen Bankomaten Geld behoben werden.

Unabhängig vom Kartenaustausch kann eine bestehende eurocheque-Karte noch bis Ende 2001 als ec-Garantiekarte verwendet werden. Nach dem Ablaufdatum 31.12.2001 ist sie allerdings ungültig und sollte – wenn es sich nicht bereits um eine neue Maestro-Karte handelt – vernichtet werden.

Euro-Checkliste für Unternehmen

Welche Punkte müssen von Betrieben oder Selbstständigen bei der Umstellung auf Euro beachtet werden?

Darauf muss jedes Unternehmen je nach Größe, Struktur und Tätigkeitsgebiet seine eigene Antwort finden. Das gilt auch für die Frage, welche Nachteile entstehen können, welche Chancen sich nutzen lassen oder wie hoch die Kosten der Umstellung sein werden. Dabei ist zu beachten, dass die Bildung eines einheitlichen Währungsgebiets in Zusammenhang mit der immer stärkeren Verbreitung von **E-Commerce** die Märkte in Europa in den kommenden Jahren stark verändern wird. Mit der Einführung des Euro 1999 und dem Bargeldumtausch 2002 ist dieser Prozess noch lange nicht abgeschlossen. Im Gegenteil, er beginnt erst richtig, da auch immer mehr Verbraucher, Handwerker und Kleingewerbetreibende die Möglichkeiten und Vorteile des grenzüberschreitenden Einkaufs im einheitlichen Währungsraum entdecken.

Um alle damit verbundenen Fragen auszuloten, empfiehlt es sich dringend, das Thema „Euro-Umstellung“ zur Chefsache zu machen, einen Zeitplan aufzustellen und/oder – je nach Größe des Betriebes – einen **Euro-Beauftragten** einzusetzen. Anhaltspunkte für Fragen, die dabei untersucht werden müssen, bieten Checklisten und umfangreiche Informationsunterlagen, die von der Industriellenvereinigung und der Wirtschaftskammer, den Kreditinstituten und anderen Institutionen bezogen werden können.

Euro-Euro

Wieso gab es schon Euro-Kapitalmärkte, lange bevor es den Euro gab?

Das eine hat mit dem anderen gar nichts zu tun. Es handelt sich vielmehr um eine etwas unglückliche Namensgleichheit, die für Verwirrung sorgen kann. Unter Euro-Märkten versteht man schon seit Jahrzehnten Kapitalmärkte, an denen von großen, international bekannten Schuldnern Anleihen in Fremdwährung aufgenommen werden können – und zwar außerhalb des Heimatlandes der jeweiligen Währung. So können Dollar-Anleihen zum Beispiel von einem deutschen oder französischen Konzern bei einem internationalen Bankenkonsortium am Finanzplatz London aufgenommen werden. Auch für Anleihen in Fremdwährung, die etwa am Finanzplatz Tokio vereinbart wird, hat sich dieser Begriff durchgesetzt. Wenn ein amerikanisches Unternehmen sich dort zum Beispiel DM besorgte, handelte es sich im Fachjargon ebenfalls um eine „Euro-Anleihe“. Je nach Währung gibt es daher für diese Art von Kreditaufnahme die Bezeichnung Euro-Yen-Anleihe, Euro-Dollar-Anleihe usw.

Seit 1999 bedeutet Euro-**Anleihe** vor allem, dass innerhalb der Währungsunion eine Anleihe in der Gemeinschaftswährung Euro aufgenommen wird.

Euro-Konten

Ab wann konnte oder muss ein Konto auf Euro umgestellt werden?

Spätestens ab 1.1.2002 müssen alle Konten in Österreich ebenso wie in den anderen elf Mitgliedsländern auf Euro lauten (oder in Form von

Fremdwährungskonten geführt werden, die auf Drittwährungen wie Dollar, Yen, Pfund lauten). Die alten Währungen verlieren in allen Mitgliedsländern ihren Status als **gesetzliche Zahlungsmittel.** Allerdings gibt es dafür kein einheitliches Datum (siehe **Bargeldumtausch für Verbraucher**). In Österreich und den meisten anderen Euro-Ländern gelten alte und neue Währung parallel bis zum 28. Februar 2002, in Frankreich zum Beispiel nur bis zum 17. Februar, und in Deutschland erfolgt der Übergang mit einem Schlag am ersten Tag des Jahres 2002. Zwar kann DM-Bargeld dort ebenfalls noch bis zum 28. Februar zum Einkaufen, in Restaurants oder bei anderen baren Zahlungsgeschäften verwendet werden. Das **Wechselgeld** *muss* jedoch bereits in Euro zurückgegeben werden.

Seit 1999 konnten Konten in den EWU-Ländern wahlweise in Euro oder der jeweiligen (alten) Landeswährung geführt werden. Besonders große Unternehmen machten davon vielfach Gebrauch, da es den Zahlungsverkehr in Europa erleichterte, die Zahl der Währungen bei Auslandsgeschäften reduzierte und nicht zu einem „Umstellungsstau“ am Jahreswechsel 2001/2002 führte. Kleine und mittlere Unternehmen in Österreich blieben ebenso wie Privatpersonen überwiegend bei Schilling-Konten.

Die österreichischen Kreditinstitute dagegen hatten schon früh beschlossen, innerhalb des Sparkassen- und Bankensektors den gesamten Zahlungsverkehr vom 1. Jänner 1999 an auf Euro umzustellen. Auch wenn so innerhalb des Zahlungsverkehrssystems nur noch der Euro verwendet wurde, rechneten die Kreditinstitute im Verhältnis zu ihren Kunden in der Übergangszeit bis zum Jahr 2002 so lange in Schilling ab, wie diese es wünschten. An der „Schnittstelle“ zwischen dem Kreditsektor und dem Kunden fand dann jeweils die Umrechnung in Schilling oder umgekehrt in Euro statt. Da der Umrechnungskurs zwischen den alten nationalen Währungen und dem Euro seit 1999 unwiderruflich festgelegt war, entstehen daraus keinerlei Wechselkursprobleme oder Wertveränderungen, da es sich stets um eine **wertgleiche** Umrechnung mit festen **Rundungsregeln** handelte.

Bargeld gehört auf Ihr Konto

Wenn Sie nicht schon ein Euro-Konto besitzen und es keinen speziellen Grund gibt, vor dem 31. Dezember 2001 ein Konto in Euro zu führen, können Sie die automatische Umstellung zum 1. Jänner 2002 ruhig Ihrem Kreditinstitut überlassen. Ratsam ist dagegen, nicht benötigtes Bargeld und vor allem größere Bestände an Münzen so früh wie möglich auf ein Konto einzuzahlen. Dann werden die Beträge automatisch in Euro umgewandelt. Sie sparen sich das Schlangestehen am Bankschalter, kassieren vom Einzahlungstag an Zinsen und brauchen außerdem weder Verlust noch Diebstahl zu befürchten.

Euro-Symbol (€)

Woher stammt das international verwendete Symbol € für den Euro?

Das grafische Symbol (**Logo**) für den Euro wurde vom griechischen Buchstaben Epsilon abgeleitet. Es bezieht sich auf den ersten Buchstaben des Wortes „Europa". Die beiden Querstriche sollen die Stabilität des Euro symbolisieren. Die offizielle Abkürzung für den Euro ist EUR; sie ist bei der Internationalen Organisation für Standardisierung (ISO) eingetragen.

Euro-System

Was versteht man unter dem Euro-System?

Das Euro-System umfasst die Europäische Zentralbank (EZB) und die nationalen Zentralbanken der Mitgliedstaaten, die den Euro in der dritten Stufe der Wirtschafts- und Währungsunion (WWU) eingeführt haben.

Die zwölf nationalen Zentralbanken der Mitgliedstaaten gehören dem Euro-System an. Es wird von EZB-Rat und EZB-Direktorium geleitet und ist seit dem 1. Jänner 1999 für die einheitliche Geldpolitik im Euro-Raum verantwortlich. Sein vorrangiges Ziel ist es, die Preisstabilität innerhalb der Währungsunion zu gewährleisten.

Siehe auch: **Europäisches System der Zentralbanken**

Euro-Währungsangabengesetz

Was steht im Euro-Währungsangabengesetz?

Dieses Gesetz soll Rechtssicherheit in Fragen der Umstellung von Schilling auf Euro schaffen und damit einen reibungslosen Übergang in die Währungsunion ermöglichen. Anders als das vom deutschen Bundeskabinett beschlossene Euro-Einführungsgesetz, das vor allem für wichtige Bereiche der Wirtschaft den Übergang zum Euro regelt, liegt beim österreichischen Euro-Währungsangabengesetz der Schwerpunkt auf Verbraucherfragen. Es soll zeitlich beschränkt bis zum Ende der Währungsumstellung im Jahr 2002 gelten. Seine wesentlichen Elemente sehen folgendermaßen aus:

Doppelte Preisauszeichnung: Für die drei Monate vor dem Beginn und während der Doppel-Bargeldphase (1.10.2001 bis 28.2.2002) wird eine doppelte **Preisauszeichnung** gesetzlich vorgeschrieben. (Theoretisch kann die Bundesregierung nach § 2 Euro-Währungsangabengesetz die Dauer der doppelten Währungsangabe bis längstens 31. Dezember 2002 verlängern.) Auch eine einheitliche Anordnung der Währungen bei der Preisangabe wird vorgeschrieben (Schilling links, Euro rechts), um die Konsumenten nicht durch unterschiedliche Anordnung zu verwirren. Der Umrechnungskurs und die Werte der Banknoten sind in Kassennähe in Schilling und Euro durch ein Plakat jedem Kunden sichtbar zu zeigen. Bei langfristigen Verträgen (Versicherungen, Mieten) musste ab 1.1.1999 eine Angabe in Schilling und Euro erfolgen. Bei bereits laufenden Verträgen muss im Jahr 2001 eine entsprechende Preisinformation des Verbrauchers in Schilling und Euro erfolgen.

Keine Umstellungskosten: Für das Umtauschen von Schilling in Euro und umgekehrt dürfen während der Doppel-Bargeldphase keine Kosten berechnet werden. Auch das Umschreiben von Verträgen, Konten oder Sparbüchern von Schilling auf Euro muss kostenlos erfolgen.

Preisüberwachung: Um den Anbietern die Möglichkeit von Preiserhöhungen bei Umstellung auf den Euro zu nehmen, wird eine Euro-**Preiskommission** die Verbraucherpreise überwachen.

Europäische Regierung

Kann eine Europäische Währungsunion ohne eine Europäische Regierung auf die Dauer funktionieren?

Ob es in Europa einmal zu einer supranationalen Regierung kommt, wie etwa in den Vereinigten Staaten mit ihren 50 Bundesstaaten, kann heute noch niemand sagen. Bis aus der Europäischen Union die „Vereinigten Staaten von Europa“ werden, ist es noch ein weiter Weg. Wie das **Beispiel** der belgisch-luxemburgischen Währungsunion oder die stillschweigende Währungsunion zwischen Deutschland, Österreich und den Niederlanden **(D-Mark-Block)** gezeigt haben, kann eine gemeinsame Währungspolitik auch ohne zentrale Regierungsgewalt sehr erfolgreich sein.

Überdies übersehen diejenigen, die bezweifeln, ob eine gemeinsame Währung ohne gemeinsame Regierung auf die Dauer funktionieren kann, dass die europäische Notenbank völlig unabhängig von den Weisungen irgendeiner Regierung über die Stabilität des Geldwertes wachen soll. Dann ist logischerweise auch die Existenz einer solchen Europäischen Regierung keine zwingende Voraussetzung für das Funktionieren der Währungsunion. Eher könnte das Gegenteil der Fall sein, da keine Regierung einseitig versuchen kann, Einfluss zu nehmen. So hatten früher auch die Bundesländer kaum Möglichkeiten, die Politik der Bundesbank in der einen oder anderen Form zu beeinflussen.

Da die teilnehmenden Staaten aber auf sehr vielen wirtschaftlichen und sozialen Gebieten eng zusammenarbeiten und gleichzeitig mit der Währungsunion auch eine enge Verzahnung ihrer Wirtschafts- und Finanzpolitik vereinbart haben, bestehen gute Aussichten auf eine abgestimmte Wirtschaftspolitik. Ergänzt wird dies durch den **Stabilitätspakt,** der die europäischen Regierungen auch nach dem Beitritt zur Währungsunion verpflichten soll, die Stabilitäts- bzw. **Konvergenzkriterien** einzuhalten. Sie müssen in diesem Zusammenhang der Brüssler Kommission langfristige Stabilitätsplanungen vorlegen, die von ihr geprüft und gegebenenfalls mit Empfehlungen versehen werden. Die EU-Länder insgesamt haben zudem bereits seit Jahren viele nationale Kompetenzen auf wirtschaftlichem und sozialem Gebiet auf die Kommission und den Europäischen Rat übertragen.

Europäische Zentralbank (EZB)

Nach welchen Grundsätzen arbeitet die Europäische Zentralbank?

Die Europäische Zentralbank hat ihren Sitz in Frankfurt. Sie wurde nach dem Vorbild der deutschen Bundesbank aufgebaut und hat die gleichen Aufgaben. Ebenso wie die Bundesbank unterliegt sie keinen Weisungen der Regierungen der EU-Länder oder des Europäischen Ministerrates. Ihre wichtigste Aufgabe ist es, über die Stabilität des Geldwertes zu wachen und mit geeigneten geldpolitischen Maßnahmen gegen inflationäre Tendenzen vorzugehen. Die Verantwortung dafür hat allein der unabhängige **Europäische Zentralbankrat.**

Die Geschäfte der EZB führt das **Direktorium.** Seine sechs Mitglieder sind für acht Jahre gewählt und danach nicht wieder wählbar. Die lange Amtsdauer einerseits und das Verbot, sie erneut zu wählen andererseits, sollen sie gegen politische Einflussnahme unempfindlich machen. Die Statuten der EZB beruhen auf einem internationalen Vertrag, der nur mit Zustimmung aller Mitglieder geändert werden kann. Dadurch haben sie praktisch Verfassungsrang.

Es ist der EZB ausdrücklich verboten, einzelnen Regierungen Geld bzw. Kredite zur Finanzierung von Haushaltsdefiziten zur Verfügung zu stellen. Das soll verhindern, dass eine unsolide Haushaltspolitik über die Druckerpresse möglich ist.

Europäische Zentralbank: Eigentümer

Wem gehört die Europäische Notenbank?

Da die Europäische Zentralbank in Frankfurt ihre Geldpolitik in völliger Unabhängigkeit betreiben soll und die Regierungen kein Weisungsrecht haben, sollen sie auch nicht als „Aktionäre" der EZB auftreten. Das erforderliche Grundkapital in Form von **Währungsreserven** (wie Gold, Dollar oder Yen) stellen vielmehr die unabhängigen Notenbanken der Mitgliedsländer zur Verfügung. Wenn bereits 1999 alle EWU-Staaten beigetreten wären,

hätten sie der gemeinsamen Zentralbank umgerechnet etwas mehr als 50 Milliarden Euro als Währungsreserven zur Verfügung stellen müssen. Da ein Teil der EU-Länder (Großbritannien, Schweden und Dänemark) erst später möglicherweise beitritt, standen der EZB per 1.1.1999 nur rund 40 Milliarden Euro (570 Millionen Schilling) an Reserven zur Verfügung. Österreich trägt dazu rund 1,16 Milliarden Euro (16 Milliarden Schilling) bei, was etwa 7 Prozent der heimischen Devisenreserven entspricht.

Jedes Mitgliedsland ist außerdem am Grundkapital der EZB in Höhe von 5 Milliarden Euro (69 Milliarden Schilling) beteiligt, und zwar entsprechend seinem Anteil an der Gesamtbevölkerung und der gesamtwirtschaftlichen Leistung (Bruttoinlandsprodukt). Für Österreich bedeutet das einen Kapitalanteil von 2,35 Prozent; die deutsche Bundesbank musste einen Anteil von 24,49 Prozent zur Verfügung stellen. Frankreich musste 16,2 Prozent und das kleine Luxemburg nur 0,15 Prozent nach Frankfurt überweisen. Wie hoch die Anteile der einzelnen Länder auf die Dauer tatsächlich sein werden, hängt davon ab, wie viele Mitglieder die Währungsunion jeweils hat. Mit jedem neuen Beitritt sinkt der prozentuale Anteil der bisherigen Länder entsprechend. Das macht bei einem Land wie Griechenland angesichts seines geringen Gewichts nicht viel aus, wird aber vor allem dann zu einer deutlicheren Verschiebung führen, wenn sich Großbritannien einmal zur vollen Mitgliedschaft entschließt.

Österreich (bzw. die **Nationalbank**) bleibt überdies – ähnlich wie ein Aktionär – weiterhin Eigentümer dieses Kapitalanteils und wird auch dementsprechend an den Gewinnen der gemeinsamen Notenbank beteiligt. Denn ähnlich wie früher die Nationalbank erzielt auch die EZB aus ihrer Geschäftstätigkeit in jedem Jahr Überschüsse. Diese werden auf die Mitgliedsländer entsprechend ihren Kapitalanteilen verteilt.

Europäischer Zentralbankrat

Wie ist der Europäische Zentralbankrat zusammengesetzt? Wie wird die Unabhängigkeit der Entscheidungen gesichert?

Die **Europäische Zentralbank (EZB)** mit Sitz in Frankfurt ist aus dem für den Übergang geschaffenen und ebenfalls in Frankfurt arbeitenden

Europäischen Währungsinstitut (EWI) hervorgegangen und baut auf dessen Vorarbeiten auf. Die Europäische Zentralbank ist weitgehend nach dem Vorbild der deutschen Bundesbank geschaffen worden. Die Regelungen zur Sicherung ihrer Unabhängigkeit gegenüber den Regierungen oder anderen staatlichen oder supranationalen Einrichtungen gehen aber noch weiter.

Das oberste Entscheidungsgremium der EZB, der Rat der Europäischen Zentralbank (vergleichbar mit dem früheren Zentralbankrat der Bundesbank), setzt sich aus dem geschäftsführenden **Direktorium** der EZB und den Notenbankpräsidenten der Länder zusammen, die sich für einen Beitritt zur Währungsunion qualifiziert haben. Wichtigste Aufgabe des Zentralbankrates ist es laut Vertrag von Maastricht, die Stabilität der Euro-Währung zu gewährleisten. Der Rat legt die zur Erreichung dieses Ziels erforderlichen Leitlinien der Geldpolitik fest. Er bestimmt, welche geldpolitischen Mittel (Diskontsatz, Offenmarktpolitik, Mindestreserven oder dergleichen) eingesetzt werden. Er hat das alleinige Recht, die Ausgabe von **Banknoten** zu genehmigen.

Für die Umsetzung der Leitlinien ist das Direktorium der EZB verantwortlich. Weder der Rat insgesamt noch das Direktorium sind Weisungen von anderen Stellen unterworfen – also auch nicht von Seiten einer der Regierungen, der Brüsseler Kommission oder des EU-Ministerrates. Allerdings haben ein Mitglied der EG-Kommission und der Präsident des Ministerrates der EU das Recht, an Sitzungen des Zentralbankrates teilzunehmen. Sie können dabei Vorschläge machen, nicht aber an den Abstimmungen teilnehmen. Umgekehrt kann der Präsident des Zentralbankrates an Tagungen des Ministerrates teilnehmen, wenn dort Fragen beraten werden, die Ziele und Aufgaben der EZB berühren.

Die Mitglieder des Direktoriums der EZB sind der Präsident und der Vizepräsident sowie bis zu vier weitere Mitglieder. Sie werden vom Europäischen Rat (auf der Ebene der Staats- und Regierungschefs) ernannt. Die vorgesehenen Mitglieder müssen Persönlichkeiten sein, die als Bank- und Währungsfachleute anerkannt sind. Vor ihrer Ernennung müssen das Europäische Parlament und der Rat der Zentralbank dazu gehört werden. Die Auswahl und Ernennung durch den Ministerrat muss einvernehmlich erfolgen. Erster Präsident der Europäischen Zentralbank wurde der frühere niederländische Notenbankpräsident Wim Duisenberg.

Die Mitglieder des Direktoriums werden auf die Dauer von acht Jahren ernannt. Eine Wiederernennung ist nicht zulässig. Dadurch soll verhindert werden, dass sich Mitglieder des Direktoriums gegenüber den Regierungen gefällig erweisen, um für eine weitere Amtsperiode ernannt zu werden. Da sie die erforderlichen Qualifikationen und Erfahrungen in der Regel erst in einem fortgeschrittenen Alter vorweisen können, wird für die meisten Mitglieder des Direktoriums am Ende ihrer Amtszeit auch keine andere politische Position mehr in Frage kommen. So soll sichergestellt werden, dass sie keinen Anlass haben, einer bestimmten Regierung oder politischen Gruppierung Gefälligkeiten zu erweisen, die ihren Pflichten als Mitglied des Zentralbankrates zuwiderlaufen. Die nationalen Notenbankpräsidenten werden für fünf Jahre ernannt und können wiedergewählt werden.

Wichtig: Auch die Notenbankpräsidenten der Mitgliedsländer unterliegen keinen Weisungen ihrer Regierungen. Im Vertrag von Maastricht haben sich alle EU-Länder verpflichtet, ihren Zentralbanken den gleichen unabhängigen Status zu geben, wie ihn auch die Bundesbank vor dem Beitritt Deutschlands zur Europäischen Währungsunion besaß.

Alle Länder haben sich im Vertrag von Maastricht ausdrücklich verpflichtet, „nicht zu versuchen, die Mitglieder der Beschlussorgane der EZB oder der nationalen Zentralbanken bei der Wahrnehmung ihrer Aufgabe zu beeinflussen" (Artikel 107).

Der Rat der EZB entscheidet in der Regel mit einfacher Mehrheit. Jedes Mitglied hat dabei gleiches Stimmrecht. Österreich hat also das gleiche Gewicht wie Deutschland, Frankreich oder Italien. Nur bei Stimmengleichheit gibt die Stimme des EZB-Präsidenten den Ausschlag. Anders wird bei der Verwendung des Gewinns der Zentralbank abgestimmt. Hierbei haben die Mitglieder des Direktoriums kein Stimmrecht. Die Notenbankpräsidenten entscheiden mit Zweidrittelmehrheit. In diesem Fall werden die Stimmen allerdings unterschiedlich gewichtet. Sie richten sich danach, welche Anteile die verschiedenen nationalen Zentralbanken am Kapital der EZB haben. Diese werden entsprechend der Anteile festgelegt, die ein Land auf Grund seiner Bevölkerungszahl und seines Bruttoinlandsprodukts (BIP) hat.

Europäisches System der Zentralbanken (ESZB)

Worin unterscheidet sich das Europäische System der Zentralbanken von der Europäischen Zentralbank?

Die **Europäische Zentralbank (EZB)** ist das Spitzeninstitut des Europäischen Systems der Zentralbanken (ESZB) und damit mit der früheren deutschen Bundesbank vergleichbar. Die EZB allein ist für die Stabilität des Geldwertes verantwortlich. Sie bestimmt die Geldpolitik innerhalb der gesamten Europäischen Währungsunion (EWU) und genehmigt die Ausgabe von Euro-Banknoten und Münzen. Ihr oberstes Entscheidungsgremium ist der **Europäische Zentralbankrat,** dem neben dem **Direktorium** die Notenbankpräsidenten der Länder angehören, die Mitglied der Währungsunion sind.

Diese Noten- oder Zentralbanken bilden die zweite Stufe des gemeinschaftlichen Zentralbanksystems. Die Struktur des Europäischen Systems der Zentralbanken entspricht damit dem deutschen Modell (mit der Bundesbank an der Spitze und den ihr nachgeordneten Landeszentralbanken). Alle Länder der EU haben sich verpflichtet, ihren Notenbanken die gleiche Unabhängigkeit von der jeweiligen Regierung oder anderen Institutionen zu geben, wie sie die Bundesbank und ab 1999 die Europäische Zentralbank besitzen. Ebenso wie diese sind die nationalen Zentralbanken vor allem dem Ziel verpflichtet, die Geldwertstabilität zu sichern. Auch die nationalen Zentralbanken unterliegen dabei keinerlei Weisung von Seiten der Regierung, von Institutionen der EU oder anderen Stellen. Um diese Punkte des Vertrages zu erfüllen, waren in einigen EU-Ländern Verfassungsänderungen erforderlich. Denn alle Länder haben sich verpflichtet, die Satzungen ihrer Zentralbanken mit den Bestimmungen des Maastrichter Vertrages und der Satzung des ESZB in Übereinstimmung zu bringen.

Die nationalen Zentralbanken (in Österreich die Oesterreichische **Nationalbank**) sind für die Ausführung der Beschlüsse der Europäischen Zentralbank zuständig. Sie können mit Genehmigung der EZB Banknoten und Münzen ausgeben. Den Wert der insgesamt umlaufenden Scheine und Münzen, der Euro-**Cents,** bestimmt allein die EZB. Dadurch ist sichergestellt, dass die Regierungen auch über den Umweg der Münzprägung keine Möglichkeit haben,

die umlaufende Geldmenge gegen den Willen der Europäischen Zentralbank zu erhöhen.

Europäisches Währungsinstitut (EWI)

Welche Aufgaben hatte das Europäische Währungsinstitut in Frankfurt?

Das EWI war Wegbereiter der **Europäischen Zentralbank** und ist in ihr aufgegangen. Nach dem Vertrag von Maastricht über die Europäische Union sollte es als Vorläufer der künftigen Europäischen Zentralbank den Übergang vom bereits bestehenden **Europäischen Währungssystem** auf die Währungsunion vorbereiten. Das Währungsinstitut sollte bis zum 31. Dezember 1996 „in regulatorischer, organisatorischer und logistischer Hinsicht" den Rahmen festlegen, den das künftige **Europäische System der Zentralbanken** (ESZB) zur Erfüllung seiner Aufgaben braucht.

Das Europäische Währungsinstitut hatte keine exekutiven Befugnisse, konnte also nicht in die Währungspolitik der einzelnen Mitgliedsländer der EU eingreifen. Es durfte den nationalen Notenbanken noch keine Weisungen erteilen. Es sollte aber die Voraussetzungen für eine Koordination der Geldpolitik der europäischen Staaten schaffen.

Das EWI sollte überdies die Verwendung der Europäischen Währungseinheit **ECU** in der Finanz- und Geschäftswelt fördern. Es musste vor Entscheidungen der EU oder einzelner Mitgliedsländer, die für die Geldpolitik von Bedeutung waren, gehört werden. An die Spitze des EWI wurde zunächst der Belgier Alexandre Lamfalussy berufen, der von dem Niederländer Wim Duisenberg, dem späteren ersten Präsidenten der EZB, abgelöst wurde.

Europäisches Währungssystem (EWS)

Welche Aufgaben hatte das EWS und worin liegt der Unterschied zur Europäischen Währungsunion?

Beim Europäischen Währungssystem handelte es sich um einen Mechanismus, der in früheren Jahren dafür sorgen sollte, dass die Währungen

der EU-Länder untereinander zu möglichst stabilen Kursen getauscht werden konnten.

Das EWS bestand aus zwei Grundelementen: der Europäischen Währungseinheit ECU (European Currency Unit) und dem Wechselkursmechanismus. Die ECU diente als „gemeinsamer Nenner“ oder Bezugsgröße für den Wert der Währungen untereinander. In welchem Austauschverhältnis die Währungen standen, legten zwar formal die Regierungen fest. Sie mussten dabei aber die Situation am Devisenmarkt berücksichtigen, weil bei unrealistischen Kursen schon nach kurzer Zeit spekulative Käufe oder Verkäufe einsetzten. Der von den Regierungen festgelegte Wechselkurs galt allerdings nur als Mittelwert. Aufgabe der Notenbanken war es, durch geeignete Maßnahmen dafür zu sorgen, dass die Wechselkurse sich nicht zu weit davon entfernten. Die Kurse der Mitgliedswährungen durften innerhalb festgelegter Grenzen nach oben oder unten vom Mittelwert abweichen, ehe die Notenbanken durch Käufe und Verkäufe regulierend in das Marktgeschehen eingreifen mussten. Das konnte aber nur gelingen, solange die beteiligten Regierungen und Notenbanken ihre Politik so aufeinander abstimmten, dass es zu keinen größeren Spannungen im Währungssystem kam, die spekulative Käufe und Verkäufe an den Devisenmärkten auslösten.

Das Europäische Währungssystem sollte nach dem Willen seiner Gründer dazu dienen, ein möglichst stabiles Austauschverhältnis zwischen den Währungen der verschiedenen Länder der Europäischen Union herzustellen. Das sollte dem Handel zwischen den Mitgliedstaaten eine verlässlichere Grundlage geben.

Das EWS wurde am 13. März 1979 aus der Taufe gehoben und sollte nach einer Zeit starker Erschütterungen der Devisenmärkte zumindest innerhalb Europas eine Zone stabiler Wechselkurse schaffen. Das ist zeitweise auch gelungen. Allerdings haben nie alle Mitglieder der Gemeinschaft dem Währungssystem kontinuierlich angehört. Nicht alle waren fähig, die wirtschaftspolitischen Anforderungen dauerhaft zu erfüllen: Die griechische Drachme hat bis März 1998 nie dem EWS angehört. Italien und Großbritannien sind am 17.9.1992 aus dem Wechselkursmechanismus ausgeschieden, formell aber Mitglieder des EWS geblieben. Zuvor war der französische Franc 1986 schon einmal aus dem Wechselkursmechanismus ausgegliedert worden – allerdings

nur für wenige Tage, bis sich die beteiligten Regierungen auf neue, marktgerechte Leitkurse geeinigt hatten. Bis zum 1.8.1993 betrug die maximale Schwankungsbreite um die Leitkurse 2,25 Prozent in beiden Richtungen. Ausnahmen stellten der portugiesische Escudo und die spanische Peseta dar. Sie durften um bis zu 6 Prozent nach oben und unten vom Mittelkurs abweichen.

Seit dem 2. August 1993 brauchten die Notenbanken deshalb erst dann an den Devisenmärkten einzugreifen, wenn sich der Kurs einer Währung um mehr als 15 Prozent nach oben oder unten vom festgelegten Leitkurs zu entfernen drohte. Der Grund: Im Juli 1993 hatte als Folge unterschiedlicher wirtschaftlicher Entwicklung wichtiger Indikatoren (Wirtschaftswachstum, Inflationsraten, Außenhandel, Staatsverschuldung) wieder einmal die Spekulation auf eine notwendige Änderung der Leitkurse zu starken Spannungen innerhalb des Wechselkurssystems geführt. Die bis dahin längste Zeit ohne Wechselkursanpassung lag zwischen dem 12.1.1987 und dem 13.9.1992, als die Lira abgewertet und alle anderen EG-Währungen aufgewertet wurden. Bis zur Erweiterung der Bandbreiten am 2.8.1993 war es bereits 15-mal zu Auf- oder Abwertungen (bzw. am 17.9.1992 zum Austritt von Italien und Großbritannien) gekommen.

Um die Währungen in den vereinbarten Schwankungsbreiten zu halten, musste allein die Deutsche Bundesbank 1993 in der letzten Juliwoche rund 60 Milliarden D-Mark für Interventionen an den Devisenmärkten einsetzen. Besonders der französische Franc war zu dieser Zeit Gegenstand massiver Spekulation. Daher beschlossen die beteiligten Regierungen, stärkere Schwankungen um die Mittelkurse zuzulassen. Daraus ergaben sich insbesondere für die europäische Landwirtschaft große Probleme, der durch Währungsschwankungen jährlich Milliardenbeträge verloren gingen. Aber auch für die gesamte Exportwirtschaft erhöhten sich die **Transaktionskosten.**

Um diese Nachteile zu vermeiden, banden zunächst die Länder des so genannten **D-Mark-Blocks** (mit Österreich) ihre Währungen enger aneinander. Der nächste Schritt war die Bildung einer Währungsunion. Während im EWS noch jede nationale Notenbank eine eigenständige Geldpolitik verfolgen konnte, gibt es in der Währungsunion nur noch eine Instanz, die für die Stabilität des Geldwertes verantwortlich ist: die **Europäische Zentralbank** (EZB). Wechselkursschwankungen und Störungen des Binnenhandels innerhalb des gemeinsamen Währungsgebiets wie beispielsweise jene im Jahr 1995, die das Wirtschaftswachstum durchschnittlich um einen halben Prozentpunkt verlangsamten, gehören damit der Vergangenheit an.

EWS II

Warum ist trotz Währungsunion ein EWS II erforderlich?

Nicht alle EU-Länder konnten oder wollten der Wirtschafts- und Währungsunion schon 1999 beitreten. Bei einigen dieser Länder wird ein Beitritt vielleicht schon bald möglich sein, bei anderen ist nicht abzusehen, wann sie einen Aufnahmeantrag stellen (können). Das gilt etwa auch für die osteuropäischen Beitrittskandidaten. Da stabile Wechselkurse aber eine wichtige Voraussetzung für das Funktionieren des Binnenmarktes und die Zusammenarbeit bei Forschung und Entwicklung, für die Gemeinsame Agrarpolitik, für wechselseitige Investitionen und einen möglichst ungehinderten Austausch von Kapital sind, muss versucht werden, die Währungsrelationen dennoch so stabil wie möglich zu gestalten. Das soll durch ein **Europäisches Währungssystem** (EWS II) geschehen, durch das die „**Ins und Outs**" währungspolitisch so eng wie möglich zusammengehalten werden. Bei ihrem Treffen in Verona im April 1996 haben die Finanzminister und Notenbankchefs der EU-Länder die Grundzüge eines EWS II beschlossen, das diese Aufgabe erfüllen und einige Schwächen des bisherigen EWS vermeiden soll. Dabei geht es vor allem um vier Punkte:

- Leitwährung ist der Euro. Die Währungen der Außenseiter sollen in einem festen Wechselkurs zu ihm stehen. Ihr Kurs darf nur innerhalb festgelegter Bandbreiten schwanken. Die Kursrelationen der „Outs" können aber verändert werden, wenn die wirtschaftlichen Verhältnisse dies erzwingen. Dies wird vor allem dann der Fall sein, wenn die jeweilige Währung einem starken Kaufkraftschwund unterliegt und wenn daraufhin eine Abwertungsspekulation einsetzt, die es für die EZB und die jeweilige nationale Zentralbank schwer oder unmöglich macht, den festgelegten Kurs zu verteidigen.
- Bei der Aufrechterhaltung der festgelegten Kurse soll es eine „asymmetrische Zuständigkeit" geben. Das bedeutet, dass in erster Linie die Zentral-

bank des betroffenen EU-Landes zu Interventionen am Devisenmarkt verpflichtet ist. Sie muss dafür sorgen, dass der Wechselkurs ihrer Währung innerhalb der vereinbarten Bandbreiten bleibt. Die Europäische Zentralbank greift nur dann ein, wenn dies ohne Schaden für die Geldwertstabilität innerhalb der Währungsunion geschehen kann. Dadurch soll sichergestellt werden, dass die Länder der Währungsunion nicht für den ökonomischen Schlendrian in einem außenstehenden EU-Land aufkommen müssen. Da dieses allein aber kaum in der Lage ist, fundamentale Ungleichgewichte durch Interventionen am Devisenmarkt dauerhaft auszugleichen, muss die Wechselkursstabilität über eine solide Geld- und Finanzpolitik erreicht werden. Dieser Zwang zur wirtschaftlichen Stabilität ist durchaus gewollt. Er soll dazu beitragen, die Außenseiter so schnell wie möglich für einen Eintritt in die Währungsunion fit zu machen.

- Änderungen der Leitkurse (Paritätsveränderungen) sollen aus dem gleichen Grund nicht mehr wie früher Angelegenheit der einzelnen Länder sein. Das Initiativrecht wird statt dessen bei der **Europäischen Zentralbank** (EZB) liegen. Die letzte Entscheidung über eine Anpassung der Kurse bleibt dem Rat der Wirtschafts- und Finanzminister vorbehalten. Dadurch soll verhindert werden, dass sich einzelne Länder durch fundamental nicht gerechtfertigte Abwertungen ihrer Währung gegenüber dem Euro einen unfairen Wettbewerbsvorteil gegenüber den anderen EU-Staaten verschaffen. In wirtschaftlich schwierigen Situationen darf es nicht zu einem „Abwertungswettlauf" kommen.
- Wie früher gibt es für die verschiedenen Währungen unterschiedliche Bandbreiten. Je weiter das jeweilige EU-Land vom Stabilitätsziel entfernt ist, um so größer wird die Bandbreite sein, innerhalb derer seine Währung um den Euro-Leitkurs schwanken darf.

Falschgeld

Besteht im Zusammenhang mit der Ausgabe der Euro-Banknoten die Gefahr, an Falschgeld zu geraten?

Die Währungsbehörden und die Polizei haben in der Tat die Sorge, dass Kriminelle versuchen, vor allem die Zeit des Bargeldaustauschs für ihre Zwecke zu nutzen. Zum einen werden sie versuchen, Fälschungen der alten Banknoten, die im Ausland kursieren, im Trubel des Umtauschs gegen echte Euro zu tauschen. Zum anderen ist die Gefahr groß, dass innerhalb der Währungsunion und vor allem in den **angeschlossenen Gebieten** gefälschte Euro-Banknoten in Umlauf gebracht werden. Denn so lange die Verbraucher und der Handel mit dem neuen Geld noch nicht sehr vertraut sind, ist es leichter, sie zu täuschen. Fälschungssicherheit spielte bei der Herstellung der neuen **Banknoten** zwar eine zentrale Rolle. Aber greifen können die getroffenen Maßnahmen nur dann, wenn die Bürger ihr Geld genau kennen.

Um den Fälschern das Handwerk so schwer wie möglich zu machen, sind die Euro-Banknoten nicht nur mit einer Kombination schwer zu imitierender Sicherheitsmerkmale versehen. Sie werden auch erst im letzten Moment in Umlauf gebracht: am 1. Jänner 2002. Ausnahmen gibt es nur bei den so genannten **Startpaketen** für private Haushalte und beim notwendigen **„Frontloading"**. Doch auch dabei werden Münzen und Scheine erst so spät wie möglich an Geschäftsbanken, Postämter und den Handel verteilt. Kriminelle sollen vor dem offiziellen Beginn der Bargeldausgabe möglichst keine „Muster" für ihre Produktion in die Hand bekommen. Es kann aber nicht ganz ausgeschlossen werden, dass als Folge der Vorabausstattung doch einige der so verteilten Euro-Banknoten oder **Münzen** in die falschen Hände geraten.

Vorsicht: Fälscher und Betrüger

Vor allem in den ersten Monaten sollten Sie sehr vorsichtig sein, wenn Sie Geld von Personen annehmen, die Ihnen nicht bekannt sind oder deren Funktion Sie nicht kennen. Das gilt vor allem dann, wenn Ihnen in Österreich oder im Ausland alte Banknoten angeboten werden – vielleicht sogar mit „Rabatt", weil der Eigentümer angeblich nicht selber zur Bank gehen oder nicht nach Österreich reisen kann, um sie zu tauschen. Alte Schillin-

ge können auch bei ausländischen Banken getauscht werden. Das ist entweder Unkenntnis oder ein Täuschungsversuch: Man versucht möglicherweise, Ihnen Falschgeld anzudrehen.

Festverzinsliche Wertpapiere

Was geschieht mit festverzinslichen Wertpapieren bei der Umstellung von Schilling auf die Euro-Währung?

Bei festverzinslichen Wertpapieren (Anleihen, Pfandbriefen, Kommunalobligationen usw.) fand – wie bei fast allen anderen Wertpapieren – die **Umrechnung** in Euro bereits 1999 statt. Das galt für den jeweiligen Börsenkurs ebenso wie für den Rückzahlungsbetrag oder Nominalwert und die Zinszahlungen. Der Zinssatz dagegen bleibt unverändert. Die Rendite verändert sich bei der Umstellung der Währung also nicht.

Beispiel: Sie haben vor 1999 eine Anleihe im Nennwert von 1.000 Schilling und mit einer Verzinsung von 6 Prozent gekauft. Diese Anleihe wurde am Tag vor der Umstellung an der Börse mit 98 notiert. Daran änderte sich nach Beginn der Währungsunion nichts. Die Kurse von Anleihen werden im Gegensatz zu Aktien nicht in Geldbeträgen ausgedrückt, sondern in Prozent ihres Nennwertes. Statt 98 Prozent von 1.000 Schilling sind es seither 98 Prozent von 72,67 Euro. Beim Verkauf vor Ende 2001 wurden daraus auf dem Konto des Sparers wieder wie zuvor 980 Schilling. Wartet der Anleger bis zum Ende der Laufzeit, erhält er bis Ende 2001 1.000 Schilling, nach 2002 aber 72,67 Euro.

Da auch alle Preise, Löhne, Steuern usw. mit dem gleichen Faktor umgerechnet werden (Schillng-Betrag geteilt durch 13,7603), ändert sich am realen Wert der Ersparnisse nichts.

Fixierung der Umtauschkurse

Wie wurden die Kurse der alten Währungen gegenüber dem Euro festgelegt?

Die Festlegung der Umtauschverhältnisse der alten nationalen Währungen in die europäische Gemeinschaftswährung war weder ein Akt politischer Willkür noch eine Frage des geschickten Verhandelns. Zunächst mussten alle EU-Staaten, die der Währungsunion beitreten wollten, ihre Wirtschafts-, Geld- und Finanzpolitik so gestalten, dass die **Konvergenzkriterien** erfüllt wurden. Das führte dazu, dass sich die gegenseitigen Wechselkurse von Schilling, D-Mark, Franc, Gulden, Peseta usw. an den Devisenmärkten schon im Vorfeld der Währungsunion immer mehr stabilisierten. Die Schwankungen wurden immer geringer. Die Außenwerte von Schilling, D-Mark oder Gulden und der anderen Währungen, die direkt oder indirekt zum so genannten **D-Mark-Block** gehörten, waren bereits seit Jahren nahezu konstant. Die EU-Währungen lagen damit immer dichter an den Leitkursen im Europäischen Wechselkurssystem.

Die seit langem vom Markt akzeptierten Leitkurse bildeten die Basis für den Umtausch der nationalen Währungen der beitretenden Länder untereinander und zum Euro. Um Spekulationen in letzter Minute zu verhindern, wurde das Verfahren für die Umrechnung bereits vor Beginn des Jahres 1999 fixiert.

Beispiel: Da sich im Laufe der Jahre zwischen Schilling und D-Mark ein Verhältnis von rund 7:1 und zwischen D-Mark und Franc ein Wechselkurs von rund 1:3 herausgebildet hatte, wurden diese Austauschverhältnisse mit Beginn der Währungsunion dauerhaft festgeschrieben. Sie waren auch die Basis für den späteren Umtauschkurs von Franc, Gulden, Schilling oder D-Mark in Euro.

Fluchtwährungen

Was versteht man unter Fluchtwährungen im Zusammenhang mit dem Euro?

Als Fluchtwährungen werden Währungen bezeichnet, die für Ausländer attraktiver sind als deren heimische Währung. Dafür kann es viele Gründe geben:

- eine hohe Steuerbelastung in dem betreffenden Land,
- kriminelle Herkunft der Gelder,
- **Devisenbewirtschaftung** im eigenen Land,
- Angst vor einer Entwertung des ersparten Geldes wegen hoher Inflationsraten,
- Angst vor einer künftigen Abwertung.

Mit Blick auf den Euro kommen nur die letzten zwei Gründe in Betracht, denn die beiden ersten sind davon unabhängig. Als Fluchtwährung bieten sich somit nur Währungen an, deren Innen- und Außenwert als stabil gilt. Das bedeutet: geringe Inflationsrate und ein Wechselkurs, der gegenüber anderen wichtigen Währungen nicht allzu stark schwankt. Wichtig ist aber auch, dass in den jeweiligen Ländern politische Stabilität und Rechtssicherheit herrschen und die steuerlichen Regelungen günstig sind. Mit anderen Worten: Diese Konditionen müssen im Fluchtland deutlich besser sein als in „Euro-Land“. Andernfalls ist eine Flucht aus dem Euro in diese Währungen unsinnig. Das zeigt: Es gibt nicht viele Länder, von denen sich dies sagen lässt.

Fluchtgelder kommen im Allgemeinen aus Ländern, in denen eine galoppierende Inflation herrscht, bei denen Abwertungen und Devisenzwangswirtschaft zu befürchten sind oder wo politische Unruhen herrschen. Auf diese Weise soll inflationären Gefahren, politischer Unsicherheit oder starken Reglementierungen, die dem Besitzer die Verfügungsgewalt über sein Geld weitgehend zu entziehen drohen, ausgewichen werden. Allerdings sind es oft auch steuerliche Gründe, die Inhaber größerer Vermögen oder überdurchschnittlich hoher Einkommen dazu bringen, ihr Geld in „sichere Häfen“ zu schaffen, wo es nicht nur gegen übermäßigen Wertverlust durch Inflation, sondern auch vor dem Zugriff des Finanzamtes besser geschützt ist.

Unter steuerlichen Gesichtspunkten gehören vor allem die Schweiz, Luxemburg, Liechtenstein, aber auch bestimmte exotische Länder (wie beispielsweise die Bahamas oder die Cayman-Inseln) zu den Fluchtpunkten des Kapitals. Das heißt allerdings nicht, dass das Geld dort in der jeweiligen Landeswährung angelegt wird. Meist handelt es sich auch in diesen Ländern um Dollar- oder Yen-Konten, denn die heimische Währung gilt oft als schwach und unsicher.

Mit Blick auf die Europäische Währungsunion zählten daher vor allem Dollar, Yen und **Schweizer Franken** zu den bevorzugten Fluchtwährungen. Allerdings halten die dabei angestellten Kalkulationen einer näheren Prüfung oft nicht stand: Abgesehen davon, dass sich die Angst vor einer nach der endgültigen Umstellung größeren **Inflationsgefahr** in der Europäischen Währungsunion im Vergleich zu den USA, Japan oder der Schweiz rational nur schwer begründen lässt, drohen den Anlegern bei unüberlegter Kapitalflucht möglicherweise erheblich größere Risiken. Denn eine starke Auf- oder Abwertung der jeweiligen Währung kann alle Kalkulationen über den Haufen werfen.

Vorsicht: Es ist immer größte Zurückhaltung angebracht, wenn so genannte **Anlageberater** Angst vor dem Euro zu wecken versuchen und zur Geldanlage im Ausland oder zu anderen riskanten Finanztransaktionen raten. Hier handelt es sich sehr oft um unseriöse Angebote, die mit einem totalen Verlust enden können. Das gilt vor allem dann, wenn bisher unbekannte „Anlageberater" ihre Dienste unaufgefordert telefonisch anbieten.

Frontloading

Wann und wie werden die Banken und der Einzelhandel mit Euro-Bargeld ausgestattet?

Die Banken müssen ab Anfang Jänner 2002 in großen Mengen altes Geld einsammeln und wertgleich gegen Euro in **Münzen** und **Banknoten** umtauschen. Ein großer Teil des Umtauschs wird aber über den Einzelhandel, über Restaurants oder große Dienstleistungsbetriebe (wie Post, Bahn oder Nahverkehr) abgewickelt, denn bis einschließlich 28. Februar kann dort überall noch mit Schilling in Münzen und Scheinen bezahlt werden. Das Wechselgeld wird aber meist schon in Euro herausgegeben. Das bedeutet, dass alle diese Betriebe in ausreichendem Maße mit Banknoten und Münzen ausgestattet sein müssen, um diese Aufgabe bewältigen zu können. Dabei kommt es nicht nur auf eine ausreichende Menge an **Wechselgeld** an, es muss auch eine der Art des Geschäftes angepasste Stückelung von Banknoten und Münzen sein. Wie Tests und Probeläufe ergeben haben, kann der **Einzelhandel bei der**

Euro-Einführung erhebliche Probleme bekommen, wenn er bei den verschiedenen Cent- und Euro-Münzen nicht über die notwendigen Mengen verfügt.

Die Nationalbank beginnt mit dem „Frontloading“ (ein Begriff, der aus der Zeit der alten Frontlader bei Geschützen und Gewehren stammt) ab 1. September 2001. Den Banken steht es frei, das Geld in eigener Verantwortung an Geschäftskunden weiterzugeben. Dabei handelt es sich vor allem um Einzelhändler, Gaststätten, Automatenbetreiber und Werttransportunternehmen. Der Fachbegriff dafür: Subfrontloading. Im Zahlungsverkehr darf dieses Geld aber erst ab 1. Jänner, null Uhr, verwendet werden.

Vom 15. Dezember an dürfen die Kreditinstitute und Postämter Euro-Münzen in kleinen Mengen an Privatpersonen abgeben – so genannte Haushaltsmischungen oder **Startpakete.** An diesem Tag haben die Bürger der Währungsunion erstmals die Möglichkeit, einen Euro anzufassen und ihr neues Geld sinnlich zu erleben.

Für den Einzelhandel stellt diese Vorabausstattung eine Notwendigkeit, aber zugleich auch ein Problem dar. Er muss einen sicheren Lagerplatz für Münzen und Scheine haben. Bei Warenhäusern und in großen Einkaufszentren geht es dabei um hohe Millionenbeträge. Wegen des hohen Gewichts der Geldkisten können sie nur in Räumen mit einer ausreichend starken Deckenkonstruktion gelagert werden. Überdies muss das Personal im Umgang mit dem neuen Geld geschult werden. Vor allem in den ersten Tagen des Jahres 2002 steht den Kassiererinnen eine hohe Belastung bevor: Sie nehmen meist noch Schilling ein und sollen dafür einen entsprechend umgerechneten Betrag in Euro herausgeben.

Gebühren

Wie werden die öffentlichen Gebühren in Euro umgerechnet?

Siehe dazu: **Abgaben**

Gehaltskonten/Girokonten

Was ändert sich bei Lohn- oder Gehaltskonten?

Alle Guthaben (oder Überziehungskredite) auf Giro-, Lohn- oder Gehaltskonten werden mit dem festgelegten **Umrechnungsfaktor** von 13,7603 auf Euro umgestellt. Da auch **Löhne,** Preise, Zinsen usw. nach dem gleichen Verfahren **wertgleich** umgerechnet werden, ändert sich an der **Kaufkraft** – also dem realen Wert der Guthaben – nichts. Deshalb spielt es auch keine Rolle, dass die Beträge nach der Umstellung nominal niedriger sind. Denn auch alle **Schulden** und sonstigen Zahlungsverpflichtungen (**Mieten,** Steuern, Gebühren, Einzelhandelspreise usw.) werden in gleicher Form und mit dem gleichen Faktor umgerechnet.

Die Währungsumstellung hat deshalb auch nichts mit einer **Währungsreform** zu tun, bei der die Ersparnisse abgewertet werden, um die Schulden des Staates zu bezahlen. Kunden konnten bereits ab 1999 mit ihrem Kreditinstitut vereinbaren, dass ihre **Konten** in Euro geführt werden sollten. Im Jahr 2002 wird automatisch – ohne dass die Kontoinhaber etwas dazu tun müssten – auf Euro umgestellt, da der Schilling und die anderen nationalen Währungen der EWU-Länder dann ihre Funktion als **gesetzliches Zahlungsmittel** verlieren.

Geldstrafen

Werden auch die Geldstrafen wertgleich auf Euro umgestellt – oder machen Staat und Länder daraus ein Geschäft?

Zum 1. Jänner 2002 werden Gebühren und Bußgelder ebenso wie **Steuern** und andere **Abgaben** auf Euro-Beträge umgestellt. Dabei werden sie durch den amtlichen **Umrechnungsfaktor** (13,7603) dividiert. In den Euro-Einführungsgesetzen wurden alle staatlichen Abgaben neu festgesetzt und dabei meist zugunsten von Bürgern und Unternehmen leicht abgerundet. Der Finanzminister rechnet damit, dass dem Staat dadurch jährlich Einnahmen in Höhe von rund 250 bis 300 Millionen Schilling entgehen.

Völlig unterschiedlich wird das **Aufrunden** und Abrunden in den einzelnen Bundesländern und Gemeinden gehandhabt.

Beispiel: In Oberösterreich werden Geldstrafen bei der Umstellung von Schilling auf Euro tendenziell aufgerundet. So werden dort bei einer Verwaltungsstrafe in Höhe von 15.000 Schilling zukünftig 1.100 Euro (= 15.136 Schilling) eingehoben. Eine 300-Schilling-Strafe fürs Falschparken erhöht sich auf 22 Euro (= 302,72 Schilling). In Kärnten hingegen wird bei Verwaltungsstrafen abgerundet: Eine Strafe von 400 Schilling entspräche genau genommen 29,069 Euro. Zu zahlen sind in Hinkunft allerdings nur 29 Euro.

„Krumme“ Zahlen waren bisher in Verwaltungsstrafkatalogen nicht vorgesehen. Die entsprechenden Computerprogramme der Behörden waren angeblich nicht darauf eingerichtet, mit Ziffern hinter dem Komma zu rechnen.

Überdies kann argumentiert werden, dass Strafgelder aus psychologischen Gründen immer „runde Summen“ sein müssen, weil bei Strafen für Parksünden oder Geschwindigkeitsüberschreitungen in Höhe von beispielsweise 19,59 der Eindruck entstehen könnte, hier handle es sich um einen Discountpreis, also ein „Schnäppchen“.

Geldumtausch

Wann und wie lange kann altes Bargeld gegen Euro umgetauscht werden?

Siehe dazu: **Bargeldumtausch für Verbraucher**

Geldwäschegesetz

Werden beim Umtausch von Bargeld Fragen gestellt? Müssen die Banken das Geldwäschegesetz beachten?

Beim Umtausch wird in der Regel nicht gefragt, aus welchen Quellen das Geld stammt. Ob es die übliche Barreserve der Familie ist, ob es aus der Rückzahlung eines privaten Kredits stammt, beim Verkauf eines gebrauchten Pkw eingenommen wurde, durch Schwarzarbeit verdient oder bei der Großmutter unter der Matratze gefunden wurde, interessiert die Bank beim Um-

tausch in Euro in der Regel nicht. Umständliche Formalitäten sind angesichts des zu bewältigenden Andrangs nicht möglich. Überdies gilt bei Bargeld der Grundsatz, dass der Besitzer auch der Eigentümer ist. Nur bei deutlichen Verdachtsmomenten muss derjenige, der Bargeld annimmt, nachfragen, ob alles mit rechten Dingen zugeht.

Erst bei größeren Summen (ab 200.000 Schilling, mit 1.1.2002 ab 15.000 Euro) *müssen* Kreditinstitute die Vorlage eines Ausweises verlangen. Bei konkreten Verdachtsfällen ist die Bank aber auch bei *kleineren* Summen gesetzlich verpflichtet, eine Meldung nach dem Geldwäschegesetz an die Staatsanwaltschaft zu geben. Auch wenn der Staatsanwalt nach Prüfung des Falls dann feststellt, dass der Verdacht auf Geldwäsche unbegründet ist, muss er die Finanzbehörden über den Fall informieren. Das kann dazu führen, dass die Steuerfahndung bei dem Betroffenen Ermittlungen anstellt.

Bis zum 28. Februar 2002 kann Schilling-Bargeld (ebenso wie Banknoten aus anderen Ländern der Währungsunion) in Österreich bei allen Kreditinstituten gegen Euro getauscht werden. Danach ist ein Umtausch für unbegrenzte Zeit bei der Oesterreichischen **Nationalbank** und deren Zweigstellen in den Bundesländern ohne Wertverlust möglich. In anderen Ländern der Währungsunion gelten beim **Bargeldumtausch** zum Teil andere Regelungen. Aber ebenso wie in Österreich kann auch in anderen EWU-Ländern Bargeld am Bankschalter umgetauscht werden. Dabei kann es sich um Banknoten und Münzen aus dem jeweiligen Land sowie um Banknoten aus den Partnerländern handeln. Ausländische Münzen werden in der Regel nicht getauscht.

Auch in anderen Ländern gibt es Gesetze gegen Geldwäsche, die zu ähnlichen Überprüfungen führen können wie in Österreich. Wer aber keine auffallend hohen Summen tauscht, wird selten nach der Herkunft des Geldes gefragt werden. Schließlich kann nicht jeder, der altes Bargeld gegen Euro einwechseln will, wie ein Ganove behandelt werden.

Auch beim Grenzübertritt oder bei den seit 1998 möglichen Kontrollen in Zügen, Bahn- oder Flughäfen muss Zoll- und Polizeibeamten auf eine entsprechende Frage wahrheitsgemäß angegeben werden, wie viel Geld man bei sich trägt. Der Zoll kann bei größeren Summen verlangen, dass eine Erklärung über die Herkunft abgegeben wird. Ein Umtausch von Schilling im Ausland ist aber grundsätzlich möglich und keineswegs illegal, wenn es sich um redlich

verdientes und versteuertes Geld handelt. Das ist immer dann unproblematisch, wenn das Geld auf einem Konto ist. Auch Gebietsfremde können Konten bei einheimischen Banken unterhalten, die auf Schilling (oder Franc, Gulden, D-Mark) lauten. Wenn es sich um Währungen aus EWU-Ländern handelt, werden auch diese Konten spätestens 2002 automatisch in Euro umgewandelt.

Vorsicht: Unseriöse **Anlageberater** lassen gern durchblicken, dass „nicht deklarierte Gelder" bei der Einführung des Euro ersatzlos verfallen. Sie bieten dann an, den Eigentümern bei einer sicheren Anlage dieser Gelder behilflich zu sein. Das ist Panikmache mit dem Ziel, an diese Vermögenswerte heranzukommen. Daher sollte sich niemand auf derartige Angebote einlassen. Das Geld ist in der Regel verloren, wenn es derartigen „Beratern" in die Hände fällt. Sollte es sich dabei tatsächlich um Schwarzgeld handeln, hat der vertrauensselige Besitzer später in der Regel nicht einmal die Möglichkeit, juristisch gegen die Betrüger vorzugehen, da er sich dann gegenüber den Behörden „outen" müsste und selbst Gefahr läuft, bestraft zu werden. Darauf verlassen sich die Betrüger.

Wer – aus welchen Gründen auch immer – Bargeldbestände nicht bis zum 28. Februar 2002 tauschen will oder kann, geht kein Risiko ein. Die nicht mehr gültigen Schillinge und Groschen können später jederzeit zur Nationalbank oder einer ihrer Zweigstellen gebracht werden. Jeder Schilling wird zeitlich unbegrenzt zum festgelegten Kurs (13,7603) gegen Euro eingetauscht – gebührenfrei. Allerdings müssen die Zinsverluste beachtet werden: Bargeld bringt keine Rendite.

Geltungsbereich des Euro

Wie groß ist der Geltungsbereich des Euro als gesetzliches Zahlungsmittel?

Gesetzliches Zahlungsmittel war der Euro zunächst in den elf Mitgliedsländern der EU, die sich 1999 zur Europäischen Währungsunion zusammengeschlossen haben; seit 2001 sind es zwölf Länder:

- Belgien
- Frankreich
- Luxemburg

- Portugal
- Deutschland
- Italien
- Niederlande
- Spanien
- Finnland
- Irland
- Österreich
- Griechenland (seit 1.1.01)

Der Euro ist auch gesetzliches Zahlungsmittel in den französischen Überseedepartements
- Guyana
- Guadeloupe
- Martinique
- Réunion.

Dazu kommen die französischen Territorialgebiete
- Mayotte
- St.-Pierre-et-Miquelon

Gesetzliches Zahlungsmittel auf Grund von Abkommen mit der Währungsunion ist der Euro auch in den souveränen Kleinstaaten
- Vatikan
- Monaco
- San Marino

Diese Staaten haben zudem das Recht, in bestimmter Menge eigene Euro-Münzen zu prägen, die in der gesamten Währungsunion gelten. Daneben gibt es noch zahlreiche **angeschlossene Gebiete,** die den Euro direkt oder indirekt als Zahlungsmittel verwenden.

Gesetzgebung

Wie viele Gesetze müssen anlässlich der Umstellung auf Euro geändert werden?

Allein auf Bundesebene müssen für die Umstellung auf Euro als gesetzliches Zahlungsmittel rund 600 Gesetze geändert werden, in denen bisher von Schilling und Groschen gesprochen wurde. Auch auf Landesebene und im Bereich der Kommunen muss eine große Zahl von Gesetzen und Vorschriften angepasst werden. In der überwiegenden Zahl der Fälle geht es dabei allerdings um eine bloße redaktionelle Korrektur: Statt Schilling und Groschen heißt es dann Euro und Cent. In vielen Fällen sind allerdings auch Rundungen und Glättungen erforderlich. Bei den staatlichen **Abgaben** erfolgt dies aufkommensneutral bzw. bei der überwiegenden Zahl zu Gunsten der Bürger – zum einen schon allein deshalb, um den privaten Unternehmen mit gutem Beispiel voranzugehen und auch gegenüber der Bevölkerung eine positive „Außenwirkung" zu hinterlassen; andererseits, weil die automatisierte Verarbeitung von Beträgen mit Nachkommastellen nicht vorgesehen oder nur mit erheblichen Anpassungskosten möglich wäre. Bei den Ländern, Städten und Gemeinden erfolgt das Auf- und **Abrunden** sehr unterschiedlich (siehe Beispiel **Geldstrafen**).

In vielen Fällen ging es aber auch um substanzielle Änderungen. So musste in den Euro-Einführungsgesetzen zum Beispiel entschieden werden, ob Aktien oder Anleihen auch einen „krummen" Nennwert haben dürfen und dass in Österreich – wie bereits seit langem in anderen großen Industrieländern üblich – nennwertlose Wertpapiere zugelassen werden. Die nationalen bzw. europäischen Gesetzgeber mussten zudem entscheiden, ob in der Übergangszeit eine doppelte **Preisauszeichnung** nur freigestellt oder vorgeschrieben wird (wie in Österreich).

Gesetzliche Pensionsversicherung

Wann und wie werden die Zahlungen der Pensionsversicherungsanstalten auf Euro umgestellt?

Siehe dazu: **Pensionen**

Gesetzliche Zahlungsmittel

Was bedeutet es, dass der Euro gesetzliches Zahlungsmittel wird?

Von dem Tag an, an dem der Euro gesetzliches Zahlungsmittel innerhalb der Währungsunion wird (1. Jänner 2002), können alle in Geld ausgedrückten Verpflichtungen oder Leistungen in Euro erbracht werden – und zwar gleichermaßen in allen Mitgliedsländern der Europäischen Währungsunion. Jeder Schuldner kann seine **Kredite** und andere **Schulden** damit zurückzahlen. Alle **Löhne** werden von da an in Euro berechnet und ausgezahlt, Guthaben auf **Gehaltskonten** lauten dann auf Euro. Die Preisumstellung muss abgeschlossen sein.

Je nach Dauer der **dualen Phase** verlieren die bisherigen nationalen Zahlungsmittel (Schilling, D-Mark, Gulden, Franc usw.) bis spätestens 28. Februar 2002 ihre Gültigkeit. In Österreich und in vielen anderen Ländern der Währungsunion können alte und neue Währung noch bis dahin zum Einkaufen und für andere Barzahlungen verwendet werden. Danach können sie bei der Nationalbank und ihren Zweigstellen zum fixen Umtauschkurs unbefristet gegen Euro eingetauscht werden. Wer in Österreich in ein paar Jahren noch altes Geld in einer Schublade findet, muss daher keinen Verlust befürchten. Die Bestimmungen dazu sind aber nicht in allen Ländern gleich. Das gilt auch für die Restbestände in der Urlaubskasse (sofern es sich um Währungen von Mitgliedsländern der Währungsunion handelt). Dollar, **Schweizer Franken** oder andere Währungen, die nicht aus Ländern der Union stammen, können ebenso wie heute jederzeit gegen Euro gekauft und wieder zurückgewechselt werden, sind innerhalb der Währungsunion aber keine gesetzlichen Zahlungsmittel.

Gewinnbeteiligung

Kann sich durch die Währungsunion etwas an der Gewinnbeteiligung bei meiner Lebensversicherung ändern?

Im Prinzip nicht. Die Versicherungen werden ihre Kunden nach wie vor an den Überschüssen beteiligen, die sie durch die Anlage der Beitragszah-

lungen auf dem Kapitalmarkt erwirtschaften. Viele der Unternehmen hoffen aber, als Folge der Währungsunion bessere Erträge als zuvor erzielen zu können. Sie finden in dem erweiterten Währungsgebiet bessere und zusätzliche Möglichkeiten der Kapitalanlage. Hinzu kommen deutliche Kosteneinsparungen, weil die Versicherungsgesellschaften ihre Geldanlagen nicht mehr durch Kurssicherungsgeschäfte gegen die zuvor immer wieder auftretenden Währungsschwankungen absichern müssen. Das kann zu höheren Auszahlungen bei Fälligkeit der Lebensversicherung führen.

Die Gewinnanteile, die bereits gutgeschrieben wurden, bleiben in jedem Fall erhalten. Anders als bei Aktien oder Immobilienwerten, die auch in nationalem Geld gerechnet immer wieder Kurs- oder Preisschwankungen unterliegen, bleiben bei Lebensversicherungen bereits erreichte Gutschriften als Vermögenswert konstant. Sie werden lediglich in Euro umgerechnet. Ihr realer Wert, die **Kaufkraft**, bleibt unverändert.

Gold

Sind diejenigen, die Gold kaufen, bei der Umstellung von Schilling auf Euro auf der sicheren Seite?

Das wäre nur dann der Fall, wenn der Goldpreis in den kommenden Jahren deutlich steigen würde – was aus heutiger Sicht keineswegs sicher ist. Seit den Achtzigerjahren jedenfalls ist der Goldpreis – von kurzfristigen Ausschlägen nach oben abgesehen – tendenziell stark gefallen. Wer damals eingestiegen ist, hat also ein Verlustgeschäft gemacht. Gold ist keine Garantie für Werterhalt, sondern ein Spekulationsobjekt, das im Preis je nach Angebot und Nachfrage stark schwankt. So fiel es 1997/98 von rund 385 Dollar je Feinunze zeitweise auf 275 Dollar.

Hinzu kommt, dass Gold im Gegensatz zu anderen Geldanlagen weder Zinsen noch Dividende bringt. Es verursacht statt dessen unter Umständen noch Lagerungskosten und ist mit Kauf- und Verkaufsspesen sowie eventuell mit Steuerzahlungen belastet. Selbst ein stabiler Goldpreis führt daher zu einem empfindlichen Verlust gegenüber Geldanlagen in festverzinslichen Werten oder anderen rentierlichen Investitionen. Wer das gelbe Metall selbst verwahrt,

spart zwar Depotgebühren, geht aber das Risiko ein, dass der Schatz geraubt wird.

Vorsicht: Während es beim Euro keinen schlüssigen Beweis dafür gibt, dass die Inflationsrate nennenswert höher ausfallen wird, als es unter sonst gleichen Umständen beim Schilling der Fall wäre, spricht vieles für die Vermutung, dass eine Anlage in Gold schließlich mit Verlusten verbunden sein kann.

Gültigkeit alter Banknoten und Münzen

Wann verlieren die alten nationalen Zahlungsmittel ihre Gültigkeit?

Siehe dazu: **Bargeldumtausch für Verbraucher**

Historische Beispiele

Ist die europäische Währungsunion ein einmaliges Wagnis oder gibt es dafür historische Vorbilder?

Selbst wenn manche Bürger Österreichs und anderer EWU-Länder der Währungsunion mit Vorbehalten gegenüberstehen – etwas sensationell Neues ist das Vorhaben nicht. Der Übergang zum Euro ist zwar die größte, aber nicht die erste Währungsunion.

Zum Beispiel haben die USA 1792 die Währungen der 13 Gründerstaaten vereinheitlicht, die Schweiz 1848 die Einzelwährungen der Kantone. Immerhin zählen US-Dollar und Schweizer Franken heute zu den wichtigsten Währungen der Welt.

In Europa war vor allem die zweite Hälfte des 19. Jahrhunderts eine Zeit weit reichender Veränderungen. Die Industrialisierung brachte eine Vervielfachung des Welthandels. Es bildeten sich größere politische Einheiten, Freihandelsbewegungen entstanden. Ein Modernisierungsschub setzte ein.

Bei der Weltausstellung 1851 in London wurde eine international einheitliche Recheneinheit diskutiert. Die „Weltgeldbewegung“ lebte auf. Ihr Ziel war eine Weltwährung aus Gold. Eine entsprechende Resolution wurde jedoch nicht umgesetzt, obwohl sich Staaten wie Österreich und Schweden bereits darauf vorzubereiten begannen.

Regionaler Kern der Weltgeldunion sollte die **Lateinische Münzunion** sein. Im Jahre 1865 unterzeichneten Frankreich, Belgien, Italien und die Schweiz den Vertrag zu dieser Union, der einige Jahre später auch Griechenland beitrat. Das offizielle Austauschverhältnis lautete: 1 französischer Franc = 1 belgischer Franc = 1 Schweizer Franken = 1 italienische Lira = 1 griechische Drachme. Alle Münzen durften im Unionsgebiet zirkulieren.

Mehr als die Währungen wurde in dieser von Frankreich dominierten Münzunion nicht vergemeinschaftet. Als der Preis für Silber stieg, waren zwar alle Mitglieder der Münzunion betroffen, sie reagierten jedoch unkoordiniert, jeder konzentrierte sich nur auf die eigene Volkswirtschaft. Es kam zu immer größeren Problemen, nicht zuletzt als Italiens Staatshaushalt aus Anlass des Krieges mit Österreich in eine Krise geriet. Offiziell begraben wurde die Union wegen der hohen Auflösungskosten erst 1927.

Erfolgreicher war die **Skandinavische Währungsunion**, der Schweden, Dänemark und Norwegen angehörten und die von 1872 bis 1931 bestand. Eine gemeinsame Goldwährung wurde eingeführt. Die Währungsunion funktionierte anfangs klaglos, ab der Zeit des Ersten Weltkriegs traten jedoch zunehmend Schwierigkeiten auf. Die Wirtschaft der Staaten entwickelte sich unterschiedlich, schließlich wurde die Währungsunion außer Kraft gesetzt.

Ein kürzeres Leben war der **Deutsch-Österreichischen Währungsunion** von 1857 beschieden. Ihr gehörte neben den zahlreichen deutschen Staaten und Österreich auch Liechtenstein an. Der „Vereinsthaler“ wurde als gemeinsames Zahlungsmittel, parallel zu den Landeswährungen, etabliert. In den nördlichen Staaten wurde mit dem Taler gezahlt, in den südlichen, wie Österreich, mit Gulden. Die unterschiedliche Haushaltspolitik der Staaten und der Preußisch-Österreichische Krieg mit der Niederlage der Österreicher bei Königgrätz beendeten 1866 diese Währungsunion.

Als Folge des Ausgleichs zwischen Österreich und Ungarn 1867 wurde das Äußere der Münzen und später des Papiergelds geändert. Eine Seite der Noten war deutsch beschriftet, die zweite Seite ungarisch.

Eines der im Nachhinein erfolgreichsten Beispiele in Bezug auf die Währung ist die Schweiz. Die Währungshoheit der Kantone hat dazu geführt, dass es, wie bei der Münzreform von 1848 festgestellt wurde, gleich 319 verschiedene Münzen gegeben hat. Nach der Vereinigung der Schweizer Kantone zum Bundesstaat **Schweizer Eidgenossenschaft** wurde die Münzhoheit dem Bund zugewiesen.

Die Beispiele aus dem 19. Jahrhundert können natürlich nicht direkt mit der Europäischen Währungsunion von 1999 verglichen werden: Die politischen, wirtschaftlichen und rechtlichen Rahmenbedingungen waren völlig anders, und eine Institution wie die **Europäische Zentralbank,** die bei einer Krise koordiniert für alle vorgegangen wäre, hat nie existiert.

Auch die **Beispiele** für bestehende Währungsunionen aus jüngerer Zeit sind meist nur bedingt mit der Europäischen Währungsunion vergleichbar. Insbesondere der jüngste Währungszusammenschluss – die **deutsch-deutsche Währungsunion** im Jahr 1990 – basiert auf völlig unterschiedlichen Voraussetzungen.

Homebanking

Kann es bei der Umstellung der Konten auf Euro beim Homebanking zu Problemen kommen?

Seit 1999 können auch Privatleute Konten in Schilling oder in Euro führen. Überdies konnte seit Beginn der Währungsunion jeder wählen, ob bei einer Überweisung oder beim Ausfüllen eines Schecks der Betrag in Euro oder in Schilling angegeben wurde. Selbst auf einem Schilling-Konto konnten also Euro-Gutschriften eingehen oder Abbuchungen in Euro vorgenommen werden. Dies wurde von der Bank auf dem Kontoauszug vermerkt, der Betrag dann umgerechnet und in Schilling verbucht. Aktien- und andere Wertpapiergeschäfte werden seit 1999 nur in Euro abgerechnet.

Deshalb wiesen die Kreditinstitute schon seit 1999 auch Euro-Daten auf den Konten aus. Die Anbieter von Homebanking-Software mussten sich aus diesem Grund ebenfalls sehr früh auf den Euro einstellen. Das ist allerdings nicht immer gelungen. So gab es bei „Money“ große Probleme, die offenbar nicht in

den Griff zu bekommen waren. Vermutlich war das einer der Gründe dafür, dass Microsoft sein Programm „Money" ganz vom Markt zurückzog. Auch „Quicken" konnte die Probleme lange Zeit nicht in den Griff bekommen. Nutzer von Homebanking-Programmen sollten deshalb sehr sorgfältig testen, ob bei ihnen derartige Probleme auftauchen. Eine fehlerhafte Darstellung von Konten und Buchungen könnte sonst Anfang 2002 zu erheblichen Probleme führen.

Den Anwendern älterer Homebanking-Programme, die keine unangenehmen Überraschungen erleben wollen, bleibt wohl nur die Möglichkeit, sich von der Bank Ende 2001 alle noch nicht übernommenen Buchungen zu holen und dann das Konto abzuschließen. Nachdem das Kreditinstitut das Konto automatisch umgestellt hat, muss im eigenen Programm wie nach der ursprünglichen Installation ein neues Konto eröffnet werden, das dann von vornherein nur mit Euro-Werten arbeitet.

Um jedes Risiko zu vermeiden, sollten Nutzer von Homebanking-Programmen vor einer kompletten Euro-Umstellung ihres Kontos unbedingt die neuesten Updates herunterladen. Allerdings lassen sich auch dann nicht alle Konten automatisch umstellen, da die Banken bei der Kontenumstellung technisch sehr unterschiedlich vorgehen. Das lässt sich nicht immer in der Software vorausahnend abbilden. Manche rechnen nur um, andere legen die Konten ganz neu an. Deshalb ist dringend anzuraten, in jedem Fall kurz vor Jahresschluss alle Kontoumsätze abzurufen, das Konto zu schließen und nach der Umstellung durch die Bank dann die neuen Daten abzurufen. Bei einigen Kreditinstituten kann es aber sein, dass sie nicht die erforderliche Währungsinformation liefern, um zu erkennen, in welcher Währung ein Betrag zu- oder abgebucht wurde. Das könnte bei den Betroffenen in den ersten Tagen nach der Umstellung Verwirrung stiften.

Hinweis: Anwender von Homebanking-Software sollten bei dem jeweiligen Kreditinstitut rechtzeitig fragen, wie die Kontenumstellung vorgenommen wird und welche Vorkehrungen bei der jeweils eingesetzten Software gegebenenfalls erforderlich sind.

Immobilien und andere Sachwerte

Ist es sinnvoll, Immobilien und andere Sachwerte zu kaufen, weil deren Wert auch erhalten bleibt, wenn der Euro „weich" wird?

Bei der Anlage der Ersparnisse in Immobilien muss immer – also ganz unabhängig von der Währungsunion – überlegt werden, welche Anlageziele verfolgt werden. Grundstücke und Wohnungen, die nicht zu eigenen Wohnzwecken erworben werden, können beim späteren Wiederverkauf zu relativ hohen Gewinnen führen. Aber das setzt voraus, dass der Erwerber lange genug warten kann. Solche Wertsteigerungen treten in der Regel erst nach Jahren ein. Bei einem Wiederverkauf vor Ablauf von zehn Jahren wird Spekulationssteuer fällig. Da es keinen Grund zu der Annahme gibt, dass der Euro prinzipiell stärker durch Inflation gefährdet sein könnte, als es der Schilling war, empfiehlt es sich, auch beim Kauf von Sachwerten nicht von den Anlageentscheidungen abzuweichen, die man sonst treffen würde.

Samariter oder Ängstemacher?

Immobilien, die nur unter dem Gesichtspunkt gekauft werden, erspartes Geld vor den inflationären Gefahren zu schützen, werden nur in den seltensten Fällen die erhoffte Sicherheit oder gar satte Gewinne bringen. Angst ist bei Geldgeschäften immer ein schlechter Ratgeber. Groß ist dagegen die Gefahr, dass clevere Geschäftemacher die Gunst der Stunde nutzen, um unerfahrenen Kunden Grundstücke und Häuser anzudrehen, für die sie sonst nur schwer und zu niedrigeren Preisen einen Interessenten finden können. Wenn Ihnen ein Anbieter Immobilien mit dem Hinweis anbietet, dies sei ein sicherer Schutz vor Währungsrisiken, dann sollten Sie sich immer fragen, warum er Ihnen das angeblich wertsichere Grundstück verkaufen will und selber dafür das nach seinen Worten gefährdete Geld nimmt. Prüfen Sie, ob es sich um einen Samariter handelt oder nur um jemanden, der Ängste schürt, um Geschäfte zu machen. Kaufen Sie nur, wenn Sie auch unter anderen Umständen gekauft hätten: weil Sie bauen wollen, weil Sie Geld sinnvoll anlegen wollen, weil Sie von künftigen Wertsteigerungen überzeugt sind.

Sachwerte, zu denen neben Kunstgegenständen auch **Münzen,** Bilder und **Briefmarken** oder **Gold** gehören, sollten vor allem dann erworben werden, wenn man sich wirklich dafür interessiert oder Gefallen daran findet. Gewinne sind oft nur schwer zu realisieren, und eine Verzinsung gibt es ohnehin nicht. Wer mit Blick auf den Euro auf Zinsen verzichtet, muss schon mit mindestens 4 bis 6 Prozent jährlichem Wertzuwachs bei seinem Grundstück rechnen, um mit unverzinslichen Sachanlagen nicht schlechter zu fahren als beispielsweise mit **Anleihen.** Ob ein späterer Wiederverkauf möglich ist, hängt zudem bei Immobilien von der Marktlage ab.

Inflationsgefahr

Muss befürchtet werden, dass nach dem Ende des Schilling die Gefahr einer Inflation wächst und die früheren Ersparnisse dadurch an Wert verlieren?

Am Tag der Einführung besaß der Euro eine größere **Kaufkraft** als der Schilling. Das hängt mit dem Faktor der **Umrechnung** zusammen, bedeutet aber wegen des **wertgleichen** Umtauschs keine Änderung der realen Einkommen. Da der Währungsunion nur Länder beitreten können, die über eine stabile Währung verfügen, war der Euro nicht „von Geburt an“ weicher als der Schilling. Dies könnte zwar im Laufe der kommenden Jahre eintreten. Doch niemand kann sagen, ob es dem Schilling dann nicht ähnlich ergangen wäre. Gegen steigende Rohölpreise und andere Einflüsse kann die Währungspolitik nur in sehr begrenztem Umfang etwas ausrichten.

So geringe Preissteigerungsraten, wie sie in den Neunzigerjahren in Österreich, Deutschland und den Partnerländern registriert wurden, sind auf die Dauer ohne Unterbrechung nicht zu halten. Auch die Oesterreichische Nationalbank hat früher die Geldentwertung nicht immer auf einem so niedrigen Niveau halten können Wenn der Staat und die Tarifvertragsparteien nicht mitspielen oder wichtige Importpreise (wie der Rohölpreis) stark steigen, haben es die Währungshüter schwer, ihre Aufgabe zu erfüllen. Auch politisch bewirkte Preiserhöhungen – zum Beispiel ausgelöst durch Anhebung der

Mehrwertsteuer oder eine Ökosteuer – lassen sich durch geldpolitische Maßnahmen nicht aus der Welt schaffen.

Die Staaten, die gleichzeitig mit Österreich der Währungsunion beitraten, hatten anfangs ähnlich niedrige Inflationsraten wie hierzulande – zum Teil sogar geringere. In Irland stieg sie jedoch im Jahr 2000 auf 5,6 Prozent. Nach einer Rüge aus Brüssel ist die irische Inflationsrate wieder gesunken.

Die Wirtschaftsforscher des WIFO schätzen, dass die heimische Inflationsrate allein ohne EU-Beitritt um etwa ein Prozent höher gelegen wäre. Österreichische Haushalte ersparen sich dadurch ingesamt etwa 15 Milliarden Schilling pro Jahr.

Ins und Outs

Was versteht man im Zusammenhang mit der Europäischen Währungsunion unter der oft verwendeten Bezeichnung „Ins" und „Outs"?

Das ist nichts anderes als ein Anglizismus für die Länder, die die Aufnahmebedingungen (**Konvergenzkriterien**) für den Beitritt zur Europäischen Währungsunion erfüllen (Ins), und die anderen, die es zumindest im ersten Anlauf 1999 nicht geschafft haben oder die zunächst noch freiwillig abseits stehen (Outs). Es gibt aber über ein **EWS II** enge Bindungen zwischen den Teilnehmern und den Outs (Großbritannien, Dänemark, Schweden).

Internet

Was ändert sich durch den Euro bei der Internet-Nutzung?

Seit 1999 haben bereits zahlreiche Unternehmen ihre Preise im Internet in Euro angegeben, um Kunden aus anderen Ländern anzusprechen. Ab 2002 werden alle Preise von Anbietern, die ihren Sitz innerhalb der Währungsunion haben, in Euro angegeben. Auch Unternehmen und Dienstleister aus EU-Ländern, die nicht der Währungsunion angehören, tun dies bereits

oder werden es aus Wettbewerbsgründen immer häufiger tun. Das wird dem gesamten **E-Commerce** starken Auftrieb geben. Denn über 300 Millionen Menschen verwenden ab 2002 die gleiche Währung und können ohne Umrechnungsprobleme Preise von Anbietern aus verschiedenen Mitgliedsländern vergleichen.

Inverse Kurse

Warum ist die Verwendung „inverser Kurse" bei der Umrechnung alter Währungen in Euro nicht erlaubt?

Während der Übergangsfrist von 1999 bis zur endgültigen Abschaffung der alten nationalen Währungen im Jahr 2002 kam es millionenfach zu Umrechnungen zwischen Euro und den alten Währungen. Das wird auch in Zukunft immer wieder erforderlich sein, wenn auf „historische Daten" zurückgegriffen werden muss. Dabei darf es nur zu minimalen Rundungsdifferenzen kommen, damit niemand beim Umrechnen geschädigt oder Daten verfälscht werden.

Um dies zu verhindern, gibt es eine EU-Vorschrift, wonach alle Rechnungen dieser Art mit sechs **signifikanten Ziffern** (in Österreich mit mindestens zwei Stellen vor dem Komma und vier Stellen nach dem Komma) durchgeführt werden müssen. Erst danach darf nach den üblichen kaufmännischen **Rundungsregeln** verfahren werden.

Damit diese Rechnungen immer zum gleichen Ergebnis führen, müssen sie stets auf dem Umweg über den Euro ausgeführt werden. Der Schilling (oder Franc, Gulden usw.) muss also immer durch den entsprechenden Euro-Kurs (13,7603) dividiert werden. Es darf nicht umgekehrt (oder invers) der Euro-Betrag mit dem entsprechenden Schilling-Umrechnungsfaktor (1 Schilling = 0,07267) multipliziert werden. Das würde beim einmaligen Umrechnen kleiner Summen zwar nicht weiter ins Gewicht fallen, bei größeren Beträgen oder häufigem Umrechnen aber zu erheblichen realen Rundungsdifferenzen führen.

Aus dem gleichen Grund müssen die alten nationalen Währungen immer auf dem vorgeschriebenen Weg über den Euro umgerechnet werden und nicht direkt von einer Währung in die andere. Das galt bis Ende 2001 auch für jede

Überweisung oder Abbuchung vom Konto, wenn der Zahlbetrag von der Währung abwich, in der das Konto geführt wird.

Beispiel:

1.000 Schilling : 13,7603 = 72,6728 (= rund 72,673 Euro)
72,673 Euro x 1,95583 = 142,13603 (= rund 142,14 DM)
(1 Euro = 13,7603 Schilling/1,95583 DM)

Investmentfonds

Gibt es Unterschiede zu anderen Wertpapieren bei der Umstellung?

Anteile an Investmentfonds wurden wie alle anderen Geld- und Vermögenswerte behandelt. Das heißt: Es fand 1999 eine **wertgleiche** Umrechnung in die neue Währung statt. Im Grundsatz wird die Umstellung ähnlich vorgenommen wie bei **Aktien** oder **Anleihen,** aus denen sich das Vermögen der Fonds im Allgemeinen auch zusammensetzt.

Jetons

Behalten die alten Jetons von Spielbanken auch nach der Umstellung auf Euro ihre Gültigkeit?

Die unterschiedlichen Werte der verschiedenen Jetons bei Spielbanken werden nur durch Zahlen und nicht durch Währungsangaben gekennzeichnet. Niemand sieht ihnen an, ob sie mit Schilling oder Euro bezahlt wurden. Da sie bei Verlassen des Casinos oft nicht zurückgegeben werden, könnte ein Spieler die gegen Schilling erworbenen Chips nach der endgültigen Geldumstellung im Jahr 2002 gegen Euro einlösen. Da hundert Euro aber rund 14-mal so viel wert sind wie die früher dafür ausgegebenen hundert Schilling, würde er – diesmal ohne jedes Risiko – einen schönen Gewinn auf Kosten der Spielbank machen. Es würde sich lohnen, Jetons zu horten.

Deshalb blieb den Casinos keine andere Wahl, als spätestens 2002 neue Je-

tons einzuführen, die nur mit Euro bezahlt werden können und sich deutlich von älteren Spielmarken unterscheiden. Die von den Casinos Austria hergestellten Jetons enthalten außerdem, ähnlich wie die neuen Euro-Geldscheine, mit freiem Auge nicht sichtbare Hochsicherheitspigmente, die nicht reproduzierbar sind und höchste Fälschungssicherheit bieten. Alte Schilling-Jetons können in Zukunft jederzeit und ohne Frist umgewechselt werden.

Kaufkraft

Hat der Euro die gleiche Kaufkraft wie der Schilling oder ist er weniger wert?

An der realen Kaufkraft ändert sich durch den Austausch der Währungen grundsätzlich nichts. Alle in Geld ausgedrückten Werte werden mit dem gleichen Faktor umgerechnet. Das ist im Prinzip nicht anders als zum Beispiel beim Tausch von Schilling in US-Dollar. Aber da der Tauschkurs von Schilling zu Euro bei rund 14 zu eins liegt, ist **ein** Euro auch mehr wert als **ein** Schilling, nämlich etwa rund 14-mal so viel. In Frankreich ist der Euro sechsmal so viel wert wie ein Franc, in Deutschland doppelt so viel wie eine Mark.

Die Kaufkraft des Euro wird in den meisten Mitgliedsländern der europäischen Währungsgemeinschaft also deutlich höher sein als die Kaufkraft der bisherigen nationalen Währung – allerdings ohne dass die Bürger dadurch reicher werden. Denn alle Preise, Löhne Mieten, Aktienkurse usw. werden mit dem gleichen Faktor umgerechnet. Dieser ist allerdings von Land zu Land verschieden (siehe Tabelle der Umrechnungskurse, Seite 183). Denn bei der Umstellung auf Euro und der Fixierung der **Umrechnungsfaktoren** für die einzelnen Währungen wurden die Wechselkurse zugrunde gelegt, die auch vorher zwischen den Währungen der beteiligten Länder und der europäischen Recheneinheit **ECU** bestanden. Es sind also nicht willkürlich von den Politikern festgelegte Umrechnungsfaktoren, sondern die Wertverhältnisse, die sich zwischen den alten nationalen Währungen vor Beginn der Währungsunion herausgebildet haben.

Als Einzige in der Währungsunion erhielten die Iren für ihr Pfund nominal mehr Euro. Der Grund: **Ein** irisches Pfund war seit Jahren mehr wert als **ein**

Schilling. Beim Umtausch mussten 1998 rund 18 Schilling dafür gezahlt werden. Deshalb bekommen Iren für ein Pfund umgerechnet 1,26 Euro. Doch auch sie werden dadurch weder reicher noch ärmer. Denn während in Österreich alle Preise, Mieten oder Schulden rund 14-mal „niedriger“ werden, steigen sie auf der grünen Insel bei einer Umrechnung. Was vorher 5 Pfund kostete, wird in Euro beispielsweise mit 6,34 berechnet. Doch da sich auch auf der Insel alle Geldwerte nur optisch verändern, bleiben die Relationen zwischen Einkommen, Preisen, Schulden usw. gleich, die Kaufkraft der Bürger also unverändert.

Innerer Wert und Außenwert des Euro

Wie bei jeder Währung muss auch beim Euro zwischen der Entwicklung der inneren Kaufkraft und dem Außenwert unterschieden werden.
Die Entwicklung der inneren Kaufkraft hängt davon ab, ob die Preissteigerungsrate (Inflationsrate) unter Kontrolle gehalten werden kann.
Der Außenwert (Wechselkurs gegenüber wichtigen anderen Währungen) hängt davon ab, wie der Euro an den Devisenmärkten bewertet wird. Der wichtigste Maßstab dabei ist der Kurs gegenüber dem Dollar. Dessen Entwicklung wird vom Verhältnis von Angebot und Nachfrage an den Devisenmärkten bestimmt, von spekulativen Käufen, aber auch von der unterschiedlichen Höhe der Zinsen in der Währungsunion und in den USA. Auch das jeweilige Wirtschaftswachstum, Defizite in der Außenhandelsbilanz oder die Arbeitslosenquote spielen bei der Einschätzung von Währungen am Markt eine wichtige Rolle. Da sich rund 65 Prozent des Außenhandels der EU-Länder seit Bildung der Währungsunion im eigenen Währungsraum abspielen, werden die wirtschaftlichen Beziehungen der Partnerländer durch schwankende Wechselkurse nicht mehr so stark gestört wie früher. Der Außenwert der Währung hat daher seit 1999 für die Länder der Euro-Zone stark an Bedeutung verloren.

Konvergenzkriterien

Welche Voraussetzungen müssen die EU-Staaten erfüllen, wenn sie der Währungsunion beitreten wollen?

Für den Beitritt zur Europäischen Währungsunion wurden im Vertrag von Maastricht bestimmte Voraussetzungen festgelegt: die so genannten Konvergenzkriterien. Sie mussten von den elf Gründungsmitgliedern und später von Griechenland erfüllt werden. Das gilt auch für künftige Mitglieder. Dadurch sollte erreicht werden, dass die Währungsunion nicht nur vom Start weg eine Stabilitätsgemeinschaft war. Sie soll es auch in Zukunft bleiben. Seit 1999 ist statt der nationalen Zentralbanken die **Europäische Zentralbank** für die Aufrechterhaltung der Geldwertstabilität zuständig.

Konvergenzkriterien, die vor dem Beitritt zur Währungsunion erfüllt werden mussten:

- Der Anstieg der Verbraucherpreise durfte das Mittel der drei preisstabilsten Länder um nicht mehr als 1,5 Prozentpunkte übersteigen.
- Die Währung des betroffenen Landes musste bereits dem **Europäischen Währungssystem (EWS)** angehören und durfte in den letzten beiden Jahren nicht abgewertet worden sein.
- Das Niveau der langfristigen Zinsen musste zeigen, dass die Kapitalmärkte der Stabilitätspolitik des jeweiligen Mitgliedstaates vertrauen. Das Zinsniveau durfte deshalb das Mittel der drei bestplatzierten Mitgliedstaaten nicht um mehr als 2 Zinspunkte übersteigen.
- Die Beitrittskandidaten mussten durch ihre Haushaltspolitik die Gewähr dafür bieten, dass sie zukünftig auch innerhalb der Währungsunion eine solide Budgetpolitik betreiben werden.
- Die jährliche Neuverschuldung durfte 3 Prozent des Bruttoinlandsprodukts nicht überschreiten.
- Die gesamte Staatsschuld durfte nicht über 60 Prozent des jährlichen Bruttoinlandsprodukts liegen.

Sinngemäß gelten diese Eintrittsvoraussetzungen auch für alle künftigen Beitrittskandidaten. Sie müssen durch Mitgliedschaft im **EWS II** beweisen, dass

der Kurs ihrer Währung gegenüber dem Euro über einen ausreichend langen Zeitraum stabil ist. Bei den anderen Kriterien werden Abweichungen unter Umständen geduldet, wenn dafür andere Bedingungen übererfüllt sind und die langfristige Haushaltsplanung die Stabilitätsbemühungen des Landes deutlich macht. Die Möglichkeiten der **kreativen Buchführung,** um den Kriterien in jedem Fall zu entsprechen, sind durch fix festgelegte volkswirtschaftliche Berechnungsregeln reduziert.

Kreative Buchführung

Was versteht man unter „kreativer Buchführung" im Zusammenhang mit der Währungsunion?

Damit wurden allerlei Tricks der staatlichen Haushaltsfinanzierung bezeichnet, mit deren Hilfe vor allem die öffentlichen Schulden in der Statistik niedriger erscheinen sollten, als sie tatsächlich waren. Auf diese Art hätten nach Ansicht von Kritikern einige Staaten versucht, die **Konvergenzkriterien** scheinbar zu erfüllen, um trotz unsolider Haushaltsführung doch noch den Beitritt zur Währungsunion zum 1. Jänner 1999 zu schaffen.

Allerdings haben die Statistiker der Europäischen Kommission (Eurostat) dem zumindest zum Teil einen Riegel vorgeschoben. Sie legten Anfang Februar 1997 gemeinsame Regeln für die Berechnung der öffentlichen Verschuldung in den Mitgliedsländern vor. Dies sollte verhindern, dass sich einzelne Länder „gesundrechnen".

Die EU-Länder müssen alle haushaltspolitischen Maßnahmen nach Brüssel melden. Sie werden dann von Eurostat auf Grundlage der für alle verbindlichen volkswirtschaftlichen Gesamtrechnung bewertet. Zusammen mit den statistischen Ämtern der Mitgliedsländer und den Notenbanken wurden strikte Regeln für die Vergleichbarkeit der Daten entwickelt. Das gilt auch für die Zukunft, da die Haushaltspolitik der EWU-Länder sowie aller übrigen EU-Länder einer gegenseitigen Kontrolle unterliegt. Mitglieder der Währungsunion, die gegen den **Stabilitätspakt** verstoßen, müssen unter Umständen **Bußgelder** zahlen.

Auf der Grundlage der so ermittelten Zahlen für das Jahr 1997 stellten die

Staats- und Regierungschefs in der ersten Jahreshälfte 1998 fest, welche Länder die Aufnahmebedingungen (Konvergenzkriterien) für den Beitritt zur Währungsunion erfüllt hatten.

Kredite/Schulden

Was geschieht mit Bankkrediten und sonstigen Schulden bei der Umstellung auf Euro?

Alle Kredite – öffentliche wie private – werden mit dem geltenden **Umrechnungsfaktor** (in Österreich 13,7603) auf Euro-Beträge umgestellt. Das gilt für Schulden ebenso wie bei allen anderen Geldgrößen. Wer Ende 2001 mit 100.000 Schilling in der Kreide stand, muss später 7.267,28 Euro zurückzahlen. Das ist weder für den Schuldner noch für den Kreditgeber ein Vor- oder Nachteil. Denn da auch bei allen anderen in Geld ausgedrückten Werten (**Löhnen,** Preisen, Mieten, Pachten, **Gehaltskonten** usw.) die Umrechnung mit dem gleichen Faktor (Division des Schilling-Betrages durch 13,7603) stattfindet, kann dadurch niemand etwas gewinnen oder verlieren.

Die **Zinssätze** bleiben zwar auf der vertraglich fixierten Höhe. Das heißt: Der Zinssatz ändert sich nicht. Die Zinszahlungen aber werden – in Euro ausgedrückt – ebenfalls umgerechnet und daher entsprechend geringer sein. Zinsgewinne (oder Verluste) sind also auf diese Art auch nicht möglich. Die Umstellung findet hier wie in anderen Bereichen **wertgleich** statt.

Achtung: An allen anderen Vertragskonditionen (außer der Umrechnung in Euro) dürfen keine einseitigen Änderungen vorgenommen werden. Es gilt der Grundsatz der **Vertragskontinuität.** Weisen Sie eventuelle Versuche, unter Hinweis auf die Währungsumstellung Änderungen zu ihren Ungunsten vorzunehmen, deshalb zurück.

Kreditkarten

Was ändert sich durch den Euro bei Kreditkarten?

Grundsätzlich wenig. Kredit- und ec-Karten werden – soweit dies überhaupt noch erforderlich ist – automatisch umgestellt. Neue Karten wer-

den nicht gebraucht. Kreditkarten sind schon jetzt „doppelwährungsfähig“. Nach dem 1. Jänner 2002 können Sie im Inland und den übrigen Mitgliedsländern der Währungsunion damit aber nur noch in Euro zahlen. Bei Reisen in Nicht-EWU-Länder (wie Schweiz, Großbritannien, Schweden, USA, Türkei usw.) wird der Betrag wie auch bisher fast immer in Landeswährung der Kreditkartengesellschaft in Rechnung gestellt. Diese sendet Ihnen wie üblich eine Abrechnung, der Sie den ursprünglichen Betrag in Landeswährung entnehmen und mit Ihrem Zahlungsbeleg vergleichen können. Der Betrag erscheint überdies in Euro, umgerechnet zum jeweiligen Tageskurs. Der Gesamtbetrag der mit der Kreditkarte bezahlten Rechnungen wird von Ihrem Konto in Euro abgebucht – so wie dies früher mit dem Schilling-Konto gehandhabt wurde.

Der Euro war nach 1999 für eine Kreditkarte nur eine weitere Währung. Daher konnten innerhalb der Währungsunion Rechnungen im Einzelhandel, in Restaurants, beim Kauf von Flugscheinen, Bahn- oder Theaterkarten schon vor 2002 wahlweise in Landeswährung (Schilling, Franc, Peseta, Lire, D-Mark usw.) oder mit Euro bezahlt werden.

Für die Kreditkartenunternehmen wird es durch den Euro einfacher als bisher. Spätestens 2002 wird die Zahl der verwendeten Währungen in Europa deutlich geringer, weil der Euro zwölf der bisherigen Zahlungsmittel ersetzt. Wechselkursschwankungen zwischen dem Tag des Einkaufs und der Abbuchung gibt es im Bereich der Währungsunion schon seit 1999 nicht mehr. Deshalb stellt sich auch die Frage, ob es noch gerechtfertigt ist, einem Österreicher, der in Frankreich oder einem Italiener, der in Deutschland per Kreditkarte mit Euro bezahlt, etwa ein Prozent Bearbeitungsgebühr für den Auslandseinsatz der Karte in Rechnung zu stellen. Ein Linzer, der in Wien per Kreditkarte einkauft, wird dafür schließlich auch nicht durch höhere Gebühren „bestraft“. Spätestens ab 2002 stellt sich diese Frage noch einmal in verschärfter Form, da dann alle Zahlungen nur noch in Euro erfolgen.

Wechseln hilft Sparen

Verschiedene Kreditkartenunternehmen haben schon im Jänner 1999 erklärt, dass sie auf die bis dahin allgemein übliche Auslandsgebühr von ein bis zwei Prozent des Rechnungsbetrages verzichten, wenn der Kunde innerhalb des Währungsgebiets mit Euro bezahlt. Falls Ihre Kreditkarten-

gesellschaft auch nach dem 1. Jänner 2002 eine solche Gebühr fordert, könnte das ein Grund sein, zu einem anderen Anbieter zu wechseln. Denn Einkäufe, Hotels, Restaurants in anderen EWU-Ländern werden durch einen Auslandsaufschlag für Sie sonst unnötig verteuert. Erkundigen Sie sich, wie Ihre Kartengesellschaft es damit hält. Ein Wechsel zu einer preiswerteren Organisation ist kein Problem.

Landwirtschaft

Welche Folgen hat die Währungsunion für die europäischen Landwirte?

Die europäischen Marktordnungspreise für landwirtschaftliche Produkte waren in der Europäischen Währungseinheit **ECU** festgelegt. Das führte immer zu erheblichen Schwierigkeiten für die betroffenen Landwirte, wenn es zu Turbulenzen an den Devisenmärkten kam und als Folge davon zu Auf- und Abwertungen einzelner nationalen Währungen gegenüber der Rechnungseinheit ECU. Denn wenn zum Beispiel der Schilling gegenüber den Währungen der übrigen EU-Länder aufgewertet wurde – was in der Vergangenheit immer wieder geschehen ist –, dann stieg damit auch automatisch ihr Kurs im Verhältnis zur Recheneinheit ECU.

Das bedeutete, dass die österreichischen Bauern in Schilling gerechnet weniger Geld für ihre Produkte erhielten. Umgekehrt profitierten die Landwirte in den EU-Staaten, deren Währungen abgewertet wurden, von dieser Entwicklung. Denn für einen ECU erhielten sie mehr Lire oder Francs als zuvor. Da dies zu einer ungerechtfertigten Benachteiligung der Landwirtschaft in den Ländern mit starker nationaler Währung führte, mussten komplizierte Berechnungen angestellt und auf dieser Grundlage staatliche Ausgleichszahlungen geleistet werden. Auf Grund der zeitweise sehr heftigen Schwankungen der Devisenkurse mussten diese Berechnungen täglich vorgenommen werden. Die Ausgleichszahlungen brachten eine entsprechend starke Belastung öffentlicher Kassen mit sich, ohne dass die Landwirte davon wirklich profitieren. Diese Probleme existieren für alle die Landwirte nicht mehr, die ihren Betrieb innerhalb der Währungsunion haben, da dort seit 1999 überall mit gleicher Münze gezahlt wird.

Lebensversicherungen

Was passiert mit meiner auf Schilling abgeschlossenen Lebensversicherung nach der Einführung der Europa-Währung?

Die in Österreich ansässigen Versicherungsunternehmen sind gesetzlich verpflichtet, die eingehenden Prämien überwiegend in der Währung anzulegen, in der die spätere Zahlungsverpflichtung besteht (früher also in Schilling, jetzt in dem größeren Euro-Markt). Die Auszahlung der vertraglich zustehenden Summe fand deshalb bis zum Zeitpunkt der Umstellung auf Wunsch noch in Schilling statt. Ab 2002 findet die Auszahlung nur noch in Euro statt, denn dann ist der Schilling keine gültige Währung mehr.

Sowohl die Beiträge als auch die spätere Versicherungsleistung (Garantiebetrag und **Gewinnbeteiligung**) werden mit dem allgemein geltenden **Umrechnungsfaktor** umgestellt, also durch 13,7603 dividiert. Da sich auch alle anderen Zahlungsgrößen (Löhne, Preise, Mieten usw.) entsprechend ändern, bleibt der reale Wert der Lebensversicherung (die **Kaufkraft**) unverändert. Das Preis-Leistungsverhältnis von Lebensversicherungen wird durch die Umstellung nicht berührt.

Die Lebensversicherung wegen der Euro-Einführung noch vor dem Bargeldumtausch vorzeitig zu kündigen, wäre in jedem Fall ein Fehler. Da die Sicherheit und Rentabilitat durch die Umstellung auf Euro nicht leiden, würden durch einen solchen Schritt nur die Nachteile einer vorzeitigen Kündigung realisiert. Dazu zählt in erster Linie, dass der so genannte Rückkaufswert einer Lebensversicherung umso ungünstiger ist, je früher sie gekündigt wird. Denn die Provision des Vertreters geht in jedem Fall verloren.

Lebensversicherung in Fremdwährung

Können Lebensversicherungen in Schweizer Franken, Dollar und anderen Währungen abgeschlossen werden?

Auch bei ausländischen Unternehmen können Lebensversicherungsverträge geschlossen werden – sowohl bei Gesellschaften, die ihren Sitz in einem anderen Land der Währungsunion haben, als auch in Drittländern wie

der Schweiz, den USA oder Japan. Sie werden dann zum Zeitpunkt der Fälligkeit in der Währung ausgezahlt, in der sie abgeschlossen wurden. Ist die ausländische Versicherung in einem der Staaten ansässig, die der Währungsunion angehören, wird die Auszahlung ebenso in Euro vorgenommen wie bei einer Versicherungsgesellschaft mit Sitz in Österreich.

Wenn der Kunde dies unbedingt wünscht oder das Versicherungsunternehmen ohnehin außerhalb des Euro-Währungsgebiets angesiedelt ist, kann der Betrag auch auf **Schweizer Franken,** Dollar oder Yen usw. lauten. Allerdings besteht in diesem Fall immer ein Kursrisiko. Wenn die Fremdwährung gegenüber der Euro-Währung im Kurs steigt, kann dies zwar zu einem Wechselkursgewinn führen. Im umgekehrten Fall sind aber entsprechende Verluste zu erwarten. Bei einer Kapitalanlage, die – wie eine Lebensversicherung – der Versorgung im Alter dienen soll, muss besonders sorgfältig überlegt werden, ob sie sich für derartige Spekulationen eignet und ob das Wechselkursrisiko eingegangen werden soll. Denn wenn die Auszahlung vereinbarungsgemäß erst in zehn oder 20 Jahren stattfindet, können sich die heutigen Währungsrelationen fundamental verändert haben.

Außerdem muss beachtet werden, dass beim Abschluss von Lebensversicherungen in Fremdwährung unter Umständen Steuervorteile verloren gehen können.

Beispiel: Wer Anfang der Sechzigerjahre eine Lebensversicherung auf Dollarbasis abschloss, musste seine Prämien zunächst bei einem Kurs von rund 29 Schilling je Dollar zahlen, später fast ein Jahrzehnt lang bei einem Kurs von 28 Schilling. Erst danach wurde es billiger, da der Dollarkurs bis 1980 schrittweise auf etwa 14 Schilling fiel. Wenn allerdings die Lebensversicherung nach 20 Jahren fällig wurde, erhielt der Versicherte bei Auszahlung der vereinbarten 100.000 Dollar statt der ursprünglich erwarteten 2.800.000 Schilling beim Umtausch nur noch rund 1.400.000 Schilling ausgezahlt. Dazu kam die so genannte Gewinnbeteiligung, aber auch die war zwischenzeitlich entsprechend abgewertet worden. In einem solchen Fall wird mit teuren Prämien eine abgewertete Leistung erworben. Das kann nicht passieren, wenn man im eigenen Währungsbereich bleibt. Selbst wenn es beim Euro zu einer stärkeren Geldentwertung käme als in der Vergangenheit beim Schilling, würde dies zum Teil

dadurch ausgeglichen, dass auch die von den Lebensversicherungen erwirtschafteten Gewinnbeteiligungen höher ausfallen.

Logo

Wozu ein eigenes Logo für den Euro?

Das Logo ist ein stilisiertes E (rund mit zwei Querstrichen), das aus dem griechischen Buchstaben Epsilon entwickelt wurde. Das € erleichtert die Währungsangabe auf Kurszetteln, an der Devisenbörse und im Schriftverkehr und macht es auch in Drittländern leicht, die europäische Währung zu kennzeichnen.

Löhne/Einkommen

Wie wirkt sich die Umstellung von Schilling auf Euro bei Löhnen und Gehältern aus?

Der Schilling wird – ebenso wie die Währungen der anderen beitretenden Länder – nicht 1:1 in Euro umgetauscht, sondern mit einem seit 1999 fixierten **Umrechnungsfaktor** umgestellt. Dadurch verändern sich zwar alle Geldgrößen, aber die bisherigen Relationen bleiben unverändert und damit auch das Realeinkommen. Einkommen werden ebenso **wertgleich** umgerechnet wie alle anderen vertraglich festgelegten Geldgrößen. Das gilt daher auch für alle anderen Werte, die auf den Lohn- und Gehaltsabrechnungen auftauchen.

Da dem optisch niedrigeren Einkommen entsprechend geringere Abzüge sowie niedrigere Preise für Lebensmittel, **Miete,** Fahrtkosten oder **Steuern** gegenüberstehen, bleibt das Realeinkommen unverändert.

Die **Kaufkraft** eines Euro ist bei einem Umtauschverhältnis von 1:13,7603 höher als die Kaufkraft eines Schillings, denn als Folge der Preisumstellung werden alle Güter und Dienstleistungen nominal billiger, vertragliche Zahlungsverpflichtungen und Schulden rechnerisch niedriger. Da die Umrechnung bei allen Geldgrößen mit dem gleichen Faktor stattfindet, ändern sich Lebensstandard

und Einkommensverhältnisse nicht. Das gilt auch im internationalen Vergleich. Weil der belgische und luxemburgische Franc, die spanische Peseta oder die griechische Drachme einen im Vergleich zum Schilling niedrigeren Kurs haben, müssen Besitzer dieser Währungen pro Euro auch einen zahlenmäßig höheren Betrag aufwenden als ein Österreicher: ein Luxemburger etwa dreimal so viel, ein Spanier rund zwölfmal so viel, ein Grieche etwa 24-mal so viel – in Francs, Peseten und Drachmen gerechnet. Denn ein Euro kostet mehr als 40 luxemburgische Francs, über 160 Peseten und 340 Drachmen.

Maßnahmen im Unternehmen

Welche Bereiche im Unternehmen sind von der Umstellung auf Euro in jedem Fall betroffen?

Das hängt von der Art und Struktur des Betriebes ab. Besonders wichtig ist, ob das Unternehmen starke Außenhandelsbeziehungen hat, ob es Filialen oder Tochtergesellschaften in anderen Ländern besitzt und wie viele Kunden oder Lieferanten ihren Sitz innerhalb oder außerhalb der künftigen Europäischen Währungsunion haben. Vor allem die Geschäftspartner in Drittländern müssen ausführlich über die Umstellung der Währung informiert werden, um Missverständnisse und Probleme zu vermeiden. Berührt von der Umstellung werden aber auch Unternehmen, die nur für den nationalen oder regionalen Bereich tätig sind. Sie müssen ebenfalls interne Vorbereitungen treffen, sich zum Beispiel auch Gedanken darüber machen, wie sie Rechnungen, Lohnzahlung usw. auf Euro umstellen.

Maßnahmen für die Umstellung mussten vor allem in den folgenden Bereichen frühzeitig eingeleitet werden:

- Zahlungsverkehr
- Kostenrechnung
- interne und externe Kommunikation
- Personal, Lohnabrechnung

In allen diesen Bereichen muss ein großer Teil der **Computerprogramme** (Software) umgeschrieben oder ersetzt werden. Aber auch in anderen Sektoren sind je nach Art des Unternehmens technische Umstellungen erforderlich. Beispiele dafür sind:

- Frankiermaschinen (siehe **Briefmarken**)
- Preisauszeichnungsgeräte
- Kassen

Frühzeitig vergeben werden müssen auch Druckaufträge für Formulare, Preislisten oder Werbematerial. Um dies alles planmäßig und vollständig abzuwickeln, sollte eine **Euro-Checkliste** der erforderlichen Maßnahmen erstellt und ein Zeitplan für die Umstellung erarbeitet sowie ein **Euro-Beauftragter** ernannt werden, der direkt der Geschäftsleitung berichtet. Viele Großunternehmen haben bereits 1998 mit den notwendigen Vorarbeiten begonnen.

Spätestens Anfang 2002 muss sich jeder Betrieb vollständig auf den Euro umstellen. Wer das nicht schafft, weil zu spät mit den Vorbereitungen begonnen wurde, könnte erhebliche Wettbewerbsnachteile haben. Deshalb empfiehlt es sich, die Umstellung auch in kleineren Betrieben zur Chefsache zu machen und bereichsübergreifende Verantwortliche festzulegen. Sie müssen alle Tätigkeitsgebiete daraufhin abklopfen, ob und in welcher Form sie von der Umstellung berührt werden. Sie sollten ermitteln, welche Aufgaben sich daraus ergeben und wie offensichtliche Probleme zu lösen sind. Ihnen obliegt es letztlich auch, die verschiedenen Aktivitäten zu koordinieren und die fristgerechte Umsetzung der Planungen zu überwachen.

Besonders wichtig ist eine ausreichende Schulung der Mitarbeiter, deren Aufgabenbereiche von der Umstellung berührt werden. So haben zum Beispiel Testläufe gezeigt, dass Kassierer/innen, die den Umgang mit zwei Kassen und Währungen nicht üben, einem Unternehmen Anfang 2002, wenn noch mit Schilling gezahlt werden kann, das **Wechselgeld** aber in Euro oder Schilling zurückgegeben wird, einem Unternehmen durch häufige Irrtümer schwere Verluste bescheren. Auch die Menge und Stückelung des erforderlichen Wechselgeldes muss genau kalkuliert und durch Testläufe bestätigt werden, damit nicht nach wenigen Stunden der Verkauf eingestellt werden muss. Hilfe dabei kann etwa der **EuroCalculus** bieten. Durch die Anschaffung einer **Bankomat-Kasse** lässt sich der Bargeldumlauf eventuell von vornherein reduzieren.

Sorgfältig vorbereitet werden muss auch die rechtzeitige Information aller

anderen Beschäftigten darüber, wann und wie sich der Übergang zur europäischen Währung im Betrieb für sie auswirkt. Denn spätestens wenn es um die Lohn- und Gehaltsabrechnung geht, ist jeder Arbeitnehmer betroffen. Durch eine ausreichende Aufklärung darüber, dass eine Umrechnung der **Löhne** und Gehälter in Euro nominal zwar zu deutlich niedrigeren Auszahlungsbeträgen führt, aber mit keinerlei realen Einbußen verbunden ist, sollte Irritationen, Ängsten und einer dadurch möglicherweise ausgelösten Störung des Betriebsfriedens vorgebeugt werden.

Zu den wichtigsten Aufgabengebieten der Euro-Beauftragten muss es gehören, neben einer Definition der Bereiche, die von der Umstellung berührt werden, immer auch zu prüfen, welche Vorteile und Chancen die Währungsunion für das eigene Unternehmen bieten könnte. Denn wer sich zu spät mit diesen Fragen beschäftigt, wird später nur noch registrieren können, dass die Konkurrenz nicht so lange geschlafen hat.

Medaillen

Welchen Wert haben Medaillen nach dem endgültigen Abschied von den alten Währungen?

Medaillen sehen **Münzen** (gesetzlichen Zahlungsmitteln) oft sehr ähnlich. Sie haben mit Geld aber nichts zu tun. Es gibt immer wieder Anbieter, die es in geschickter Weise verstehen, unkundigen Käufern irgendwelche Prägungen anzudrehen. Sie haben bestenfalls einen persönlichen Wert – wenn der Käufer Spaß an silbern oder golden glänzenden Metallplättchen hat. Für manche haben sie oft auch einen Erinnerungswert, weil sie an den Start des ersten bemannten Raumflugs, an große Sportereignisse oder an den Tag des Mauerfalls und ähnliche Ereignisse erinnern. Doch dieser ideelle Wert hat nichts mit einem Marktwert, mit einer Möglichkeit des Wiederverkaufs oder gar Gewinns zu tun. In den meisten Fällen sind Medaillen nichts anderes als eine Art „Spielgeld,“ das oft in betrügerischer Absicht angeboten wird.

Medaillen dürfen nicht mit **Sammlermünzen** verwechselt werden. Denn dies sind Sonderprägungen, die von staatlichen oder beauftragten Münzanstalten hergestellt werden. Es sind vollgültige Zahlungsmittel. Als solche haben sie aber nur den eingeprägten Wert (zum Beispiel 100 Schilling oder 10 Euro). Da ihr Metallwert und oft auch ihr Sammlerwert höher ist als der nominale (aufgeprägte) Wert, werden sie meist zu einem höheren Preis verkauft.

Vorsicht: Medaillen – also meist von privater Seite hergestellte, runde Metallstücke mit irgendwelchen Darstellungen – bringen später in der Regel nicht einmal so viel, wie sie gekostet haben. Meist sind sie völlig unverkäuflich. Dennoch wird von cleveren Geschäftemachern immer wieder versucht, derartige Medaillen gegen überhöhte Preise zu verkaufen, indem mit amtlich erscheinenden Schreiben entsprechende „Zeichnungsangebote" ins Haus geschickt werden. Auch wenn von „einmaliger limitierter Sonderausgabe" die Rede ist und nur innerhalb bestimmter Fristen in beschränkten Mengen bestellt werden kann oder das Angebot „nur für Sie persönlich" gilt: Das ist alles nur Dummenfang!

Mieten

Kann bei Einführung des Euro der bisherige Mietvertrag aufgehoben oder die Miete erhöht werden?

Nein, auf keinen Fall. Denn grundsätzlich gilt das Prinzip der **Vertragskontinuität.** Die Währungsumstellung berechtigt daher keine Vertragspartei zur einseitigen Kündigung. Das ist durch europäisches wie nationales Recht abgesichert. Überdies muss der so genannte Mietzins zu den unwiderruflich festgelegten Umtauschkursen groschen- beziehungsweise centgenau umgerechnet werden. Aus einer Miete von zum Beispiel 6.500 Schilling wird dann ein Betrag von 472,37 Euro. Aufrunden darf der Vermieter nur bei der zweiten Stelle hinter dem Komma (wenn die dritte Stelle 5 oder höher ist). Aber dabei geht es nur noch um zehntel Cents. Beim Aufrunden kann sich also im schlimmsten Fall eine Mieterhöhung von ein paar Groschen ergeben.

Beispiel: Die Miete betrug bisher 5.850 Schilling. Bei vorschriftsmäßiger Umrechnung mit sechs signifikanten Ziffern werden daraus 425,136 Euro. Dieser Betrag darf nach den Rundungsregeln auf 425,14 Euro aufgerundet werden. Das ist eine Erhöhung um 0,04 Euro oder 55 Groschen.

Miete: In vielen Fällen kein Handlungsbedarf

Bis Ende 2001 konnte jeder Mieter, der sein Konto noch in Schilling führte, die Miete weiterhin in der bisherigen Höhe in Schilling überweisen. Auch wenn der Hausbesitzer sein Konto bereits auf Euro umgestellt hatte, war das kein Problem. Die Bank übernahm die Umrechnung kostenfrei. Ab 2002 muss in Euro bezahlt werden. Wenn Sie einen Dauerauftrag für die Abbuchung der Miete erteilt haben, brauchen Sie sich aber dennoch um nichts zu kümmern. Das Kreditinstitut rechnet den Betrag automatisch für Sie um.

Mitgliedsländer der Europäischen Währungsunion

Bevölkerungszahl, Größe und Wirtschaftskraft der EWU-Länder

Die zwölf Mitgliedstaaten der Europäischen Union, die Anfang 2002 den Euro auch im Bereich der Bargeldzahlungen als alleiniges gesetzliches Zahlungsmittel einführen, haben insgesamt 301 Millionen Einwohner, sind aber von ihrer Größe, Bevölkerungszahl und Wirtschaftskraft her höchst unterschiedlich:

Zwölf Länder – eine Währung

Land	Bevölkerung in Millionen	Fläche in qkm	Wirtschaftsleistung (BSP) in Mrd. Euro
Deutschland	82,1	356.733	2.033
Frankreich	58,6	551.500	1.475
Italien	57,5	301.278	1.206
Spanien	39,3	504.783	630
Griechenland	10,5	131.957	128
Belgien	10,2	30.518	256
Portugal	9,8	92.389	117
Österreich	8,1	83.855	211

Fortsetzung Tabelle

Land	Bevölkerung in Millionen	Fläche in qkm	Wirtschaftsleistung (BSP) in Mrd. Euro
Niederlande	5,9	41.863	424
Finnland	5,1	338.145	135
Irland	3,7	70.285	104
Luxemburg	0,4	2.586	20

Dänemark, Schweden und das Vereinigte Königreich sind zwar Mitglieder der Europäischen Union, waren zum Zeitpunkt der Bargeldeinführung aber nicht Mitglieder des **Euro-Systems.** Dänemark nimmt am Wechselkursmechanismus II **(EWS II)** teil. Das bedeutet, dass der Wechselkurs der dänischen Krone an den Euro angebunden, aber nicht dauerhaft festgelegt ist.

Münzen in Euro-Land

Wie viele verschiedene Münzen sind innerhalb der Europäischen Währungsunion gesetzliche Zahlungsmittel?

Für die Erstausstattung der über 300 Millionen Menschen, die innerhalb der Europäischen Währungsunion leben, stehen rund 50 Milliarden Münzen zur Verfügung. Allein für den österreichischen Bedarf wurden 1,5 Milliarden Stück geprägt. Gesamtgewicht dieser Münzen: 8.000 Tonnen. Das entspricht etwa der Stahlkonstruktion des Eiffelturms, oder es wären 320 Güterwaggons allein für den Transport der Münzen notwendig.

Der Name der Münzeinheit ergibt sich ebenso wie früher beim Schilling aus der Bezeichnung der Währungseinheit: Euro. Vom Euro werden Stücke zu 1 und 2 Euro geprägt. Die kleineren Münzeinheiten (Scheidemünzen), die in Österreich Groschen hießen und in anderen Ländern Cent, Centime oder Rappen genannt wurden, sind beim Euro der Cent oder Euro-Cent. Davon gibt es Stücke in 1, 2, 5, 10, 20 und 50 Cent.

Die Grundentwürfe für die Münzen stammen von Luc Luycx von der Königlichen Belgischen Münze. Er gewann den europaweiten Wettbewerb zur Gestaltung der Euro-Münzen. Sie haben alle jeweils eine einheitliche (europäische) und eine nationale Seite, abhängig davon, wo oder für wen sie geprägt

Wertangabe der Euro-Münzen

Münze	Gewicht	Wert in öS	Form, Rand
1 Cent	2,30 g	0,14	rund, Rand glatt
2 Cent	3,06 g	0,28	rund, Rand glatt mit Einkerbungen
5 Cent	3,92 g	0,69	rund, Rand glatt
10 Cent	4,10 g	1,38	rund, Randprägung mit feiner Wellenstruktur
20 Cent	5,74 g	2,75	„Spanische Blume“ (im regelmäßigen Siebeneck angeordnete Rillen), ohne Randprägung
50 Cent	7,80 g	6,88	rund, Randprägung mit feiner Wellenstruktur
1 Euro	7,50 g	13,76	rund, gebrochen geriffelt
2 Euro	8,50 g	27,52	rund, Schriftprägung auf dem Münzrand fein geriffelt

werden. Jedes Land hat die Möglichkeit, eigene Symbole einzuprägen zu lassen, was den Herstellern und Betreibern von Automaten bei der Umrüstung der Münzprüfgeräte einiges zu denken aufgab. Schließlich mussten sie in allen Münz-**Automaten** des gesamten Euro-Währungsgebiets verwendbar sein – unabhängig vom ausgebenden Teilnehmerstaat.

Die 1- und 2-Euro-Münzen werden in einer speziellen Bimetalltechnik hergestellt, die sie besonders fälschungssicher macht. Der Rand der 2-Euro-Münze wird mit einer Schriftprägung versehen. Die Euro-Münzen weisen außerdem maschinenlesbare Merkmale von höchstem Sicherheitsstandard auf.

Bei insgesamt sechs verschiedenen Stückelungen des **Cent** sowie zwei Euro-Münzen und zwölf Mitgliedsländern der Währungsunion ergeben sich daraus 72 verschiedene Münzvarianten bei den sechs wertmäßig unterschiedlichen Cent-Stücken und 24 Varianten bei den beiden Euro-Münzen. Das ergibt zusammen 96 unterschiedliche Münzen.

Hinzu kommen die Münzprägungen der drei Kleinstaaten in den **angeschlossenen Gebieten.** Das sind 24 weitere Münzvarianten. Zusammen sind damit theoretisch 120 unterschiedliche Münzen innerhalb der Euro-Zone im

Umlauf, die alle in allen Mitgliedsländern uneingeschränkt gültig sind. Wegen der sehr geringen Stückzahlen, die von den Kleinstaaten geprägt werden dürfen, werden deren Münzen allerdings Seltenheitswert haben.

Dazu kommen im Laufe der Zeit eine noch nicht abschätzbare Zahl von Euro-**Sammlermünzen,** für die es aber spezielle Regelungen gibt.

Die Zahl der Motive auf der „nationalen Seite" der Münzen ist geringer als die Zahl der Münzvarianten. Nicht jedes Land bringt auf jeder der sechs Cent-Stückelungen und den zwei Euro-Münzen ein anderes Motiv unter. So haben Luxemburg, Belgien und die Niederlande auf allen Münzen ein Konterfei ihres Staatsoberhauptes. Irland prägt einheitlich sein nationales Symbol – eine Harfe – auf eine Seite. Spanien verwendet zwei Motive für die Cent-Stücke (die Kathedrale von Santiago de Compostela und den Kopf des Schriftstellers Cervantes). Die Euro-Münzen ziert ein Portrait des Königs. Deutschland verwendet auf den Cent-Stücken das schon auf den Pfennigen verwendete Eichenlaub (1, 2 und 5 Cent) und das Brandenburger Tor (10, 20 und 50 Cent). Die Euro-Münzen ziert der Bundesadler. Frankreich und Finnland verwenden ebenfalls drei verschiedene Motive. Portugal prägt drei unterschiedliche historische Siegel auf sein Münzkontingent. In Österreich, Italien und Griechenland hingegen wird jede Münze individuell gestaltet.

Das stellt natürlich auch eine Herausforderung für Sammler dar. Sie müssen aber nicht in jedes Mitgliedsland reisen, um einen kompletten Münzsatz zusammenzubekommen. Da jede dieser Münzen in allen Ländern der Währungsunion gültiges Zahlungsmittel ist, brauchen sie nur zu warten, bis Touristen und Geschäftsreisende sie in Umlauf bringen. Denn wer aus dem Urlaub in Spanien, Irland oder Griechenland Cent- oder Euro-Stücke mitbringt, die nationale Symbole dieser Länder tragen, kann sie ohne Probleme in Österreich in Fahrkarten-, Park- oder Zigarettenautomaten stecken. Umgekehrt kann mit den in Österreich geprägten Münzen in Belgien oder Deutschland eine Dosa Cola aus dem Automaten gezogen oder in Frankreich die Autobahngebühr bezahlt werden.

Da der Euro eine größere **Kaufkraft** hat als die nationalen Währungen der meisten beitretenden Staaten (nur das irische Pfund hat einen höheren „inneren" Wert pro Einheit), spielt der Cent auch in den Ländern wieder eine Rolle, in denen Kleingeld wegen seines geringen Wertes schon seit Jahrzehnten keine

Bedeutung mehr gehabt hat (wie in Italien, Spanien oder Belgien). So sind 10 europäische Cent etwa so viel wert wie 14 österreichische Groschen, 20 Pfennige, 65 französische Centimes oder 20 Lire.

Münzen als Geldanlage

Ist es sinnvoll, einen Teil der alten Münzen aufzubewahren, weil sie einmal Sammlerwert haben werden?

Am 28.2.2002 Punkt Mitternacht verlieren in Österreich die Schilling-Münzen endgültig ihren Status als gesetzliches Zahlungsmittel. Danach haben sie nur noch Metallwert – wenn sie nicht zur Oesterreichischen Nationalbank oder deren Zweiganstalten gebracht werden. Es ist nicht damit zu rechnen, dass **alte Münzen** einen nennenswerten Sammlerwert haben werden. Dazu ist die Zahl der verbleibenden Stücke zu groß. Außerdem sind Sammler nur an absolut neuwertigen Exemplaren interessiert. Das gilt auch für echte **Sammlermünzen.**

Münzen als Geldanlage sind nur in wenigen Fällen ein gutes Geschäft. Wer sich auf dem Sammlermarkt nicht sehr gut auskennt, macht in der Regel nur Verluste. Das beginnt schon damit, dass das in Münzen angelegte Geld keine Zinsen bringt. Nahezu wertlos sind beim Wiederverkauf vor allem auch die so genannten Gedenkmedaillen, die von privaten Anbietern herausgegeben und oft mit Münzen (gesetzlichen Zahlungsmitteln) verwechselt werden. Medaillenproduzenten fördern dieses Missverständnis oft durch geschickt formulierte Anzeigen und Werbebriefe. **Medaillen** – von privater Seite hergestellte runde Metallstücke mit irgendwelchen Darstellungen – sind aber keine Münzen und bringen später in der Regel nicht einmal so viel, wie sie gekostet haben.

Auch Alter ist bei Münzen noch nicht gleichbedeutend mit Wert. So sind römische Münzen praktisch Massenware, da sie auch heute noch oft in großen Stückzahlen gefunden werden. Dagegen sind die nicht sehr alten Gedenkmünzen der ehemaligen DDR ein echter Schatz in den Augen von Sammlern. Ein kompletter Satz (123 Münzen), der 1988 mit 20.000 Schilling veranschlagt wurde, bringt heute unter Sammlern bis zu 150.000 Schilling. Wer Münzen

sammelt, sollte dies nur dann tun, wenn er Spaß daran hat. Wenn sich damit später einmal ein Gewinn auf dem Sammlermarkt erzielen lässt, ist das ein erfreulicher Nebeneffekt.

Auf keinen Fall kann damit gerechnet werden, dass alte Münzen – ob Pfennige, Groschen, Mark- oder Schilling-Stücke – später wieder zu **gesetzlichen Zahlungsmitteln** erklärt werden.

Nachteile der Währungsunion

Was sind die mit der Einführung der gemeinsamen Währung verbundenen Nachteile und Risiken?

Während die meisten europäischen Politiker von den politischen und wirtschaftlichen **Vorteilen** eines Zusammenschlusses zu einer Währungsunion von Beginn an überzeugt waren, führten zahlreiche Ökonomen schon lange vor der Einführung der gemeinsamen Währung gewichtige Argumente dagegen an. So kritisierten beispielsweise im Jahr 1992 60 deutsche Wirtschafts- und Finanzwissenschaftler die Beschlüsse zur Währungsunion. 1997 protestierten 300 Wirtschaftswissenschaftler aus ganz Europa gegen die Tatsache, dass sich die EU zu stark auf die Haushaltsdefizite statt auf die hohe Arbeitslosenrate im EU-Raum konzentriere. Die Bedenken zum Euro waren zahlreich; vor allem wurde als Argument dagegen oft angeführt, dass Europa für die Währungsunion noch nicht reif sei.

In den bald drei Jahren seit Beginn der Währungsunion am 1.1.1999 haben sich viele Ängste zerstreut; der Euro hat sich als Buchgeld bewährt. Die innere Stabilität des Euro ist vorhanden, das heißt, die **Kaufkraft** der Vermögen, Einkommen und Pensionen ist nicht gesunken und das Zinsniveau gemäßigt. Ob und wie die Währungsunion in der Zukunft reüssieren wird, kann allerdings von niemandem mit unumstößlicher Sicherheit vorausgesagt werden. Denn je nach Sicht der Dinge birgt die neue gemeinsame Währung in jedem Fall einige Nachteile und Risiken. Als wichtigste gelten unter anderem folgende Punkte:

- Der augenfälligste Nachteil besteht darin, dass die Umstellung der nationalen Währungen und der Wirtschaft auf den Euro kostspielig ist. Allein in Österreich liegen die **Umstellungskosten** laut Finanzminister Grasser

bei rund 20 Milliarden Schilling. Allerdings handelt es sich dabei um einmalige Investitionen, die sich – so der Finanzminister – in ein bis zwei Jahren amortisieren sollen.

- Weitaus langfristiger wirkt die Tatsache, dass die Mitgliedsländer der Währungsunion in den Möglichkeiten eingeschränkt sind, eine aktive, eigenständige und bedarfsorientierte Wirtschaftspolitik zu betreiben. Länder, die aus welchen Gründen auch immer mit vergleichsweise ungünstigeren Kosten- und Preisentwicklungen bzw. mit sonstigen Wirtschafts- oder Budgetproblemen konfrontiert sind, haben nicht mehr länger die Möglichkeit, auf das Hilfsmittel Abwertung zurückzugreifen. Die geldpolitische Entscheidungsgewalt liegt seit 1.1.1999 ausschließlich bei der Europäischen Zentralbank in Frankfurt; die nationalen Notenbanken können somit beispielsweise nicht mehr durch Zinserhöhungen oder -senkungen auf die Preisentwicklung einwirken.
- Der größte Unsicherheitsfaktor liegt darin, wie sich die Europäische Währungsunion entwickeln wird, wenn ein oder mehrere Euro-Mitgliedsländer in wirtschafts- oder fiskalpolitische Schwierigkeiten geraten. Um die **Konvergenzkriterien** zu erfüllen, die als Hürde für die Teilnahme an der Währungsunion festgelegt worden waren, unternahmen zwar die meisten Kandidatenländer – auch bei schlechter Ausgangsposition – alle nur denkbaren Anstrengungen; die Mehrzahl von ihnen konnte schließlich auch annehmbare Budget- und Wirtschaftszahlen vorlegen. Fast drei Jahre danach sieht die Sache allerdings schon anders aus: Italien weist ein hohes Budgetdefizit aus und erhielt im Juni 2001 von EU-Wirtschaftskommissär Pedro Solbes den eindringlichen Auftrag, sofort Reformen zum Ausgleich des Defizits einzuleiten. Irland wiederum holte sich im Frühjahr 2001 eine offizielle Rüge aus Brüssel, weil es mit einer Inflationsrate von 5,3 Prozent weit über dem EU-Schnitt von 2,3 Prozent lag und diesen Trend durch Steuererleichterungen und hohe Ausgabensteigerungen noch zusätzlich verstärkt. Auch Portugal und die Niederlande standen mit 4,9 Prozent sowie Spanien mit vier Prozent Teuerung als Inflationssünder auf dem Pranger.

Die EWU-Teilnehmerstaaten haben zwar alle den so genannten **Stabilitätspakt** unterzeichnet, der sie dazu verpflichtet, langfristig ein nahezu ausge-

glichenes Budget zu erreichen; und für den Fall, dass dies nicht gelingt, wurden **Bußgelder für die Stabilitätssünder** festgesetzt. Es ist aber noch nicht ausgemacht, ob der Stabilitäts- und Wachstumspakt mit seinen Bestimmungen im Fall des Falles auch wirklich greift. Der dahinter stehende Mechanismus ist äußerst kompliziert und führt in letzter Konsequenz dazu, dass ein Budgetsünder möglicherweise jede Geldbuße verhindern kann, wenn er es so geschickt anstellt, dass er die Defizitquote mindestens einmal in fünf Jahren unter 3 Prozent senkt. Dem steht als Linderungsmittel nur gegenüber, dass die Zins- und Kapitalmärkte ein solches Vorgehen durch höhere Zinsen, zum Beispiel bei (variablen) Zinszahlungen für Staatsanleihen, bestrafen, wodurch der Budgetspielraum wieder entsprechend eingeschränkt wird.

Während bei einem anhaltend überzogenen Budget also zumindest ein Strafmechanismus besteht, ist das bei überhöhten Inflationsraten nicht der Fall. Wenn ein Nationalstaat der Euro-Zone (etwa über Steuer- oder Lohnpolitik) inflationstreibend agiert, gibt es keine festgelegten Sanktionen, allenfalls eine geharnischte Kritik aus Brüssel, wie sie eben vor einigen Monaten Irland zuteil wurde. Die EU-Verantwortlichen sind sich der Gefahr bewusst, die in einem Auseinanderdriften der einzelnen Volkswirtschaften steckt. Die **Europäische Zentralbank** könnte mit ihrem geldpolitischen Latein nämlich dann am Ende sein, wenn das Zins-Instrumentarium angesichts differierender Entwicklungen nicht mehr zielgerecht als Waffe eingesetzt werden kann. Bereits jetzt gibt es entsprechende Anzeichen. Prosperität in Skandinavien und einigen Südländern stehen moderate Wachstumsraten etwa in Deutschland und Italien gegenüber. Bedürfte es hier eines Anstoßes durch eine lockerere Geldpolitik, könnte dies dort die Inflation weiter anheizen. Da seit der Euro-Einführung auch Währungsschwankungen als Korrektiv ausscheiden, bleiben auf nationaler Ebene nur noch Lohn- und Fiskalpolitik, mit denen man das gewünschte Lot finden könnte. Die EU-Kommission versucht deshalb, für die Euro-Gruppe das Heft stärker in die Hand zu nehmen, und hat dazu Vorschläge ausgearbeitet, die eine bessere Koordinierung der Wirtschaftspolitiken und des Vorgehens in Krisenfällen zum Inhalt haben. Der konkreteste Punkt dabei ist, dass die Euro-Teilnehmer ihre Haushaltsplanung und andere finanzpolitische Vorhaben Brüssel vorab zur Begutachtung vorlegen sollen. Weiters soll es zu systematischen Ratschlägen der Kommission in allen wirtschaftspolitischen

Belangen kommen. Die Aufnahme des Kommissions-Vorstoßes fiel unter den Mitgliedstaaten denkbar verhalten aus, würde er doch weitere Einschränkungen der nationalen Entscheidungsbefugnisse mit sich bringen. Somit besteht in dem Währungsraum, in dem es keine flexiblen Wechselkurse mehr gibt, weiterhin die Gefahr, dass alle anderen Länder über höhere Zinsen und eventuell auch höhere Inflationsraten für die „Misswirtschaft" eines Mitgliedstaates indirekt mitzahlen müssen.

Name/Bezeichnung

Wie entstand der Name der europäischen Währung?

Der Name der europäischen Währungseinheit wurde beim EU-Gipfel in Madrid beschlossen. Die Finanzminister der Union einigten sich auf den Namen „Euro". Er gilt ohne Zusatz gleichermaßen in allen Mitgliedsländern. Nur in Griechenland ist die Schreibweise abweichend (ΕΥΡΩ). Beide Schreibweisen finden sich auf allen **Banknoten** abgebildet.

Nationalbank

Wird die Oesterreichische Nationalbank in Zukunft noch gebraucht oder wird sie durch die Europäische Zentralbank ersetzt?

Die Oesterreichische Nationalbank (OeNB), die weiterhin ihren Sitz in Wien hat, und ihre Zweiganstalten in den Bundesländern bleiben bestehen und sind weiterhin für die Bargeldversorgung in Österreich zuständig. Die Notenbank ist aber zu einem Teil des **Europäischen Systems der Zentralbanken** geworden. Im Hinblick auf die Einführung des Euro ist sie vor allem verantwortlich für die Organisation des **Bargeldumtauschs** und die Information von Bevölkerung und Unternehmen.

Die Oesterreichische Nationalbank ist nun Teil des Euro-Systems, das die Europäische Zentralbank und die nationalen Zentralbanken jener Länder umfasst, die den Euro eingeführt haben. Da es sich um ein dezentrales System handelt, sind die technischen Abteilungen (also Tresore sowie Verteilungs- und Banknotenbearbeitungsstellen) weiterhin in den jeweiligen nationalen Zentralbanken angesiedelt. Als Teil des Euro-Systems erfüllt die OeNB nun folgende Aufgaben:

- Sie setzt die gemeinsamen geld- und zinspolitischen Entscheidungen des EZB-Rats im Geschäftsverkehr mit den österreichischen Kreditinstituten um.
- Sie stellt der österreichischen Bevölkerung und Wirtschaft die benötigten Banknoten und Münzen zur Verfügung. In ihrem Auftrag produzieren die OeNB-Töchter Münze Österreich AG und Oesterreichische Banknoten- und Sicherheitsdruck GmbH das Euro-Bargeld.
- Sie nimmt im Auftrag der Europäischen Zentralbank an Devisenmarktinterventionen teil.
- Sie verwaltet weiterhin die österreichischen Währungsreserven.
- Sie erhebt statistische Daten und analysiert die Wirtschaft Österreichs und des Auslands als Grundlage für die währungspolitische Entscheidungsfindung.
- Sie vertritt in der internationalen währungspolitischen Zusammenarbeit und als Mitglied internationaler Finanzinstitutionen österreichische Interessen (etwa beim Internationalen Währungsfonds oder der Bank für Internationale Zusammenarbeit).

Der Gouverneur der Nationalbank wirkt somit ebenso wie seine Kollegen aus den anderen Mitgliedsländer in den entsprechenden Entscheidungsgremien der **Europäischen Zentralbank** bei der Formulierung der gemeinsamen Geldpolitik mit. Die Notenbank ist in diesem Rahmen ausführendes Organ der EZB.

Nichtdezimale Denomination

Was bedeutet nichtdezimal im Zusammenhang mit dem Euro?

Die Euro-Währung ist wie alle anderen modernen Währungen nach dem Dezimalsystem aufgebaut. Kleinere Einheiten werden als Stellen hinter dem Komma dargestellt, größere als Stellen davor. Die als **Cent** bezeich-

neten Münzen werden bei einer Preisangabe in Euro in der Regel als Stellen hinter dem Komma dargestellt: 43 Cent zum Beispiel sind dann 0,43 Euro. Das bedeutet: Jede beliebige, in Geld ausgedrückte Forderung konnte seit 1999 als ein nach dem Dezimalsystem ausgedrückter Betrag in Euro dargestellt werden. Ab 2002 muss dies so sein, da dann der Euro innerhalb der gesamten Währungsunion das einzige **gesetzliche Zahlungsmittel** ist.

Das war der Euro genau genommen zwar auch schon ab dem 1. Jänner 1999. Doch während der Übergangsperiode wurden allein die alten nationalen Währungen als Bargeld verwendet. Da sie aber seit 1999 in einem unwiderruflichen Umtauschverhältnis zum Euro standen, waren sie nur ein anderer Ausdruck für die europäische Währungseinheit – ähnlich wie der Pfennig oder Groschen, die Untereinheiten von Mark und Schilling sind, aber keine selbstständigen Währungen. Wenn Schilling, Mark oder Franc in Euro ausgedrückt werden (oder umgekehrt), ergeben sich folgende Werte:

Ein Euro entspricht rund 13,76 Schilling, 1,96 D-Mark oder 6,56 französischen Francs. Umgekehrt ist ein Schilling 0,07 Euro, eine Mark 0,51 Euro und ein Franc 0,15 Euro wert.

Anders als sonst bei Währungen üblich, ließen sich die nationalen Gegenwerte für den Euro (Gulden, Schilling, Mark, Franc) nicht in ein Dezimalsystem pressen. Deshalb lässt sich der Euro auch nicht einfach durch zehn teilen, um zu den entsprechenden nationalen Untereinheiten zu kommen. Beim Umrechnungskurs des Schilling handelt es sich ebenso wie bei der Mark, bei Gulden, Franc, Lira oder Pesete um „krumme Austauschverhältnisse". Daher werden D-Mark, Pesete oder Schilling im Fachchinesisch auch als nichtdezimale Denominationen (Benennungen) des Euro bezeichnet.

Seit dem 1. Jänner 1999 sind sie nur noch andere Darstellungsformen für den Euro und keine selbstständigen Währungen mehr. Sie werden deshalb auch nicht mehr an den Devisenbörsen gehandelt und zu ebenso festen „Kursen" untereinander und gegen den Euro getauscht wie der Groschen gegen den Schilling.

Pensionen

Wird die Pension gekürzt oder weniger wert sein, wenn sie auf Euro umgestellt wird?

Auf keinen Fall. Für Beamtenpensionen, für Zahlungen aus Pensionskassen ebenso wie für die Pensionsversicherung gilt das Prinzip des **wertgleichen** Umtauschs von Schilling in Euro. Das bedeutet, dass nach der **Umrechnung** zahlenmäßig die Höhe der **Pension** zwar geringer ist als vorher. Das ändert aber nichts an der Kaufkraft. Alle anderen in Geld ausgedrückten Werte werden in der gleichen Form umgerechnet: Preise, Mieten, Bankguthaben, Kredite, Versicherungsprämien usw.

Beispiele: Wer bisher eine Pension von 24.000 Schilling bezog, wird ab 2002 monatlich eine Überweisung in Höhe von 1.744,15 Euro erhalten (Umrechnungsfaktor 13,7603). Aber auch die Miete von derzeit 7.200 Schilling wird auf 523,24 Euro sinken. Der Liter Benzin, der vorher 13,90 Schilling gekostet hat, wird für 1,01 Euro zu haben sein. Wer beispielsweise 115.000 Schilling auf dem Sparbuch hatte, dem werden 8.357,38 Euro gutgeschrieben. Aber auch der noch nicht getilgte Hypothekenkredit von 240.000 Schilling „schrumpft" auf 17.441,48 Euro.

Zuständig für die Auszahlung der Pensionen und alle sonstigen **Alterseinkünfte** bleiben in allen Mitgliedsländern die Stellen, die auch bisher die Bezüge überwiesen haben.

Umstellung der Altersrenten auf Euro

- Die **Umstellung** erfolgt zum 1. Jänner 2002, im Dezember 2001 findet die letzte Rentenzahlung in Schilling statt. Im Jänner wird der umgerechnete Betrag in Euro überwiesen. Der Empfänger muss selbst nichts dazu unternehmen. Der Pensionsversicherungsträger ermittelt den neuen Betrag und überweist ihn. Das Kreditinstitut stellt das Konto automatisch um. Das Geld kann wie bisher abgehoben werden. Alle Daueraufträge (zum Beispiel Mietzahlungen, Vereinsbeiträge, Versicherungsprämien) werden ebenfalls automatisch auf den zahlenmäßig niedrigeren Betrag in Euro umgestellt und wie bisher ausgeführt.

- Freiwillige **Beiträge** und Pflichtbeiträge zur Rentenversicherung: Sie können schon seit dem 1. Jänner 1999 in Euro überwiesen werden. Ab Jänner 2002 müssen sie an den Rentenversicherungsträger in Euro überwiesen werden.

Pension im Ausland

Was ändert sich durch die Umstellung auf Euro, wenn der Rentner im Ausland lebt?

Bei Rentnern oder Pensionären, die von ihrer Rente im Ausland leben – also beispielsweise in Brasilien, Südafrika oder in den USA –, wird der zu zahlende Rentenbetrag ebenso wie bei jedem anderen Rentner mit dem amtlichen Umrechnungsfaktor (13,7603) umgestellt und der Betrag auf zwei Stellen hinter dem Komma kaufmännisch gerundet. Aus einer ursprünglichen Rente von 18.356 Schilling wird durch die Umrechnung ein Betrag von 1.333,98 Euro.

Welche Währung auf dem ausländischen Konto gutgeschrieben wird, hängt davon ab, ob das Land, in dem der Rentner wohnt, Mitglied der Währungsunion (bzw. ein **angeschlossenes Gebiet**) ist oder ob es sich um ein Drittland (Schweiz, USA, Argentinien usw.) handelt.

Pensionsbezug in einem anderen Land der Währungsunion: Dem Rentner wird exakt der gleiche Betrag überwiesen, den er auch in Österreich bekäme. Wer im Ruhestand in Frankreich, Italien, Spanien oder Irland lebt, dem wird dieser Betrag auf seinem dortigen Euro-Konto gutgeschrieben. Wechselkursänderungen gibt es schon seit 1999 nicht mehr. Ab 2002 muss auch nicht mehr in die jeweilige Landeswährung umgerechnet werden. Dort wie in Österreich wird alles nur noch in Euro bezahlt. Die Kosten für Miete, Nahrungsmittel usw. werden mit dem für dieses Land geltenden **Umrechnungsfaktor** in Euro ausgedrückt. Dort wie in Österreich bleibt die Kaufkraft der Rente von der Umstellung unberührt.

Pensionsbezug in einem Drittland: Bei Rentnern, die ihren Lebensabend in einem Land verbringen, das nicht der Europäischen Währungsunion angehört, ändert sich an ihrer bisherigen Situation grundsätzlich auch nichts. Sie

erhalten wie bisher zwar einen feststehenden Rentenbetrag, müssen diesen aber – anders als die Auslandspensionäre in EWU-Ländern – in die jeweilige Landeswährung umtauschen. Je nachdem, wie sich der Kurs dieser Währung gegenüber dem Euro (oder früher dem Schilling) entwickelt, ist der Erlös einmal mehr, einmal weniger hoch.

Beispiele: Bei einer Pension von 18.292,39 Schilling erhält ein in Florida lebender Rentner ab Anfang 2002 1,329,36 Euro. Bei einem Wechselkurs von 1,18 Dollar für einen Euro waren dies Anfang 1999 rund 3.068 Dollar. Ein Jahr später, als der Kurs des Euro auf 0,80 Dollar gefallen war, kamen beim Umtausch in die US-Währung nur noch 2.080 Dollar heraus. Nachdem der Euro gegenüber dem Dollar 2001 auf 0,97 Dollar geklettert war, konnte sich der Rentner schon wieder etwas mehr von seinen Ruhestandsbezügen leisten, denn nun wurden ihm 2.522 Dollar dafür ausgezahlt.

Preisauszeichnung, doppelte

Muss bei doppelter Preisauszeichnung der Schilling-Preis exakt umgerechnet werden oder darf der Händler beide Preise nach eigenem Gutdünken festsetzen?

Die Verpflichtung zur doppelten Preisauszeichnung beginnt mit 1. Oktober 2001 und endet mit 28. Februar 2002 (Ende der **dualen Phase**). Theoretisch kann die Bundesregierung nach dem Euro-Währungsangabengesetz die Dauer der doppelten Währungsangabe bis längstens 31. Dezember 2002 verlängern. In dieser Zeit müssen sämtliche Waren sowohl mit dem Schilling- als auch mit dem entsprechenden Euro-Preis ausgezeichnet sein.

Der Preis in Schilling muss durch den festgelegten Umrechnungsfaktor (13,7603) geteilt oder der Euro-Preis muss mit diesem Faktor multipliziert werden. Anschließend darf nach den kaufmännischen Rundungsregeln auf zwei Stellen hinter dem Komma gerundet werden. Verboten ist dabei die Verwendung **inverser Kurse.**

Beispiele: Wenn ein Produkt oder eine Dienstleistung bisher für 9,99 Schilling angeboten wurde, dann ergibt dies bei der Umrechnung genau 0,7260 Euro. Auf dem Preisschild kann dann gerundet 0,73 € stehen.

Wenn der Händler im Schaufenster aber lieber einen Euro-Preis hat, der optisch gut aussieht und Kunden anlockt, dann wird er ihn vielleicht auf 0,69 € senken. Die genaue Umrechnung ergibt dann 9,494607. Die Preisangabe im Schaufenster würde somit auf 9,49 Schilling lauten.

Im Euro-Währungsangabengesetz ist genau geregelt, in welcher Form die Preise doppelt auszuzeichnen sind:

1. Ein durchschnittlich aufmerksamer Betrachter muss die Währungsangabe leicht lesen und der jeweiligen Denomination eindeutig zuordnen sowie beide Angaben gleichzeitig wahrnehmen können.
2. Bei Preisangaben nebeneinander muss der Schilling-Betrag links und der Euro-Betrag rechts, bei Preisangaben übereinander der Schilling-Betrag oben und der Euro-Betrag unten stehen.
3. Außerdem ist im Kassenbereich ein gut sichtbarer Aushang mit Umrechnungskurs sowie einer Liste aller Schilling- und Euro-Noten und -Münzen mit dem jeweiligen Wert in der anderen Währungseinheit anzubringen. Dieser Kassenaushang muss, falls das Unternehmen den Grundpreis angeben muss, Angaben zum Grundpreis, zum Kassenbon sowie die Saldierungswährung (das ist die Währungseinheit, in der gegenüber dem Konsumenten abgerechnet wird; bis 31.12.2001 meist der Schilling, danach der Euro) enthalten.

Ausnahmen von der doppelten Preisauszeichnung gibt es für Kleinunternehmen, die insgesamt höchstens neun Mitarbeiter vollzeit beschäftigen. In jenen Betriebsstätten, in denen höchstens fünf Beschäftigte tätig sind, müssen die Preise im Verkaufsraum nicht doppelt angegeben werden. Dafür müssen aber zumindest Preislistenaushänge oder etwa Umrechnungstabellen vorhanden sein.

Info- und Beschwerde-Hotlines

Verbraucher, die davon abweichende Preiskennzeichnungen wahrnehmen oder feststellen, dass bei einem Unternehmen das Auf- und **Abrunden** nicht nach den gesetzlichen Vorgaben stattfindet, können sich an die Euro-**Preiskommission,** an die Landespreisbehörden oder an eine der Euro-Hotlines, wie etwa jene der Arbeiterkammer, wenden (Telefonnummern siehe Anhang).

Preiskommission

Wer wird darüber wachen, dass die Preise nicht anlässlich der Euro-Einführung erhöht werden?

Die Ängste der Österreicher vor einer Verteuerung der Preise durch den Euro sind groß, wie eine Umfrage der Sozialwissenschaftlichen Studiengesellschaft im Juni zeigte: Fast vier Fünftel (78 Prozent) fürchten, dass die Unternehmen die Währungsumstellung für Preiserhöhungen ausnutzen wollen. Um diese Ängste zu zerstreuen, wurde von Regierungsseite mehrfach versichert, dass sich weder die öffentliche Hand noch Unternehmen mit der Euro-Einführung ein Körberlgeld verdienen dürften. So erklärte etwa Finanzminister Karl-Heinz Grasser, dass Preise, Tarife, Steuern und Gebühren weder im privaten Bereich noch im öffentlichen Sektor umstellungsbedingt nach oben verändert würden. „Dafür garantieren wir", so der Finanzminister. Die Regierung sei hier kompromisslos. Auch Bundeskanzler Wolfgang Schüssel versicherte, dass bei der Währungsumstellung „kein Kunde über den Tisch gezogen" würde.

Um der „Regierungsgarantie" mehr Nachdruck zu verleihen, wird von Politik- und Wirtschaftsvertretern gern auf die Euro-Preiskommission verwiesen. Die bereits vor der Umstellung bestehende Preiskommission im Bundesministerium für Wirtschaft und Arbeit stellt als Euro-Preiskommission die zentrale Einrichtung für die Preisüberwachung dar. Der Kommission gehören je ein Vertreter des Wirtschafts-, des Landwirtschafts- und des Finanzministeriums sowie der Arbeiterkammer, Wirtschaftskammer und Landwirtschaftskammer an. Zusätzlich stehen ihr als Sachverständige ein Vertreter des Österreichischen Gewerkschaftsbundes, ein Vertreter des Österreichischen Städtebundes und des Gemeindebundes sowie ein Vertreter der Länder zur Verfügung.

Die Preiskommission soll den Wirtschaftsminister wie schon nach dem bisherigen Preisrecht bei dessen behördlichen Entscheidungen unterstützen. Sie überwacht, ob die Verpflichtungen zur doppelten **Preisauszeichnung** eingehalten und die Umrechnungsregeln richtig angewandt werden. Den Verbrauchern soll damit die Möglichkeit geschaffen werden, Unternehmen zu melden, die aus ihrer Sicht entweder eine falsche Umrechnungstechnik anwenden oder die Euro-Umstellung dazu nützen, ihr Preisniveau anzuheben (siehe auch

Abrunden/Aufrunden sowie **Einzelhandel und Euro-Preis**). Die Preiskommission bzw. der Bundesminister für Arbeit und Wirtschaft muss dann die Rechtfertigung des Unternehmens überprüfen. Im schlimmsten Fall kann ein derart „entlarvtes“ Unternehmen zu einer Geldstrafe von bis zu 20.000 Schilling verurteilt werden und der Bundesminister kann für sechs Monate einen volkswirtschaftlich gerechtfertigten Preis festsetzen. Wird auch dagegen noch einmal verstoßen, so kann die Strafe bis zu 200.000 Schilling betragen.

Der Zweck der Euro-Preiskommission liegt auf der Hand: Preiserhöhungen rein auf Grund der Euro-Umstellung sollen grundsätzlich vermieden bzw. dort, wo sie anfallen und nachgewiesen werden, auch konkret abgemahnt und bestraft werden. Nationalbank-Direktor Wolfgang Duchatczek erklärte, dass ungerechtfertigte Preiserhöhungen in der Phase der gesetzlichen Doppelauszeichnung ab 1. Oktober nicht stattfinden könnten. Wo Preisüberwälzungsspielräume vorhanden wären, würden sie wohl sicher in der Zeit davor genutzt, so Duchatczek. Tatsächlich gab es in den letzten Monaten vor der doppelten Preisauszeichnung immer wieder Beispiele für zum Teil kräftige Preiserhöhungen.

Vom Euro zum Teuro?

In einem speziell für diesen Zweck eingerichteten Leserforum der „Oberösterreichischen Nachrichten“ (OÖN) berichteten aufmerksame Konsumenten schon Mitte 2001 von denkwürdigen Preiserhöhungen, die ihrer Ansicht nach direkt mit dem Euro zu tun haben: So kam es zu erstaunlichen Erhöhungen von Parkplatzgebühren an Badeseen (die jeweils zu einem runden Euro-Betrag führten), zur Verteuerung von Kulturabos, die sogar mit der Einführung des Euro erklärt wurden, oder zu interessanten Preiserhöhungen etwa bei Kantinen-Menüs (Hauptspeise I kostet in der VOEST-Werkskantine seit 1. Juli 2001 33,10 Schilling statt früher 30 Schilling, Hauptspeise II 27,60 statt bisher 25 Schilling – Beträge, die sich leicht auf 2,4 bzw. 2 Euro runden lassen).

Auffällig angezogen haben nach Ansicht aufmerksamer OÖN-Leser auch die Preise im Botanischen Garten Linz. Mit 1.1.2001 wurde der Eintritt um das Eineinhalbfache auf 1,82 Euro erhöht. Dieser unrunde Betrag soll 2002 auf zwei Euro erhöht werden.

Ausgerechnet die öffentliche Hand, das Land und die Städte werden am häufigsten als Preistreiber genannt. „Die Offenheit, mit der Landesstellen Verteuerung von Kulturabos oder Parkplatzgebühren an Badeseen mit der Euro-Einführung erklären, ist frappant. Wo bleibt die Reaktion der zuständigen Landespolitiker, die zuvor versprochen haben, Teuerung bei der Umstellung zu unterbinden?", fragen die OÖN stellvertretend für viele Leser. Ähnliche Beispiele gibt es in ganz Österreich.

Wie schwierig sich die Preiskontrolle in der eigentlichen Umstellungsphase gestalten wird, deutete der Wiener Finanz- und Wirtschaftsstadtrat Sepp Rieder an: Preisregelungen seien in den letzten Jahren nicht allein deswegen zurückgenommen worden, weil „Preistreiberei" schwer zu kontrollieren sei. Darin liegt für Kritiker auch das Problem mit der Preisbehörde: Sie – oder vielmehr auf ihr Betreiben hin der Bundesminister – überprüft in einem Beschwerdefall, ob der Preis, den ein bestimmtes Unternehmen für eine Ware oder eine Leistung verlangt, *aus Anlass der Währungsumstellung* den allgemeinen Preisindex oder die allgemeine Preiserhöhung in der entsprechenden Branche in einem *ungewöhnlichen Maße* übersteigt. Wie ungewöhnlich dieses Maß sein muss, darüber wird sich im Fall des Falles nach Ansicht von Konsumentenschützern trefflich streiten lassen.

Die Arbeiterkammer empfiehlt den Konsumenten, vor allem auf Schwellenpreise zu achten. Würden diese unerklärlich angehoben, so bestehe der Verdacht, dass damit neue Euro-Schwellenpreise geschaffen werden sollen. „Geldstrafen gegen Missbrauch während der Umstellungsphase schrecken nicht ab. Was die Preissünder fürchten, ist, dass sie publik gemacht werden", sagt AK-Konsumentenschützer Georg Rathwallner. Die AK will ab Oktober Unternehmen und auch öffentliche Institutionen outen, die die Euro-Umstellung zu nicht gerechtfertigten Preiserhöhungen nutzen.

Hinweis: Die Kontaktadressen der Preiskommission im Bundesministerium für Wirtschaft und Arbeit sowie der jeweiligen Landespreisbehörden finden sich im Anhang auf Seite 228.

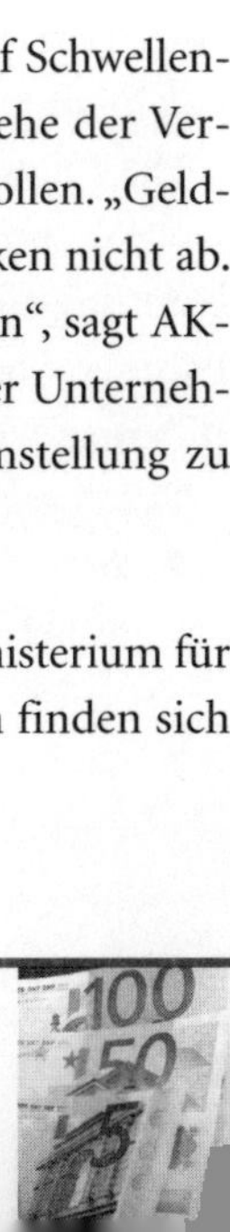

Preistransparenz/Preispolitik

Müssen die Unternehmen nach Einführung des Euro eine andere Preispolitik als bisher betreiben?

Viele Hersteller, die ihre Produkte nicht nur in einem Land anbieten, werden umdenken müssen. Bisher haben viele Unternehmen identische Produkte in den verschiedenen EU-Ländern zu sehr unterschiedlichen Preisen angeboten. Das hängt nicht nur damit zusammen, dass die Hersteller dort oft sehr unterschiedliche Wettbewerbsbedingungen antreffen oder sich nach dem allgemeinen Preisniveau oder der Kaufkraft im jeweiligen Markt richten. Sie konnten früher auch darauf vertrauen, dass die Verbraucher die Preisunterschiede wegen der verschiedenen Währungen nicht so deutlich wahrnahmen – und das oft auch nur im Urlaub. Denn wenn ein Produkt in Österreich 94,50 Schilling kostet, in Belgien dagegen 55,70 Francs und in Italien 15.513 Lire, dann muss erst einmal genau nachgerechnet werden, ehe man weiß, wer teurer oder billiger ist. Wenn dagegen dieses Produkt in Österreich 9,30 Euro, in den anderen Ländern aber 6,25 oder 5,38 Euro kostet, sieht jeder Kunde mit einem Blick, wo er am billigsten und am teuersten einkauft. Angesichts der immer stärkeren Nutzung des **Internet** und des **E-Commerce** ist es nicht einmal mehr nötig, zum Preisvergleich in die Nachbarländer zu fahren. Das geht bei einer großen und täglich wachsenden Zahl von Produkten und Dienstleistungen heute auch bequem vom Schreibtisch aus.

Dass dies nicht nur ein theoretisches Beispiel ist, hat eine gemeinsame Untersuchung des Marktforschungsinstituts Nielsen und der Unternehmensberatung Gemini schon 1997 deutlich gemacht. Dabei wurden die Preise bekannter Markenartikel in verschiedenen Ländern der Europäischen Union miteinander verglichen und umgerechnet.

Dabei ergab sich zum Beispiel:

- An Kellogs Frosties (500 Gramm) konnten sich Iren schon für 1,99 Euro gütlich tun, ein Österreicher für 2,29 Euro. In Finnland dagegen wurden sie für stolze 4,22 Euro feilgeboten.
- 400 Gramm Nutella kosteten in Großbritannien 2,01 Euro und in Dänemark 3,60. In Deutschland wäre das Glas Nutella dagegen schon für 1,51 Euro zu haben gewesen.

- Eine Flasche Johnnie Walker kostete in Dänemark 26,95 Euro. In Spanien dagegen war sie schon für 5,07 Euro zu haben.
- Für eine vergleichbare Dose Nivea-Creme wurden in Frankreich nur 2,79 Euro verlangt, in Deutschland jedoch mit 5,54 fast doppelt soviel.

Bei vielen Markenartikeln bestanden auch drei Jahre nach Beginn der Währungsunion immer noch große Preisunterschiede. Solange der Euro noch nicht als Bargeld vorhanden war, dachten und rechneten viele Verbraucher noch in ihrer alten nationalen Währung. Natürlich wird auch in Zukunft kein Finne nach Irland fahren, um eine Packung Frosties fürs Frühstück zu kaufen, und kein Berliner wegen einer Dose Nivea nach Straßburg reisen. Außerdem variieren die Preise für ein und dasselbe Produkt auch innerhalb eines Landes oder einer Stadt. Deutlich unterschiedliche Preisniveaus, wie etwa bei Autos, oder signifikante Preissprünge lassen sich dann aber – vor allem mittels Internet – besser und leichter als je zuvor vergleichen. Nicht nur die Verbraucher, sondern auch die Unternehmen werden deshalb umdenken (müssen), wenn die gemeinsame Währung für mehr Preistransparenz sorgt.

Quotenaktien

Warum fand im Zusammenhang mit der Währungsunion eine weitgehende Umstellung auf Quotenaktien statt?

In Österreich musste der Nennwert von Aktien und anderen Wertpapieren früher immer auf „runde Beträge" lauten. Bei einer Umrechnung in Euro ergaben sich aber „krumme Werte". So wurde aus einer Aktie im Nominalwert von 1.000 Schilling bei einer Umrechnung mit 13,7603 ein Nominalwert von 72,67 Euro. Das war im Zuge der Umstellung zwar vom Gesetzgeber erlaubt worden, führt aber zu zahlreichen praktischen Problemen. Durch die Einführung von Quotenaktien, die keinen Nennwert mehr haben, sondern einen bestimmten Anteil am Grundkapital des Unternehmens verbriefen, kann das vermieden werden. Grundsätzlich neu ist das nicht. Ähnliche Regelungen gibt es schon seit langem in anderen Ländern. Außerdem sagte auch der bisherige Nominalwert in Schilling nichts anderes, als dass der Besitzer der

Aktie einen bestimmten Anteil am Grundkapital einer Gesellschaft hielt. Bei Großaktionären wird dies schon lange so ausgedrückt. Beispiel: Die XY-Versicherung hält einen Anteil von 65 Prozent an der Muster AG.

Rundungsregeln

Bei der Umrechnung der alten nationalen Währungen in Euro gibt es oft „krumme" Ergebnisse. Wie wird gerundet?

Da die alten nationalen Währungen bis ins Jahr 2002 hinein neben dem Euro verwendet und auch in Zukunft als „historische Daten" immer wieder gebraucht werden, müssen Preise, Löhne, Mieten und andere Geldgrößen häufig in Euro umgerechnet werden – und auch wieder zurück in altes Geld. Bis zum Ablauf der Übergangsfrist war es ohnehin jedem Konsumenten und Unternehmen freigestellt, in welcher Währung bezahlt oder Rechnungen verschickt wurden. Die Umrechnungskurse der alten nationalen Währungen untereinander und zum Euro sind zwar seit dem 1. Jänner 1999 unwiderruflich fixiert, doch bei der Umrechnung kommt es immer wieder zu „krummen Ergebnissen". Um die Differenzen sehr klein zu halten, muss die Umrechnung immer unter Verwendung der offiziellen, unwiderruflich fixierten Kurse erfolgen. Erst danach darf das Ergebnis gerundet werden. Die korrekte Prozedur sieht so aus:

- Es muss bei der Umrechnung immer mit sechs **signifikanten Ziffern** gearbeitet werden. Für Österreich bedeutet dies: zwei Stellen vor dem Komma, vier Stellen hinter dem Komma. Hierbei sind Rundungen unzulässig.
- Die Umrechnung muss immer über den amtlichen Euro-Kurs stattfinden. Das gilt auch, wenn Francs in Schilling oder D-Mark in Lire umgerechnet werden. Es muss somit zunächst der Betrag in Euro ermittelt werden, dann wird dieser in die andere nationale Währung umgerechnet. Werden also zwei Alt-Währungen umgerechnet, wird der Ausgangsbetrag erst durch den dafür geltenden Euro-Kurs dividiert, dann das Ergebnis mit dem für die andere Währung geltenden Euro-Kurs multipliziert.

Beispiel: DM sollen in Schilling getauscht werden. Der vorgeschriebene Rechenweg sieht dann so aus:

1. Schritt	DM : Euro-DM-Kurs	=	Betrag in Euro
2. Schritt	Euro x Euro-Schilling-Kurs	=	Betrag in Schilling

In Zahlen sieht das so aus:

1. Schritt	150 DM : 1,95583	=	76,693782 €
2. Schritt	76,693782 € x 13,7603	=	1.055,3294 öS

Der Betrag von 1055,3294 wird auf 1055,33 gerundet.

- Die Verwendung **inverser** Umrechnungskurse ist nicht zulässig.
- Werden Euro in Schilling (Drachmen, Gulden, Francs) umgerechnet, muss also immer der Euro-Betrag mit dem Umrechnungskurs der jeweiligen Währung multipliziert werden.
- Werden Schilling (Francs, Peseten, Lire) in Euro umgerechnet, muss immer die Alt-Währung durch den Euro-Kurs dividiert werden.
- Erst wenn das Endergebnis vorliegt, darf nach herkömmlicher Art kaufmännisch gerundet werden. Das heißt, die zweite Stelle hinter dem Komma wird abgerundet, wenn die dritte Ziffer 1 bis 4 ist; es wird aufgerundet, wenn die dritte Ziffer 5 bis 9 lautet.

Beispiel: Aus einem Betrag von 23.523,54417 wird 23.523,54.
aus 23.523,54522 wird 23.523,55.

Bei kleinen Summen spielt die Verwendung der sechs signifikanten Ziffern nur eine geringe Rolle. Wenn es sich um Millionenbeträge handelt, könnte es bei wiederholten Umrechnungen ohne diese Vorschrift bei Division und Multiplikation zu erheblichen Differenzen kommen. Beim Endergebnis dagegen führt das abschließende kaufmännische Runden zu Unterschieden im Bereich von Zehntel-Cent.

Bei der Vielzahl von Umrechnungen und Kontobewegungen können sich während der Übergangszeit zwar auch geringe Rundungsdifferenzen zu größeren Beträgen addieren. Doch da einmal auf- und ein andermal abgerundet wird, gleichen sich diese Differenzen statistisch weitgehend aus.

Sachwerte kaufen

Ist es sicherer, Geld in Sachwerten anzulegen und dann in Ruhe abzuwarten, was aus der Währungsunion wird?

Bei der Anlage der Ersparnisse in Sachwerten, zu denen neben Kunstgegenständen, **Münzen,** Briefmarkensammlungen oder **Gold** vor allem **Immobilien** gehören, muss immer – also ganz unabhängig von der Währungsunion – überlegt werden, welche Ziele verfolgt werden. Bilder oder andere Sammlerobjekte können beim Wiederverkauf erhebliche Gewinne einbringen. Aber dies ist immer nur unter günstigen Umständen möglich – und nur selten dann, wenn man kurzfristig und dringend Bargeld braucht. Immobilien, die nicht zu eigenen Wohnzwecken erworben werden, können ebenfalls beim späteren Wiederverkauf zu guten Erträgen führen. Aber das setzt meist voraus, dass der Erwerber lange genug warten kann. Solche Wertsteigerungen treten in der Regel erst nach Jahren ein. Außerdem erfordert der Kauf von Grundstücken und Häusern sehr viel Sachverstand oder seriöse Beratung durch Experten.

Da gesteigerte Inflationsängste im Zusammenhang mit der Währungsunion zumindest aus heutiger Sicht unbegründet sind, empfiehlt es sich, beim Kauf von Sachwerten nicht von den Anlageentscheidungen abzuweichen, die man auch unter anderen Umständen treffen würde.

Immobilien und Sachwerte, die nur unter dem Gesichtspunkt gekauft werden, erspartes Geld vor den inflationären Gefahren zu schützen, die nach Ansicht der Euro-Pessimisten mit der Währungsunion verbunden sein könnten, werden nur in den seltensten Fällen die erhoffte Sicherheit oder gar satte Gewinne bringen. Das gilt auch für die Flucht in den Dollar oder in **Schweizer Franken.** Panik ist bei Geldgeschäften immer fehl am Platz.

Warnung: Hier wie bei allen anderen Formen der Geldanlage sollten Sie sich nicht auf Geschäfte einlassen, die Sie unter anderen Umständen auch nicht machen würden. Angst ist immer ein schlechter Ratgeber, und die Gefahr, dass Sie an die falschen Berater geraten, ist in solchen Situationen groß. Immer wieder versuchen dubiose **Anlageberater,** die Unsicherheit vieler Sparer für ihre Zwecke zu nutzen. Auch viele der meist recht teuren „Informationsbriefe", für

die in Zeitungsanzeigen geworben wird, haben vor allem das Ziel, Ihnen Geld aus der Tasche zu ziehen oder Sie durch Panikmache zu bestimmten Formen der Geldanlage zu verleiten. Den Gewinn machen dann andere.

Sammlermünzen

Wird es neue Sammlermünzen geben – und was wird aus den alten Sammlermünzen, die auf Schilling lauten?

Die Mitgliedsländer der Währungsunion werden auch in Zukunft das Recht haben, Sammlermünzen herauszugeben. Das ist zwar „echtes Geld“, wird aber in der Regel nicht zum Einkaufen verwendet, sondern verschwindet in den Schatullen von Liebhabern. Deswegen ist die Herausgabe von Sammlermünzen für die Regierung ein gutes Geschäft: Deren Herstellung ist nämlich deutlich billiger als ihr Abgabepreis.

Damit Sammlermünzen eindeutig von normalen Euro-**Münzen** zu unterscheiden sind, wurden für ihre Herausgabe von den Wirtschafts- und Finanzministern für alle Regierungen der EWU-Länder verbindliche Regeln erlassen:

- Sie müssen einen anderen Nennwert haben als normale Euro-Münzen.
- Sie dürfen keine Abbildungen haben, die mit der einheitlichen Seite der umlaufenden Münzen ähnlich sind oder ihr entsprechen.
- Auch die nationale Seite der Sammlermünzen soll sich von denen der regulär umlaufenden Münzen unterscheiden.
- Bei mindestens zwei Merkmalen (Farbe, Dicke, Durchmesser) müssen sich die Sonderprägungen deutlich von den umlaufenden Münzen unterscheiden.
- Eine Randprägung mit feiner Wellenstruktur („Spanische Blume“) ist nicht zulässig.
- Der Name des ausgebenden Staates muss leicht erkennbar sein.
- Sammlermünzen sollen mindestens zum Nennwert verkauft werden.
- Das Gesamtvolumen aller Ausgaben einer Münze muss bei der Zentralbank beantragt werden.

Für bereits ausgegebene Sammlermünzen gilt nur zum Teil, was sonst generell für **alte Münzen** gilt. Während ein Großteil davon noch lange Zeit nur einen

Liebhaberwert hat, erzielen vor allem Goldmünzen wie der „Philharmoniker“ meist mehr als den Nennwert und sollten daher nicht voreilig in Euro umgetauscht werden.

Geschäfte mit Gedenkmünzen?
Für Gedenkmünzen, die vor 2002 als gesetzliches Zahlungsmittel ausgegeben wurden, gilt das Gleiche wie für alle anderen Schilling-Münzen: Sie verlieren am 28. 2. 2002 ihre Eigenschaft als gesetzliches Zahlungsmittel und können entweder zum Nennwert in Euro umgetauscht oder an andere Sammler zum Marktpreis verkauft werden. Wie sich der Sammlerwert entwickelt, kann niemand vorhersagen. Wer als Sammler eine komplette Kollektion haben will, muss kaufen. Wer daran verdienen will, muss sich aber auskennen – oder Glück haben.

Schilling: Was geschieht mit dem alten Geld?

Wie werden die alten Schilling-Banknoten und -Münzen entsorgt? Könnten sie später wieder in Umlauf kommen?

Siehe dazu: **Altes Geld**

Schulden/Kredite

Was geschieht mit privaten Schulden oder Bankkrediten bei der Umstellung auf Euro?

Schulden – öffentliche wie private – werden ebenso umgerechnet wie alle anderen Geldgrößen. Wer vorher mit 50.000 Schilling bei seinem Schwager in der Kreide stand, wird nachher 3.633,64 Euro zurückzahlen müssen. Aus einem Hypothekenkredit von 700.000 Schilling wird eine Grundschuld von 50.870,98 Euro. Das ist aber weder für den Schuldner noch für den Kreditgeber ein Vor- oder Nachteil. Da auch bei allen anderen in Geld ausge-

drückten Werten (**Löhnen,** Preisen, **Mieten,** Pachten usw.) die Umrechnung mit dem gleichen Faktor (13,7603) stattfindet, kann dadurch niemand etwas gewinnen oder verlieren.

Die in Geldbeträgen ausgedrückten Zinszahlungen werden in Euro umgerechnet ebenfalls entsprechend geringer ausfallen. Wenn ein Zins von 8 Prozent unterstellt wird, dann mussten bei dem Hypothekenkredit ursprünglich 56.000 Schilling pro Jahr gezahlt werden. Ab 2002 sind es 4.069,68 Euro. Doch das sind in beiden Fällen 8 Prozent. Der **Zinssatz** bleibt nach dem Grundsatz der Vertragskontinuität auf der ursprünglich vereinbarten Höhe. Zinsgewinne oder -verluste sind auf diese Art nicht möglich. Die Umstellung findet hier wie in anderen Bereichen **wertgleich** statt.

Hinweis: Der Grundsatz der Vertragskontinuität gilt auch bei privaten Krediten. Wer seinem Schwager einen zinslosen Kredit gegeben hat, darf wegen der Umstellung auf Euro nicht plötzlich eine Zinszahlung verlangen. Wenn dagegen ein Freundschaftszins von 3 Prozent vereinbart wurde, gilt dieser vor wie nach der Umstellung auf die neue Währung in der vereinbarten Höhe. Nur die Höhe der Schuld und der Geldbetrag der Zinszahlung dürfen und müssen auf Euro umgerechnet werden.

Schwarzgeld

Was geschieht mit „Schwarzgeld“? Muss es beim Umtausch in Euro deklariert werden – und greift dann der Fiskus zu?

Der **Bargeldumtausch** findet in der Regel ohne große Formalitäten bei Banken und Sparkassen statt. Das gilt in jedem Fall bei „haushaltsüblichen Mengen“; die österreichischen Kreditinstitute haben sich diesbezüglich auf 50.000 Schilling geeinigt, die in jedem Fall kostenlos gewechselt werden. Für Beträge darüber hinaus können unter Umständen Gebühren für den Umtausch anfallen. Bei Summen ab 200.000 Schilling bzw. mit 1.1.2002 ab 15.000 Euro müssen die Kreditinstitute auf Grund des **Geldwäschegesetzes** eine Meldung an die Staatsanwaltschaft machen – es sei denn, der Kunde ist der Bank bekannt und zahlt auf Grund seiner Geschäftstätigkeit (wie Einzelhandel,

Hotel, Restaurant) regelmäßig große Summen bar ein. Wenn die Umstände es vermuten lassen, dass das Geld aus ungesetzlichen Quellen stammt, müssen Banken und Sparkassen auch bei geringeren Summen als 200.000 Schilling eine Meldung nach dem Geldwäschegesetz machen. Der Staatsanwalt muss diese Information auch dann an die Steuerbehörden weitergeben, wenn aus seiner Sicht kein Anlass für eine Strafverfolgung besteht.

Wer aus irgendwelchen Gründen größere Summen in bar besitzt und sich trotz guten Gewissens nicht der oft peinlichen Prozedur einer Befragung unterziehen möchte, braucht das Geld nicht in einem Betrag zur Bank zu bringen. Es kann auch bei verschiedenen Banken getauscht werden. Da die **Nationalbank** eine unbefristete Umtauschgarantie gibt, kann Bargeld, das viele Jahre nach der Umstellung auf Euro in einer Schatulle gefunden wird, noch gegen Euro getauscht werden. Wer neben dem Euro auch über andere Währungen verfügen möchte, um dieses Geld in Krisenzeiten im Fluchtgepäck mitnehmen zu können (es gibt immer noch Menschen, die ihre Erfahrungen mit Krieg und Vertreibung nicht vergessen können), der kann noch vorhandene Schillinge bis zum 28. Februar 2002 auch gegen **Schweizer Franken** oder Dollar tauschen.

Wer sich zur Zeit der großen Umtauschaktion in einem der Partnerländer der Währungsunion befindet, kann Schilling-Bargeld auch dort gegen Euro tauschen. Allerdings: Beim Grenzübertritt oder bei den seit 1998 möglichen Kontrollen in Zügen, Bahn- oder Flughäfen kann der Zoll bei Summen ab 200.000 Schilling verlangen, dass eine Erklärung darüber abgegeben wird, aus welchen Quellen das Geld stammt. Ein Geldumtausch im Ausland ist aber nach den dort jeweils geltenden Bestimmungen (siehe: **Bargeldtausch für Verbraucher**) möglich und völlig legal. Auch Gebietsfremde können Konten bei ausländischen Banken unterhalten, die auf Landeswährung oder Schilling (bzw. Francs, Gulden, D-Mark) lauten. Diese werden 2002 ebenso wie in Österreich in Euro umgewandelt.

Hinweis: Der Umtausch von Schilling und anderen alten Währungen ist immer dann am einfachsten und völlig unproblematisch, wenn das Geld vor dem 31. Dezember 2001 auf einem Konto eingezahlt wurde. Das erspart Wartezeiten vor dem Bankschalter und möglicherweise auch Fragen.

Lassen Sie sich nicht mit angeblichen Finanzexperten ein, die behaupten, hohe Bargeldbestände oder „nicht deklarierte Gelder“ würden bei der Einführung des Euro ersatzlos verfallen. Wer Ihnen anbietet, dieses Geld für Sie in Sicherheit zu bringen, ist mit hoher Wahrscheinlichkeit ein Betrüger.

Schweizer Franken als Fluchtwährung

Ist es sinnvoll, Ersparnisse in der Schweiz anzulegen und erst einmal abzuwarten, wie stabil die europäische Währung auf Dauer wird?

Es ist zwar nicht verboten, Geld im Ausland anzulegen – jedenfalls, solange es regulär versteuert wird. Aber wegen der Währungsunion und der vollständigen Umstellung auf Euro haben das entgegen manchen ursprünglichen Erwartungen nur wenige getan. Dafür gibt es Gründe. Der Schweizer Franken war lange Zeit recht hoch bewertet. Die Gefahr für den Währungsflüchtling bestand also darin, dass

- der Schweizer Franken zunächst teuer eingekauft wird,
- das Kapital während des Parkens auf einem Konto in Zürich viel niedrigere Zinsen bringt als in Österreich (das Zinsniveau liegt in der Regel niedriger),
- der Franken bei einer Rückführung des Geldes mit Kursverlust verkauft werden muss.

Signifikante Ziffern

Was bedeutet dieser Begriff im Zusammenhang mit der Währungsunion?

Da es sich beim Übergang von den nationalen Währungen auf den Euro um einen **wertgleichen Umtausch** handelt, musste darauf geachtet werden, dass es nur zu sehr kleinen Rundungsdifferenzen bei der notwendigen Umrechnung kommen kann. Das ist vor allem auch deswegen notwendig, weil die alten nationalen Zahlungsmittel bis zur endgültigen Währungsumstellung

neben dem Euro noch bis zum Jahr 2002 in Gebrauch waren. Deshalb wurde in einer EU-Verordnung festgelegt, dass bei Umrechnungen immer mit sechs „signifikanten Ziffern“ gerechnet werden muss. Diese liegen bei den einzelnen nationalen Währungen an unterschiedlicher Stelle vor und hinter dem Komma. Der Grund: Beim österreichischen Schilling, bei der deutschen Mark oder beim niederländischen Gulden haben auch die beiden Stellen hinter dem Komma eine Bedeutung. Bei der italienischen Lira oder der spanischen Peseta spielte dies wegen des geringen Wertes einer Lira oder Peseta keine Rolle.

Bei der Umrechnung von Schilling in Euro stehen die ersten beiden signifikanten Ziffern vor dem Komma, danach folgen vier weitere Ziffern. Ein Euro ist 13,7603 Schilling wert. Diese Genauigkeit ist vor allem bei mehrfachen Umrechnungen oder großen Summen wichtig. Das Ergebnis kann bis auf zwei Stellen hinter dem Komma gerundet werden, weil es dabei dann nur noch um Zehntel-Cent bzw. Groschen-Beträge geht.

Sparbücher

Was geschieht mit den Sparbüchern, auf denen das Guthaben in Schilling ausgewiesen ist?

Alle Guthaben auf Sparbüchern werden ebenso wie Guthaben auf Lohn- oder Gehaltskonten mit dem gleichen festen **Umrechnungsfaktor** wie alle anderen Geldgrößen auf die Euro-Währung umgestellt. Da auch Löhne, Preise, Zinsen usw. nach diesem Verfahren umgerechnet werden, ändert sich an der **Kaufkraft** also am realen Wert der Ersparnisse – nichts. Es handelt sich um eine **wertgleiche** Umstellung, die nichts mit einer **Währungsreform** zu tun hat.

Bis zum 31. Dezember 2001 können Einzahlungen und Abhebungen jederzeit in Schilling vorgenommen werden. Anfang 2002 erst findet die Umstellung auf Euro statt. Das ist ein Vorgang, der automatisch erfolgt. Es müssen keine Anträge gestellt oder andere Vorkehrungen getroffen werden. Schon am 1. Öffnungstag der Bank oder des Postamts kann wieder in vollem Umfang über das Geld verfügt werden. Auszahlungen sind aber nur noch in Euro möglich. Schilling abzuheben wäre auch sinnlos, da sie bald kein gesetzliches Zahlungsmittel mehr sind. Sie werden zwar vom Einzelhandel noch angenommen,

aber das Wechselgeld gibt es fast nur noch in Euro. Bis spätestens 28. Februar muss der letzte Schilling zur Bank gebracht und in Euro umgetauscht worden sein. Danach tauscht nur noch die Nationalbank alte Schilling in Euro um – allerdings ohne zeitliche Begrenzung.

Hinweis: Wer sein Geld rechtzeitig auf ein Konto oder Sparbuch einzahlt, es in Aktien anlegt oder Restbestände bis Ende Februar beim Einkaufen ausgibt, spart sich Anfang Jänner den Gang zur Bank. Nur so viel Bargeld bereit halten, wie für die laufenden Ausgaben benötigt wird.

Stabilität (Preisstabilität)

Euro-Gegner haben immer wieder davor gewarnt, dass der Euro weniger stabil sein würde als der Schilling.

Diese Warnungen gibt es. Aber umgekehrt kann auch keiner dieser Ökonomen beweisen, dass der Schilling auf die Dauer so stabil gewesen wäre wie in der zweiten Hälfte der Neunzigerjahre. Auch die Währungen der Partnerländer hatten in dieser Zeit ungewöhnlich niedrige Preissteigerungsraten.

Die **Europäische Zentralbank** hat ebenso wie früher die Nationalbank die Verpflichtung, für die Stabilität des Euro zu sorgen. Wenn sie dabei nicht von allen verantwortlichen Stellen unterstützt wird, kann nicht ausgeschlossen werden, dass der Euro weniger wertbeständig ist, als es der Schilling in der ersten Hälfte der Neunzigerjahre war. In Österreich hat es in der Vergangenheit auch Zeiten gegeben, in denen trotz aller Bemühungen der Nationalbank Inflationsraten von mehr als vier Prozent registriert werden mussten.

Stabilitätspakt

Was soll mit dem so genannten Stabilitätspakt erreicht werden?

Auf deutschen Vorschlag hin wurde von den Ländern der EU im Zusammenhang mit den Vorbereitungen auf die Währungsunion ein Stabili-

tätspakt beschlossen. Die wichtigsten Entscheidungen dazu fielen nach längeren politischen Auseinandersetzungen auf der Konferenz der Staats- und Regierungschefs der EU im Dezember 1996 in Dublin. Der Stabilitätspakt soll die Regierungen der an der Währungsunion teilnehmenden Staaten auch nach dem Beginn der Währungsunion dazu verpflichten, die Stabilitäts- oder **Konvergenzkriterien** einzuhalten, die im Vertrag von Maastricht niedergelegt sind. Damit soll vor allem verhindert werden, dass einzelne Staaten ihre Haushalte in nicht vertretbarem Maß durch Kredite finanzieren.

Regierungen, die über das zulässige Maß hinaus Kredite aufnehmen, müssen dies rechtfertigen oder „Bußgelder" an die Gemeinschaftskasse zahlen. Damit soll verhindert werden, dass Mitgliedsländer zahlungsunfähig werden. Der **Europäischen Zentralbank** ist es nämlich verboten, Budgetdefizite durch Kredite zu finanzieren – also die Haushalte der Mitgliedsländer über die Notenpresse mit Geld zu versorgen. Dadurch wird sichergestellt, dass von der staatlichen Verschuldung keine Gefahren für die **Stabilität** der Währung ausgehen.

Deshalb wurden für die Obergrenzen staatlicher Verschuldung in Dublin feste Regeln vereinbart: Das Haushaltsdefizit darf 3 Prozent (gemessen an der gesamtwirtschaftlichen Leistung des Landes) nicht überschreiten. Eine Ausnahme ist nur zulässig, wenn

- eine ernste Rezession die Ursache ist oder
- wenn die hohe Neuverschuldung durch ein außergewöhnliches Ereignis begründet werden kann, das sich der Kontrolle des betreffenden Mitgliedstaates entzieht (Beispiel: Naturkatastrophe) und zugleich erhebliche Auswirkungen auf die Finanzlage des Staates hat.

Die EU-Kommission muss einen Bericht erstellen, sobald das geplante oder tatsächliche Defizit eines Mitgliedstaates den Referenzwert von 3 Prozent überschreitet. Eine Überschreitung der Neuverschuldung von 3 Prozent auf Grund einer Wirtschaftskrise wird aber nur dann als Ausnahmefall eingestuft, wenn ein realer Rückgang der gesamtwirtschaftlichen Leistung (BIP) von mindestens 2 Prozent zu verzeichnen ist. Ein Rückgang zwischen 0,75 und 2 Prozent kann nur dann als Ausnahmefall eingestuft werden, wenn das betreffende Land die Notwendigkeit einer höheren Neuverschuldung überzeugend begründen kann.

Kann ein Land dies nicht, wird es ermahnt, seine Haushaltspolitik zu än-

dern. Kommt es dieser Aufforderung nicht in der vorgesehenen Frist nach, muss es Bußgelder zahlen. Diese Beträge werden zunächst zinslos eingefroren. Wenn dann innerhalb der dafür vorgesehenen Zeit die Defizite nicht auf das zulässige Maß zurückgeführt werden, verfallen die **Bußgelder der Stabilitätssünder** zugunsten der Gemeinschaftskasse.

Vorteil dieser Regelung: Mit dem Stabilitätspakt setzen sich demokratisch regierte Länder erstmals kontrollierbare und mit Sanktionen versehene Obergrenzen für die öffentliche Verschuldung. Zwar finden sich auch in verschiedenen Verfassungen entsprechende Regelungen. Sie sind aber sehr allgemein gehalten, und ihre Beachtung kann nicht erzwungen werden. Als Folge davon hat die Verschuldung fast aller Demokratien stark zugenommen.

Startpakete (Starter-Kits)

Können Verbraucher und Unternehmer schon vor 2002 Euro bekommen?

Die **Banknoten** werden bis zum 1. Jänner 2002 streng unter Verschluss gehalten, damit Kriminelle keine Gelegenheit haben, Muster für die Produktion von Falschgeld in die Hände zu bekommen. Euro-Münzen dagegen werden an Private schon zwei Wochen vorher in kleinen Mengen ausgegeben.

Vom 15. Dezember 2001 an werden Kreditinstitute und Postämter eine Mischung der verschiedenen Euro-Münzen (so genannte Starter-Kits) gegen den entsprechenden Betrag in Schilling, aber ansonsten gebührenfrei an die Bevölkerung abgeben. In den bewusst unscheinbar gehaltenen Plastikpaketen, die den Verbrauchern signalisieren sollen, dass dieses Geld zum Ausgeben da sei, sind alle Euro-Münzen enthalten – also acht verschiedene Werte mit der österreichischen Variante auf der nationalen Seite der **Münzen.** Der Gesamtwert der 33 Münzen liegt bei 14,54 Euro (200,07 Schilling). Der entsprechende Abgabepreis beträgt 200 Schilling. Der Inhalt der Startpakete für Private:

4 x Zwei Euro	4 x Ein Euro	2 x Fünfzig Cent	3 x Zwanzig Cent
6 x Zehn Cent	4 x Fünf Cent	4 x Zwei Cent	6 x Ein Cent

In Österreich werden von der Münze Österreich, einer Tochter der Nationalbank, 5,5 Millionen Startpakete produziert. Damit stehen den Konsumenten insgesamt etwa 180 Millionen Stück Münzen (ca. 12 Prozent der Startausgabemenge an Münzen) im Wert von rund 80 Millionen Euro bereits am ersten Tag des Euro-Umtausches zur Verfügung. Davor darf das neue Geld auch noch nicht zum Zahlen verwendet werden: Die Münzen werden erst am 1. Jänner 2002 gesetzliches Zahlungsmittel. Vor dem 1.1.2002 werden sie weder vom Handel noch von Banken oder Postämtern angenommen.

Ähnlich wie für Private werden auch für Unternehmen Startpakete aufgelegt. Ein Paket besteht aus einem Sortiment von Münzrollen im Gegenwert von 145,50 Euro (2.002,12 Schilling) und kann ab November 2001 zum Preis von 2.000 Schilling in Bankstellen bezogen werden. Der Inhalt der Startpakete für die Wirtschaft:

25 x Zwei Euro	50 x Ein Euro	40 x Fünfzig Cent	40 x Zwanzig Cent
120 x Zehn Cent	50 x Fünf Cent	100 x Zwei Cent	100 x Ein Cent

Das Unternehmer-Startpaket kann natürlich nicht den Wechselgeldbedarf abdecken, den Unternehmen mit hohem Bargeldbedarf in den ersten Jännertagen des Jahres 2002 haben werden (siehe auch **EuroCalculus**). Damit ab 1.1.2002 eine ausreichende Bargeldmenge im Umlauf ist, beginnt die eigentliche Vorverteilung – das **Frontloading** – an Geschäftsbanken, Geldtransporteure, Unternehmen und den öffentlichen Sektor bereits mit 1. September 2001.

Steuern

Ab wann müssen Steuererklärungen in Euro abgegeben werden und was ändert sich bei Freibeträgen, steuerlichen Tarifen und Gebühren?

Steuererklärungen konnten bereits ab 1999 in Euro abgegeben werden. Laut dem Euro-Einführungserlass des Finanzministeriums können Unternehmen und Selbstständige ihre Umsatz- und Lohnsteuererklärungen zwischen Jänner 1999 und Ende 2001 wahlweise in Schilling oder Euro einreichen; ebenso die Umsatzsteuervoranmeldungen. Diese Wahlmöglichkeit steht

unabhängig davon zu, ob die Buchhaltung und/oder die Bilanzerstellung in Schilling oder in Euro erfolgt. Erst wenn die Steuererklärung für das Jahr 2002 erstellt wird – im Regelfall also im Jahr 2003 – gilt auch bei Steuern und Absetzbeträgen nur noch der Euro.

Auf den Steuerbescheiden des Finanzamts werden in der Übergangsphase die Beträge gleichzeitig in Schilling und Euro angegeben; die Bescheide selbst lauten aber auf Schilling, und zwar auch dann, wenn die Steuererklärung bereits in Euro eingereicht wurde. Erstmals „echte“ Euro-Bescheide gibt es für den Steuerfreibetragsbescheid 2002 sowie für den Steuervorauszahlungsbescheid 2002 und die Folgejahre. In Zahlungserleichterungsbescheiden werden Beträge für 2001 noch in Schilling, Beträge ab dem Jahr 2002 in Euro dargestellt. Bei allen Bescheiden, die ab dem 1.1.2002 ergehen, werden die im Bescheidspruch enthaltenen Beträge auf Euro lauten. Beziehen sich diese Bescheide auf einen Stichtag oder Veranlagungszeitraum vor dem 31.12.2001, so wird die Berechnung in Schilling dargestellt.

Beispiel: Im Spruch des Einkommensteuerbescheides für das Jahr 2000, der im Jahr 2002 erlassen wird, sind das Einkommen und die Abgabenschuld in Euro ausgedrückt. Die Berechnung des Einkommens und der Abgabenschuld wird jedoch noch in Schilling dargestellt.

Bei Bescheiden für Stichtage oder Veranlagungszeiträume nach dem 31.12.2001 werden sowohl die im Bescheidspruch enthaltenen Beträge als auch die Berechnungen nur mehr in Euro dargestellt.

Ein weiteres Umstellungsproblem betrifft die verschiedenen Tarif- und Gebührensätze, bei denen es sich in der Regel um runde Schilling-Summen handelte. Eine Umstellung zum exakten Umrechnungskurs von einem Euro gleich 13,7603 Schilling hätte „krumme“ Beträge ergeben. Deshalb hat der Gesetzgeber bei 18 Steuergesetzen die relevanten Beträge auf glatte Euro-Summen gebracht. Dabei hatte der Finanzminister ausnahmsweise ein Herz für den Steuerzahler: Die alten Schilling-Beträge wurden bei der Umwandlung in Euro nicht nur kaufmännisch gerundet. Vielfach wurden sie auch zu Gunsten der Steuerzahler geglättet. So wird etwa die Werbungskostenpauschale ab 1. Jänner 2002 von derzeit 1.800 Schilling auf 132 Euro „geglättet“, was einer Erhöhung um 16,36 Schilling zugunsten des Steuerzahlers entspricht. Die Grenze für

Wirtschaftsgüter, die sofort als Betriebsausgaben abgeschrieben werden können (wie etwa Fachbücher oder Büromaterial), wird von derzeit 5.000 Schilling auf 400 Euro (= 5.504,12 Schilling) erhöht. Insgesamt soll dies laut Finanzminister Karl-Heinz Grasser der Bevölkerung eine Ersparnis von 250 bis 300 Millionen Schilling (18,17 bis 21,8 Millionen Euro) bringen.

Keine Änderung bei Umsatz-/Mehrwertsteuern

Die Einführung der neuen Gemeinschaftswährung hat keinen Einfluss auf die nationalen Umsatz- oder Mehrwertsteuern, die innerhalb der EU zwischen 16 und 25 Prozent schwanken. Die EU-Kommission hat zwar schon mehrere Versuche in diese Richtung unternommen, da die Harmonisierung der indirekten Steuern (wie etwa Umsatzsteuern; nicht aber direkter Steuern wie Einkommen- und Körperschaftsteuern) als ausdrücklicher Auftrag im EG-Vertrag festgehalten ist. Da in Steuerfragen Einstimmigkeit erforderlich ist, gibt es aber aufgrund des Widerstands vor allem von Seiten Luxemburgs und Großbritanniens noch keine Einigung. Die mit dem Euro verstärkte Transparenz der Preise zwischen den einzelnen Mitgliedstaaten wird jedoch mittelfristig immer stärkeren Druck auf eine Harmonisierung der Steuergesetzgebungen im gesamten Währungsgebiet ausüben.

Tarife und Gebühren

Müssen auch die Gebühren und Tarife im öffentlichen Bereich wertgleich umgestellt werden?

Siehe dazu **Abgaben** und **Steuern**

Telefonwertkarten/Telefonzellen

Wann werden die Münzapparate umgestellt und bis wann gilt das Schilling-Guthaben auf Telefonwertkarten?

Bei den Telefonwertkarten gestaltet sich die Euro-Anpassung relativ einfach: Dort ist nur eine Umstellung der Software erforderlich. Wer noch im

Besitz einer Wertkarte mit Schilling-Guthaben ist, braucht sich auch nach Einführung der neuen Euro-Wertkarten keine Sorgen zu machen: Die alten Telefonkarten sollen noch mindestens bis 2005 verwendbar sein, denn die derzeit rund 10.500 Wertkartenfernsprecher sind in der Lage, beide Kartenarten (ATS und EUR) zu akzeptieren, und zeigen auch den jeweiligen Betrag an.

Schwieriger ist die Umrüstung der rund 17.400 Münzapparate in Österreich. Dort muss neben der Software auch der Münzprüfer ausgetauscht werden. Bei vielen der alten Geräte lohnt sich das nicht mehr, sodass 5.000 neue Münztelefone zu installieren sind. Um den Benützern der Telefonhäuschen die Umstellungsphase zu erleichtern, schlucken die Münzapparate bis 1. März 2002 sowohl Schilling als auch Euro und Cent. Danach sind Telefongespräche nur noch möglich, wenn die Apparate mit der neuen Währung bestückt werden.

Transaktionskosten

Was bedeuten die Transaktionskosten, von denen im Zusammenhang mit der Europäischen Währungsunion immer gesprochen wird?

Zu den Transaktionskosten gehören in diesem Zusammenhang alle Aufwendungen, die einem Unternehmen dadurch entstehen, dass es seine Produkte gegen fremde Währung verkauft und den Erlös in heimische Währung umtauschen muss. Das waren vor dem Start der Währungsunion neben den Gebühren für das bloße Umwechseln der in Francs, Gulden, Yen oder Dollar erzielten Erlöse in Schilling vor allem die Aufwendungen zur Absicherung von Wechselkursrisiken. Denn oft liegen zwischen Vertragsabschluss und Zahlungsvorgang Wochen oder Monate. Bei der Lieferung von Anlagen können sogar Jahre vergehen, bis die letzten Zahlungen eingehen. In dieser Zeit kann sich der Wechselkurs der Währungen stark verändern, und aus dem bei dem Geschäft erhofften Gewinn kann ein schmerzlicher Verlust werden. Das gilt auch umgekehrt, wenn die Lieferung von Rohstoffen, Energie, Teilen oder Fertigwaren aus dem Ausland vereinbart wird. Auch hier kann sich zwischen Vertragsabschluss und Lieferung der Kurs der Währungen verändern. Gegen solche Wechselkursrisiken kann man sich zwar „versichern“. Dies geschieht durch

Devisentermingeschäfte, Factoring und ähnliche Maßnahmen. Aber das kostet Geld. Die Europäische Kommission schätzte, dass allein innerhalb der Europäischen Union die Wirtschaft für derartige Transaktionskosten (Gebühren für Umtausch plus Kurssicherungsgeschäfte) früher rund 300 bis 350 Milliarden Schilling im Jahr aufwenden musste.

Auch Touristen haben Transaktionskosten. Sie werden in der Regel zwar keine Kurssicherungsgeschäfte abschließen. Aber sie verlieren beim Eintausch von Schilling gegen fremde Währungen und beim Rücktausch jeweils Geld, denn die Wechselstube lässt sich für ihre Dienste bezahlen oder verdient am Unterschied zwischen Sortenkurs und Devisenkurs. Der Devisenkurs ist das an den Börsen festgestellte offizielle Austauschverhältnis zweier Währungen. Der Sortenkurs ist der Preis, der beim Umtausch von Bargeld berechnet wird. Auch bei Verwendung von **Kreditkarten** werden derartige Kosten berechnet.

In der Währungsunion fallen für Unternehmen und Privatleute solche Transaktionskosten weg. Wer mit dem Flugzeug von Salzburg nach Paris oder von Wien nach Helsinki fliegt, kann dort mit dem gleichen Geld zahlen wie zu Hause.

Umrechnung in Euro

Nach welchen Regeln wurden die alten nationalen Währungen in die gemeinsame Euro-Währung umgerechnet?

Bei Einführung des gemeinsamen Geldes werden alle Geld- oder Zahlungsgrößen (**Löhne,** Preise, **Pensionen,** Zinsen, Guthaben, Wertpapierkurse, Schulden, **Mieten, Steuern** usw.) nach einem festen Schlüssel in die neue Währung umgerechnet. Der Umrechnungsfaktor ist allerdings in jedem Land anders. Dabei wurde der unterschiedliche Wert von Schilling, Franc, Gulden, D-Mark oder Krone zum Zeitpunkt der Wechselkursfixierung berücksichtigt.

Da die Kurse zwischen den Währungen der teilnehmenden Länder untereinander und zum Euro schon seit 1999 unwiderruflich fixiert sind, spielte es schon in der Übergangszeit 1999/2002 keine Rolle mehr, in welcher Währung abgerechnet wurde. Es ist ähnlich wie bei Pfund und Kilo oder bei PS und Kilowatt: Es handelte sich nur noch um unterschiedliche Maßeinheiten für die gleiche Größe oder Menge:

10 Kilo sind gewichtsmäßig so viel wie 20 Pfund,
150 PS bedeuten ebenso viel an Motorenleistung wie 110 kw, und
100 Schilling haben die gleiche Kaufkraft wie 7,27 Euro.

Grundlage für die Festlegung der Umtauschverhältnisse zum Euro und unter den teilnehmenden Währungen waren die Wechselkursrelationen, die sich in den Jahren vor Beginn der Währungsunion herausgebildet hatten. So betrug das Kursverhältnis der D-Mark zum österreichischen Schilling etwa 1:7. Deshalb müssen die Österreicher etwa siebenmal mehr in Schilling gerechnet für einen Euro zahlen als Deutsche. Bei den Kursen, die sich Anfang 1997 an den Devisenmärkten gebildet hatten, hätten für einen Euro zum Beispiel zahlen müssen:

Nationalität	fiktiver Kurs 1997	Umrechnungskurs 2002
Österreicher	13,724 Schilling	13,7603
Franzosen	6,590 Francs	6,55975
Deutsche	1,950 D-Mark	1,95583
Niederländer	2,190 Gulden	2,20371
Belgier/Luxemburger	40,248 belgische Francs	40,339
Finnen	5,807 Finnmark	5,9473
Iren	0,737 irische Pfund	0,787564

Das zeigt, wie stark die Kursrelationen sich schon im Vorfeld der Währungsunion stabilisiert hatten. Die Kurse, die Ende 1998 für den Umtausch in Euro festgesetzt wurden, waren daher keineswegs zufällig gegriffen oder politisch ausgehandelt worden.

Es sieht nur so aus, als ob die Iren für einen Euro weniger zahlen müssten als alle anderen. Am Verhältnis der **Kaufkraft** ändert sich nichts, denn in Irland steigen alle Preise, Mieten usw. (in Euro gerechnet), während sie in den anderen Ländern rein rechnerisch niedriger sind als vorher. Das bedeutet zugleich, dass sich auch an den Einkommens- und Vermögensverhältnissen innerhalb der Union durch die Umstellung der Währung real nichts verändert. Wenn zum Beispiel der Lohn eines französischen Lehrers oder Busfahrers vorher um 10 Prozent niedriger war als der entsprechende Lohn des jeweiligen österreichischen Kollegen, dann wird dieser Unterschied durch die Umrechnung nicht

verändert. Der Franzose verdient dann auch nach der Umstellung um 10 Prozent weniger, da es eine rein technische Umstellung ist, die – anders als beim Beitritt der neuen Länder zur Bundesrepublik Deutschland – nicht mit einer Anpassung von **Löhnen** oder sozialen Leistungen an ein höheres Niveau verbunden ist.

Da die **Umrechnungsfaktoren** allgemein bekannt sind, kann jeder Kunde, Mieter, Arbeitnehmer oder Sparer jederzeit nachrechnen, ob die alte Währung von seinem Arbeitgeber, Einzelhändler, Vermieter oder dem Kreditinstitut korrekt in Euro umgerechnet wurde. Die kleinen Auf- und Abrundungen an der zweiten Stelle hinter dem Komma bei der Umstellung gleichen sich weitgehend aus, da sie einmal zu Gunsten, einmal zu Ungunsten des Betroffenen ausfallen.

Umrechnungsfaktor

Was ist darunter genau zu verstehen und nach welchem Faktor wird der Schilling in Euro umgerechnet?

Der Umrechnungsfaktor ist ein Synonym für den Umrechnungskurs zwischen nationalen Währungseinheiten der am Euro teilnehmenden Mitgliedstaaten und dem Euro. Am 31. Dezember 1998 wurden die Umrechnungskurse der nationalen Währungen zum Euro vom ECOFIN-Rat unwiderruflich festgelegt. Mit 1. Jänner 1999 wurden die nationalen Währungen zu Untereinheiten des Euro.

Für Österreich gilt der Umrechnungsfaktor 13,7603. Das heißt:

1 Euro = 13,7603 Schilling

Um auszurechnen, wie viel Schilling ein bestimmter Euro-Betrag sind, muss der Schilling-Betrag mit 13,7603 multipliziert werden:

100 Euro x 13,7603 = 1.376,03 Schilling

Um umgekehrt von einem Schilling-Betrag auf die entsprechende Summe in Euro zu kommen, muss der Betrag durch 13,7603 dividiert werden:

100 Schilling : 13,7603 = 7,27 Euro

Umstellungskosten

Wie viel wird die Einführung des Euro kosten und wer bezahlt das?

Kosten für die neue Währung entstehen vor allem in drei Bereichen:

1. der Oesterreichischen Nationalbank für den Druck der neuen **Banknoten** und **Münzen** sowie für die Information der Bevölkerung;
2. der heimischen Wirtschaft für die **Maßnahmen,** die für die Vorbereitung auf die Währungsumstellung und deren Durchführung erforderlich sind;
3. der öffentlichen Hand für die Umstellung von EDV, Gesetzen und Verordnungen sowie für die Einrichtung der erforderlichen Informationsstellen.

Was die Umstellungskosten der Banknoten und Münzen auf den Euro betrifft, so belaufen sich diese laut EU-Kommission auf rund 0,25 Prozent des jährlichen EU-Bruttosozialprodukts. In der Oesterreichischen Nationalbank, die für den Druck der neuen Währung in Österreich und für den Umtausch von Schilling auf Euro verantwortlich ist, hüllt man sich über die Produktionskosten in Schweigen. Fest steht nur, dass die Euro-Banknoten wegen der zur erhöhten Sicherheit eingesetzten Echtheitsmerkmale etwas teurer in der Herstellung sind als die meisten der derzeit im Umlauf befindlichen Scheine.

Wenngleich die Kostenzurechnung für die heimische Wirtschaft nicht bis auf den letzten Schilling genau möglich ist, weil manche Ausgaben auch mit anderen betrieblichen Erfordernissen verknüpft sind (wie etwa mit den umfangreichen Computerumstellungen anlässlich des Millenniumswechsels), ergeben Berechnungen aus verschiedenen Quellen ähnliche Ergebnisse. So kommt etwa die Wirtschaftskammer in einer Schätzung für die Unternehmen auf Umstellungskosten von circa 20 Milliarden Schilling. Dabei sind allerdings die Ausgaben der öffentlichen Hand für die Euro-Einführung nicht mit eingeschlossen. Finanzminister Karl-Heinz Grasser geht davon aus, dass die Umstellung auf den Euro einmalig 0,5 bis 0,75 Prozent des Bruttoinlandsprodukts (BIP) kosten wird; das entspricht 14 bis 21 Milliarden Schilling (1,02 bis 1,53 Milliarden Euro).

Im Detail sieht die Kostenaufteilung etwa so aus:

- Die gesamten Umstellungskosten auf den Euro im Finanzdienstleistungsbereich – und hier vor allem bei den Kreditinstituten – werden von der EU-Kommission auf voraussichtlich 0,25 Prozent des Bruttoinlandsproduktes geschätzt (für Österreich entspricht das circa 8 Milliarden Schilling oder 581 Millionen Euro). In dieser Zahl sind allerdings die Kosten für die Umstellung im Bereich der Informationstechnologie nicht enthalten;
- in der Industrie handelt es sich um 4 bis 5 Milliarden Schilling (rund 300 Millionen Euro);
- im Handel um 4 Milliarden Schilling (291 Millionen Euro);
- in der Landwirtschaft und in anderen Bereichen um weitere 4 Milliarden Schilling (291 Millionen Euro).

Laut Finanzminister soll die neue Währung durch den Wegfall des Wechselkursrisikos und durch den zu erwartenden Wachstumseffekt aber jährlich 0,5 Prozent des BIP für die heimische Volkswirtschaft bringen. Nach dieser Einschätzung, die sich mit jener der EU-Kommission deckt, würde sich der Euro bereits in ein- bis eineinhalb Jahren rechnen.

Diesem Zeitraum der Amortisierung entspricht beispielsweise auch die Schätzung der VOEST-Alpine Stahl AG, die von eigenen Umstellungskosten in Höhe von 40 Millionen Schilling ausgeht. Da im Gegenzug die Kosten für die Absicherung von Exporten gegen Wertverlust durch Wechselkursschwankungen in Höhe von 50 Millionen Schilling jährlich wegfallen, rechne sich die neue Währung für die VA Stahl bereits im ersten Jahr der Einführung.

Generell sollen durch die Gemeinschaftswährung jährlich um schätzungsweise 13 Milliarden Schilling weniger Kurssicherungs- und **Transaktionskosten** anfallen. Für Klein- und Mittelbetriebe, die keine Exporte tätigen und fast ausschließlich regional tätig sind, sind die unmittelbaren wirtschaftlichen **Vorteile** der Währungsunion dennoch nicht sofort spürbar. Ihnen entstehen – einmalige – Kosten durch Computer- und Kassenumstellungen sowie durch die doppelte **Preisauszeichnung.** Der Gewinn daraus ist in diesen Fällen tendenziell eher langfristig zu messen und soll vor allem in einer stabilen bzw. wachsenden Wirtschaft liegen.

Unternehmen

Welche Bereiche im Unternehmen sind von der Umstellung auf Euro in jedem Fall betroffen?

Siehe dazu **Maßnahmen im Unternehmen**

Versicherungen

Ändert sich durch den Euro etwas an den Versicherungsverträgen?

An den Verträgen ändert sich nur insofern etwas, als die bisherigen Schilling-Beträge nunmehr in Euro angegeben werden. Sie werden dazu mit dem allgemein geltenden **Umrechnungsfaktor** umgestellt, also durch 13,7603 dividiert. Da sich auch alle anderen Zahlungsgrößen (Löhne, Preise, Mieten usw.) entsprechend ändern, bleibt der reale Wert der Versicherung (die **Kaufkraft**) unverändert. Das Preis-Leistungsverhältnis wird durch die Umstellung nicht berührt.

Hier gilt also, was für alle in Geld ausgedrückten Größen zutrifft: Versicherungen werden **wertgleich** umgestellt. In Euro gerechnet, sinken die zu zahlenden Prämien ebenso wie die im Versicherungsfall auszuzahlende Vertragssumme. Das gilt nur dann nicht, wenn es sich dabei um eine **Lebensversicherung** handelt, die in einer Währung abgeschlossen wurde, welche nicht im Euro aufgegangen ist – wie britisches Pfund, Schweizer Franken oder Dollar.

Da viele Beträge bislang auf runde Schilling-Summen abgeschlossen wurden (wie etwa eine Haushaltsversicherung auf 600.000 Schilling oder eine Eigenheimversicherung auf 1.500.000 Schilling) und diese durch die Euro-Umrechnung zu „krummen" Beträgen werden (in den beiden Beispielen etwa zu 43.603,70 Euro bzw. 109.009,25 Euro), werden sich in der Zukunft bei neuen Verträgen andere Vertragssummen etablieren, die runden Euro-Beträgen entsprechen. Im Fall der Haushaltsversicherung statt 600.000 Schilling beispielsweise 40.000 oder 50.000 Euro; im Fall der Eigenheimversicherung statt 1.500.000 Schilling eventuell 100.000 Euro (= 1.376.030 Schilling). Die jeweilige Höhe hängt aber natürlich in erster Linie vom individuellen Bedarf des Versicherten ab.

Hinweis: Eine „Glättung“ der Vertragssumme oder der Prämien aus Anlass der Umrechnung von Schilling auf Euro ist keineswegs notwendig und sollte – wenn überhaupt – nur dann akzeptiert werden, wenn sich dadurch an den anderen Konditionen im Vertrag nichts zu Ihren Ungunsten ändert.

Vertragsanpassungen

Müssen oder können in Verträgen Änderungen vorgenommen werden, weil nur noch in Euro gezahlt werden kann?

Für Geschäfte zwischen Unternehmen und Verbrauchern in Österreich sind die erforderlichen Angaben genau geregelt:

- Nach dem Euro-Justiz-Begleitgesetz sind in allen ab dem 1. Jänner 1999 geschlossenen Langzeitverträgen, deren Vertragsdauer über den 31. Dezember 2001 hinausreicht, die Geldbeträge sowohl in Schilling als auch in Euro anzugeben. Beispiele für solche Verträge sind Ratenkäufe, unbefristete Mietverträge, Abonnementverträge und Ähnliches. Diese Verpflichtung zur „doppelten Wertangabe“ gilt nur im Verbrauchergeschäft, also in Verträgen zwischen Unternehmen und Verbrauchern im Sinne des Konsumentenschutzgesetzes. Von der Verpflichtung nicht betroffen sind Dienstverträge, Werkverträge und andere nicht dem Konsumentenschutz unterliegende Verträge.
- Es ist aber auch möglich, zu vereinbaren, dass der Verbraucher spätestens ab 31. Dezember 2001 eine schriftliche Information über die maßgeblichen Euro- und Schilling-Beträge erhält.
- Für Langzeitverträge, die vor dem 1. Jänner 1999 geschlossen wurden, besteht ebenso eine Verpflichtung, den Verbraucher über die maßgeblichen Beträge in Euro und Schilling unentgeltlich und schriftlich zu unterrichten.
- In Rechnungen, die Verbrauchern aus Langzeitverträgen gelegt werden, ist nur der endgültige (Brutto-)Rechnungsbetrag, ein allfälliges Entgelt für eine Leistungseinheit und ein allfälliges „Grundentgelt“ anzugeben. Wurde dem Verbraucher vor der Rechnungslegung eine schriftliche Information über die maßgeblichen Euro- und Schilling-Beträge übermittelt,

so müssen nur die von ihm zu zahlenden Beträge in Euro und Schilling angegeben werden.

Etwas komplizierter wird die Sache dort, wo es um Verträge geht, die mit Vertragspartnern außerhalb der Währungsunion geschlossen wurden. Generell gilt, dass es sich bei der Währungsumstellung um einen hoheitlichen Akt handelt. Die Umstellung von Schilling, D-Mark, Franc oder Gulden auf Euro bedeutet daher nicht den Wegfall der Geschäftsgrundlage bei privaten Verträgen. Schon seit 1999 können alle geldwerten Leistungen und Verpflichtungen auch durch eine entsprechende Zahlung in Euro erbracht werden. Ab März 2002 ist der Euro alleiniges **gesetzliches Zahlungsmittel,** mit dem jede in Geld ausgedrückte Verbindlichkeit nicht nur erfüllt werden kann, sondern auch muss.

Da aber niemand sagen kann, ob ein Richter in Chicago, Tokio oder Kuala Lumpur das ebenso sieht, könnten Unternehmen in Schwierigkeiten kommen, wenn ihre dortigen Vertragspartner bei den auf Schilling (Lire, Gulden, Francs usw.) lautenden Verträgen Erfüllung in dieser Währung verlangen. Das ist zwar sehr unwahrscheinlich, kann aber nicht völlig ausgeschlossen werden. Den Zahlungspflichtigen würde es jedenfalls in arge Verlegenheit bringen, denn nach dem Jahr 2002 existieren diese Währungen nicht mehr. Umgekehrt könnte es sein, dass ein Vertragspartner versucht, auch nach dem Jahr 2002 seine Rechnungen mit Schilling-Beständen zu begleichen, die in früheren Jahren gehortet wurden. Für den Empfänger wäre das allerdings in diesem Fall kein Problem, weil die Europäischen Zentralbanken die alten nationalen Währungen der Mitgliedsländer auf unbegrenzte Zeit in Euro umtauschen. Allerdings könnte es unangenehme Fragen auf Grund des **Geldwäschegesetzes** geben.

Vertriebsgebiete

Werden Unternehmen ihre Vertriebsgebiete in der Währungsunion ganz anders aufteilen?

In der Währungsunion ansässige Unternehmen müssen sich nicht mehr nach Währungsgrenzen richten, wenn sie für Vertrieb, Werbung oder andere Maßnahmen zusammengehörige Gebiete definieren. Sie können sich

allein nach wirtschaftlichen, geografischen oder anderen Gesichtspunkten (wie beispielsweise Verkehrsverbindungen oder Bevölkerungszahl) orientieren.

Voraussetzungen für einen Beitritt zur Währungsunion

Welche Bedingungen muss ein Land erfüllen, das der Währungsunion beitreten möchte?

Grundsätzlich kann jedes EU-Mitglied beitreten. Das gilt für die zwölf Unterzeichnerstaaten des Maastricht-Vertrages ebenso wie für später hinzukommende Mitglieder. Bedingung ist allerdings, dass sie die so genannten Stabilitäts- oder **Konvergenzkriterien** erfüllen. Großbritannien, Schweden und Dänemark hatten sich das Recht vorbehalten, auch dann (noch) nicht beizutreten, wenn sie die Konvergenzkriterien erfüllen.

EU-Länder, die diese Konvergenzkriterien zum Prüfungstermin (Anfang 1998) noch nicht erfüllt hatten oder aus eigenem Entschluss erst später beitreten wollen, können dies nach Erreichen der Qualifikationsmerkmale auch zu einem späteren Zeitpunkt tun.

Vorteile der Währungsunion – politisch gesehen

Wird die Europäische Währungsunion nur aus ökonomischen Überlegungen angestrebt oder gibt es auch politische Gründe?

Neben den großen und kleinen **Vorteilen wirtschaftlicher** Natur lassen sich auch gewichtige politisch-strategische Argumente für eine Weiterentwicklung der europäischen Integration anführen. Allerdings lassen sich politische und wirtschaftliche Motive nicht immer säuberlich trennen, da sie oft in einer Wechselbeziehung stehen.

Wohlstandsgarantie: Die strategische Bedeutung der Europäischen Gemeinschaft ergibt sich bereits daraus, dass mehr als die Hälfte der österreichischen Ausfuhren in die Partnerländer geht und einige unserer Nachbarn einen ebenso großen oder noch größeren Anteil ihrer Exporte innerhalb der EU absetzen. Einige für die Gesamtwirtschaft besonders wichtige Branchen sind sogar in noch stärkerem Maße mit den europäischen Partnerländern verflochten. Kein anderer Markt auf der Welt hat für uns auch nur annähernd die gleiche Bedeutung. Das heißt, dass Tausende Arbeitsplätze in Österreich – aber auch in Deutschland, Frankreich, Italien oder den Niederlanden – direkt von einem ungestörten Wirtschaftsverkehr innerhalb der EU abhängen.

Da umgekehrt fast der gleiche Anteil unserer Einfuhren aus dem gemeinsamen Markt kommt, ist er für die Versorgungssicherheit ebenfalls von entscheidender Bedeutung. Allein deshalb ist die Europapolitik für Österreich von vitalem Interesse. Eine völlige Isolation mancher Staaten wie in der ersten Hälfte des vorigen Jahrhunderts würde innerhalb kürzester Zeit zum völligen wirtschaftlichen und sozialen Zusammenbruch des jeweiligen Landes führen. Das gilt für alle Mitglieder der Europäischen Gemeinschaft. Keiner kann heute mehr ohne die anderen Partner leben. Dafür leben alle zusammen besser als jemals zuvor.

Friedenspolitik: Glücklicherweise ist gleichzeitig die Gefahr, dass die Europäer wieder in die alten Fehler zurückfallen, geringer als je zuvor in der Geschichte. Denn gemeinsam haben sie etwas geschafft, was heute immer noch Seltenheitswert hat: eine der wenigen großen Friedenszonen der Welt, in der „Krieg als Mittel der Politik" keine Rolle mehr spielt und sogar völlig aus dem Denken der Bürger und Politiker verschwunden ist. Was in der ersten Hälfte des vorigen Jahrhunderts noch völlig selbstverständlich – und blutige Realität – war, wird heute ebenso selbstverständlich für völlig absurd gehalten: nämlich mit den Säbeln zu rasseln, um die Nachbarn bei strittigen Fragen unter Druck zu setzen. In Brüssel werden bei Streitfällen im schlimmsten Fall die Uhren angehalten.

Das ist keineswegs selbstverständlich. Denn zur gleichen Zeit, in der Krieg als Mittel der Politik in Westeuropa nicht einmal mehr denkbar ist, führten Grenzkonflikte in Lateinamerika zu kriegerischen Auseinandersetzungen, droht China der Republik Taiwan mit Invasion, liegen sich Süd- und Nordkoreaner mit dem Gewehr im Anschlag gegenüber, führt Russland einen brutalen Vernichtungskrieg gegen die abtrünnigen Tschetschenen, erleidet der Aussöhnungsprozess zwischen Israelis und Arabern immer wieder schwere Rückschläge, gab es neben immer wieder aufflammenden inneren Unruhen 13 Kriegsherde in Afrika und wurde auf dem Balkan einer der grausamsten Bürgerkriege unseres Jahrhunderts ausgefochten. Frieden ist also auch heute noch keineswegs selbstverständlich und in manchen Regionen der Welt eher die Ausnahme als die Regel. Deshalb zählt er in Westeuropa, wo sich die Völker noch in der ersten Hälfte des 20. Jahrhunderts in den bisher blutigsten Kriegen der Weltgeschichte gegenüberstanden, zu den größten politischen Errungenschaften unserer Zeit.

Allerdings kann niemand eine Garantie dafür geben, dass es nicht wieder Rückschläge gibt, dass Demagogen nicht erneut versuchen werden, die Völker aufeinander zu hetzen. Deshalb darf der Prozess der europäischen Integration nicht zum Stillstand kommen oder gar einen Rückschlag erleiden. Und aus diesem Grund hatte der luxemburgische Ministerpräsident Claude Juncker recht, als er sagte: „Die Währungsunion in Europa ist Friedenspolitik mit anderen Mitteln."

Symbolgehalt: Mehr noch als ein gemeinsamer Pass, ein europäischer Führerschein oder die freie Fahrt über Grenzen, über die Jahrhunderte lang die Heere hin- und herzogen, wird eine gemeinsame Währung das Zusammengehörigkeitsgefühl in Europa stärken. Für jeden wird greifbar, wie weit die Zusammenarbeit und Integration schon fortgeschritten ist. Im Partnerland wird nicht mehr mit „fremdem Geld" gezahlt. Der Euro wird in Amsterdam, Paris oder Wien bald ebenso selbstverständlich sein wie der Dollar in New York, Houston oder Miami. Wenn schon keine gemeinsame Sprache möglich ist, dann doch wenigstens eine gemeinsame Währung.

Europas Position: Überall in der Welt entstehen große Wirtschaftsräume. Das gilt für die nordamerikanische Freihandelszone ebenso wie für die sich bildenden gemeinsamen Märkte in Asien und Südamerika. Die Europäer haben gegenüber ihren Konkurrenten einen zeitlichen Vorsprung, den sie nicht verspielen dürfen. Sie haben auch einen Erfahrungsvorsprung beim Aufbau ge-

meinsamer Institutionen. Nachholbedarf gegenüber ihren wichtigsten Konkurrenten haben sie dagegen beim Aufbau moderner Industrien und Dienstleistungen sowie in vielen Bereichen der Forschung und Entwicklung. Wenn Europa seine politische und wirtschaftliche Stellung in der Welt behaupten will, dann muss es seine Stärken nutzen, die Zusammenarbeit weiter ausbauen und den gemeinsamen Markt vollenden. Dazu ist die Schaffung der Währungsunion eine unabdingbare Voraussetzung. Später kann auf diesen Fundamenten dann vielleicht auch eine echte politische Union errichtet werden.

Kein europäisches Land hat heute noch die Chance, in der Weltpolitik und der Weltwirtschaft eine eigenständige Rolle zu spielen. Das kann nur gemeinsam geschehen. Auch deshalb muss der Prozess der europäischen Integration fortgeführt werden und darf keine großen Rückschläge erleiden. Ein Scheitern der Währungsunion wäre ein solcher Rückschlag. Er würde zudem vor aller Welt deutlich machen, dass die Europäer nicht die Kraft und den Mut hatten, nach vielen Jahren der Vorbereitung ein Vorhaben erfolgreich zu Ende zu führen, das sie feierlich beschlossen haben.

Vorteile der Währungsunion – wirtschaftlich

Ist eine einheitliche Währung überhaupt notwendig? Welche Vorteile bietet die Währungsunion der österreichischen Wirtschaft?

Es gibt zahlreiche politische und wirtschaftliche Gründe für die Schaffung eines einheitlichen europäischen Währungsraums (siehe auch **Vorteile der Währungsunion – politisch gesehen**). Hier die wichtigsten Argumente, die aus ökonomischer Sicht für eine gemeinsame Währung der „reifen" EU-Staaten sprechen:

1. Die „großen Vorteile"

- Ohne eine einheitliche Währung kann es keinen wirklich gemeinsamen Markt geben. Der europäische Binnenmarkt bleibt ein Torso. Es hat bisher noch nie einen großen Binnenmarkt gegeben, in dem mehrere Währungen nebeneinander bestanden und unterschiedliche Schwankungen aufwiesen. Trotz der großen Unterschiede in ihrer wirtschaftlichen und sozialen Struktur bilden deshalb die 50 Staaten der USA eine Währungsunion mit dem Dollar als einzigem gesetzlichen Zahlungsmittel. Aber nicht nur die einheitliche Währung, auch der Wegfall der Grenzkontrollen hat positive Auswirkungen, wie sich bei Österreichs Warenverkehr mit den EU-Nachbarn Deutschland und Italien zeigt: Allein die Kosten für Grenzwartezeiten und -formalitäten belasteten die heimische Wirtschaft früher mit 8 bis 16 Milliarden Schilling jährlich.

Die wichtigsten Absatzmärkte – und umgekehrt die bedeutendsten Lieferanten – der österreichischen Wirtschaft sind die EU-Länder. Kein anderer Markt auf der Welt hat für uns auch nur annähernd die gleiche Bedeutung: Mehr als die Hälfte der österreichischen Exporte (62,6 Prozent im Jahr 1999) wird von den europäischen Partnerländern abgenommen; bei den heimischen Importen lag der EU-Anteil 1999 sogar bei 68,4 Prozent. Deshalb ist es von großem Interesse für Österreich, diesen Handel vor währungspolitischen Störungen so weit wie möglich zu schützen. Dies gilt insbesondere für Deutschland, unserem mit Abstand wichtigsten Handels- und Kooperationspartner. Hunderttausende Arbeitsplätze in Österreich sind von einem ungestörten Wirtschaftsverkehr innerhalb der EU abhängig. Da umgekehrt fast der gleiche Anteil unserer Einfuhren aus dem gemeinsamen Markt kommt, ist er für die Versorgungssicherheit von ebenso entscheidender Bedeutung. Die beiden Währungskrisen im Herbst 1992 und im Sommer 1993 haben gezeigt, wie rasch auch das bis dahin scheinbar festgefügte **Europäische Währungssystem (EWS)** an den Rand des Zusammenbruchs geraten kann, wenn an den internationalen Finanzmärkten Unruhe ausbricht. Nach Schätzung der Deutschen Bank wurde dadurch in den davon betroffenen Ländern das Wirtschaftswachstum um rund 1 Prozent reduziert. Das lässt sich umrechnen in den Verlust einiger hunderttausend Arbeitsplätze. Dauerhaft verhindern lassen sich solche Störungen der innergemeinschaftlichen Wirtschaftsbeziehungen nur durch eine Währungsunion, die ähnlich wie in den USA einen gegen derartige Turbulenzen geschützten Binnenmarkt schafft.

Zwischen den Kernländern der EU ist im Laufe der Jahre die wirtschaftli-

che Verflechtung immer enger geworden. Das gilt nicht nur für die gegenseitigen Warenlieferungen und den Dienstleistungsverkehr, sondern auch für die kapitalmäßige Verflechtung einer ständig wachsenden Zahl von Unternehmen, für die umfangreichen Finanzanlagen von Fonds und Lebensversicherungen in den Nachbarländern, für die gemeinsamen Forschungs- und Entwicklungsprojekte, für die Regionalförderung, den Austausch von Arbeitskräften oder den Tourismus. Um dieses empfindliche Geflecht vor Zerreißproben zu schützen, hat sich schon vor langem der so genannte **D-Mark-Block** gebildet, der als Vorläufer der Europäischen Währungsunion betrachtet werden kann. Ohne gemeinsame Währung ist er allerdings gegen massive Unruhen, die immer wieder von den internationalen Finanzmärkten ausgehen, nicht dauerhaft geschützt.

- Wettbewerbsnachteile der österreichischen Wirtschaft als Folge von unkalkulierbaren, durch weltweite Kapitalbewegungen ausgelöste und damit fundamental nicht gerechtfertigte Aufwertungen wird es in Zukunft innerhalb der Währungsunion nicht mehr geben können. Damit entfällt auch die dadurch immer wieder ausgelöste Bedrohung für Tausende von Arbeitsplätzen. Im Jahr 1995 beispielsweise haben die Währungsturbulenzen das Wirtschaftswachstum in Österreich durchschnittlich um einen halben Prozentpunkt verlangsamt.
- Die in den Partnerländern erzielten Erlöse müssen nicht mehr gegen nationale Währung umgetauscht und gegen Kursschwankungen „versichert“ werden. Das erspart **Transaktionskosten**, die nach Berechnung der Europäischen Kommission früher bei rund 300 Milliarden Schilling im Jahr lagen.
- Die Landwirtschaft verkauft ihre Produkte seit vielen Jahren auf dem gemeinsamen Agrarmarkt zu – theoretisch – einheitlichen Preisen. In der Praxis wurde das System der gemeinsamen Preispolitik aber immer wieder schwer erschüttert, weil es an den Märkten zu Auf- und Abwertungen der nationalen Währungen kam. Daher musste ein äußerst komplizierter innereuropäischer Ausgleichsmechanismus entwickelt werden. Dennoch erlitten die österreichischen Bauern bei jeder Aufwertung des Schilling starke Einkommenseinbußen. Dadurch gingen allein dem österreichischen Agrarhandel jährlich Milliardenbeträge durch Währungsschwan-

kungen verloren. Das wird es nach Einführung des Euro als gemeinsame Währung nicht mehr geben.

- Ähnlich wie amerikanische Unternehmen besitzen die österreichischen und die anderen europäischen Unternehmen nach Bildung der Währungsunion einen großen Markt und einheitlichen Währungsraum, der auch dann innere Stabilität garantiert, wenn die gemeinsame Währung durch Auf- oder Abwertungen gegenüber Drittländern ihren Außenwert verändert.
- Nur in einem großen Währungsraum kann sich ein einheitlicher und liquider Kapitalmarkt entwickeln, der die zur Finanzierung der Wirtschaft, von Investitionen und Arbeitsplätzen erforderlichen Mittel bereitstellt.
- Wegen des schärferen Wettbewerbs am Kapitalmarkt könnten die Zinsen langfristig sinken. Hinzu kommt, dass die gemeinsamen Stabilitätsregeln dazu führen, dass sich die Mitgliedsländer nicht mehr im bisherigen Ausmaß verschulden können. Auch das sorgt tendenziell für sinkende Zinsen. Die Politik wird durch die Stabilitätsregeln diszipliniert. Die bisher fehlenden Kontrollmechanismen für die Staatsverschuldung könnten so auf dem Umweg über die Währungsunion geschaffen werden.
- Der Wettbewerb um das knappe Kapital kann sich frei entfalten. Große Investmentgesellschaften oder Pensionsfonds können sich an den Börsen der anderen Mitgliedsländer engagieren, ohne dass ihnen Wechselkursrisiken drohen oder sie diese teuer absichern müssen. Das gilt ebenso für private Anleger. Auch den großen Lebensversicherungsgesellschaften bieten sich erweiterte und verbesserte Anlagemöglichkeiten für die ihnen zufließenden Prämienzahlungen. Zudem sparen alle die heute noch hohen Transaktionskosten. Das kommt den Anlegern ebenso wie den Versicherten zugute.
- Devisenbeschränkungen und Kapitalverkehrskontrollen, wie sie viele europäische Länder in der Vergangenheit immer wieder praktiziert haben, sind innerhalb der Währungsunion in Zukunft ebenso ausgeschlossen, wie sie es heute innerhalb der einzelnen Staaten sind. Es spielt keine Rolle mehr, ob ein großer oder kleiner Betrag von Hamburg nach München, von Wien nach Paris oder von Amsterdam nach Stuttgart überwiesen wird. Ein Rückfall in jede Form der **Devisenbewirtschaftung** ist ausgeschlossen.

- Für die D-Mark – und in derem Gefolge den Schilling – besteht nicht mehr die Gefahr, dass sie als zweite Reservewährung neben dem Dollar in ähnliche Turbulenzen gerät, wie dies der amerikanischen Währung immer wieder passiert. Diese Last wird in Zukunft auf viel mehr Schultern verteilt. Der Euro wird daher gegenüber dem Dollar stabiler sein, also nicht mehr so stark im Kurs schwanken wie die D-Mark.
- Selbst die großen Notenbanken in Deutschland, den USA oder Japan haben im Zeitalter der globalen, elektronisch vernetzten Finanzmärkte nicht mehr die Kraft, die weltweiten Geldströme zu steuern und durch Spekulationswellen ausgelöste schwere Erschütterungen des Wechselkursgefüges zu verhindern. Schon in den Siebzigerjahren, als die Tagesumsätze an den Weltdevisenmärkten bei 70 Milliarden Dollar lagen, konnten die Zentralbanken mit ihren Interventionen unerwünschte und fundamental nicht gerechtfertigte Wechselkursschwankungen nicht eindämmen. Mitte der Neunzigerjahre hatten die täglichen Devisengeschäfte bereits eine Größenordnung von über 1.000 Milliarden Dollar. Circa 98 Prozent (!) davon haben spekulativen Charakter, während die einst dominierende Außenhandelsfinanzierung völlig in den Hintergrund gedrängt worden ist. Die Schaffung eines vor Währungsturbulenzen weitgehend geschützten Binnenmarktes wird deshalb immer wichtiger, um für Österreich und die anderen EU-Länder eine „währungsberuhigte Zone" zu schaffen, in der sich ihr Binnenhandel ungestört entwickeln kann .
- Die Europäische Währungsunion wird im internationalen Währungssystem ein größeres Gewicht bekommen, als es bisher jede einzelne nationale Währung für sich haben konnte. Das Ziel der Währungsstabilität kann deshalb gegenüber den anderen großen „Mitspielern" Yen und Dollar nachdrücklicher vertreten werden.

2. Die „kleinen Annehmlichkeiten"

- Touristen und Geschäftsreisende ersparen sich die Mühen und Kosten des Geldwechselns bei Urlaubs- oder Dienstreisen.
- Die Verbraucher können viel leichter Preise vergleichen und müssen nicht erst lange umrechnen, wenn sie in den Nachbarländern einkaufen, Hotelzimmer bezahlen oder im Restaurant essen: Jeder erkennt auf den ersten

Blick, ob das Hemd, die Tasse Kaffee, das Paar Schuhe billiger oder teurer ist als zu Hause.

- Touristen müssen nie wieder fürchten, dass sie bei Reisen zwischen den Mitgliedsländern nur begrenzte Beträge bei sich haben oder im Ausland ausgeben dürfen.
- Unternehmen können die Zahl ihrer Bankverbindungen in den Partnerländern reduzieren, weil überall mit der gleichen Währung gezahlt wird.
- Vertriebsgebiete können innerhalb der Währungsunion ohne Rücksicht auf Währungsgrenzen optimal zugeschnitten werden.
- Die Unternehmen erhalten durch den Wegfall von Währungsrisiken eine größere Kalkulationssicherheit.
- Unternehmen mit Niederlassungen oder Tochtergesellschaften in anderen Ländern der Währungsunion können nun mit einem zentralen Rechnungswesen auskommen.

Neben den wirtschaftlichen Gründen, die für eine Europäische Währungsunion sprechen, gibt es gewichtige **Vorteile politischer** Natur für eine Vertiefung und Stärkung der Integration in Europa. Es darf aber auch nicht darüber hinweggegangen werden, dass die Währungsunion mit gewissen **Nachteilen** einhergeht, die sich nicht auf die vor allem für die Wirtschaft hohen Einführungskosten beschränken.

Währungsreform

Ist die Europäische Währungsunion in irgendeiner Form mit einer Währungsreform verbunden?

Beides hat nichts miteinander zu tun. Währungsreformen müssen nach schweren Wirtschaftskrisen, Hyperinflation, verlorenen Kriegen oder einem Staatsbankrott durchgeführt werden. Sie bedeuten, dass beim Geldwert mehrere Nullen gestrichen werden. Löhne und Preise werden entsprechend 1:10 oder 1:100 gekürzt. Staatsanleihen werden nicht mehr oder nur zum Teil zurückgezahlt. Sparbücher werden abgewertet. Diese bösen Erfahrungen

haben Millionen Menschen nach dem Ersten und Zweiten Weltkrieg machen müssen, als das Volksvermögen auf den Schlachtfeldern im wahrsten Sinne des Wortes verpulvert worden war. Die Hyperinflation in vielen südamerikanischen Staaten hat in den vergangenen Jahren dort immer wieder zu dem Versuch geführt, die zerrütteten Finanzen durch Währungsreformen zu sanieren. Nach dem Zusammenbruch des Sozialismus musste in der ehemaligen DDR eine Teil-Währungsreform durchgeführt werden, ehe die neuen Bundesländer dem D-Mark-Währungsgebiet beitreten konnten.

Dies alles trifft auf die Währungsunion nicht zu. Im Gegenteil: Der Europäischen Währungsunion können nur Staaten beitreten, deren Wirtschaft und Währungen stabil sind und die ihre öffentlichen Schulden unter Kontrolle haben. Die Länder, die die **Konvergenzkriterien** erfüllt haben, gehören überwiegend zu den leistungsfähigsten und wohlhabendsten Staaten der Welt. Ihre Währungen werden deshalb auch nicht abgewertet, sondern nur umgerechnet. Maßstab für die **Umrechnung** ist der Kurs, der zuletzt am Devisenmarkt und gegenüber dem **ECU** festgestellt wurde. Entsprechend werden Löhne, Preise, Pensionen, Sparguthaben usw. umgestellt. Ihr realer Wert (die **Kaufkraft**) ändert sich dadurch nicht. Es geht also um einen reinen Rechenvorgang, der mit einer Umrechnung von Pfund in Kilo vergleichbar ist.

Anders als eine Währungsreform ist die Schaffung einer Währungsunion also kein Zeichen von Schwäche, Misswirtschaft und Verfall, sondern eher eine Demonstration wirtschaftlicher Stabilität der beteiligten Länder.

Währungsreserven

Werden die Währungsreserven der Oesterreichischen Nationalbank an die Europäische Zentralbank übertragen, und gehen sie Österreich damit verloren?

Die bei der Nationalbank angehäuften „Ersparnisse“ der österreichischen Wirtschaft bleiben österreichisches Eigentum. Ähnliches gilt selbstverständlich für die Währungsreserven Frankreichs, der Niederlande oder Deutschlands.

Ein Teil der österreichischen, belgischen, italienischen oder französischen

Währungsreserven (in Form von Gold, Dollar, Yen oder anderen Fremdwährungen) dient allerdings dazu, den jeweiligen nationalen Kapitalanteil an der **Europäischen Zentralbank** zu finanzieren.

Für den Kapitalanteil eines Landes gibt es einen festgelegten Schlüssel: Er richtet sich nach der Bevölkerungszahl und der Wirtschaftskraft des jeweiligen Mitgliedslandes, gemessen am Bruttoinlandsprodukt (BIP). Für Österreich ergibt sich daraus ein Anteil am „Grundkapital" der EZB von etwa 2,35 Prozent. Über die ihr verbleibenden Währungsreserven (vor allem in Form von Dollar und Gold) kann sie in Abstimmung mit der EZB frei verfügen – also beispielsweise die Dollar-Beträge ebenso wie früher zinsbringend in den USA anlegen. Die Anlagepolitik der nationalen Notenbanken muss mit der Europäischen Zentralbank abgestimmt sein, also im Einklang mit deren Geld- und Wechselkurspolitik stehen.

Entsprechend ihrem Anteil am Kapital der Europäischen Zentralbank werden die Mitglieder auch am ausgeschütteten Gewinn beteiligt. Der jeweilige nationale Anteil fließt den Regierungen der Mitgliedsländer zu und kann – ebenso wie derzeit der Nationalbankgewinn – zur Haushaltsfinanzierung oder Schuldentilgung verwendet werden.

Über die Feststellung und Verwendung des Gewinns der EZB entscheidet der **Europäische Zentralbankrat,** wobei in diesem Fall eine qualifizierte Mehrheit erforderlich ist. Die Stimmenanteile ergeben sich aus der Beteiligung am Grundkapital der Zentralbank.

Devisenreserven der nationalen Notenbanken, die Anfang 1999 in Währungen von Ländern gehalten wurden, die der Währungsunion beitraten, wurden in Euro umgetauscht und verloren damit den Charakter von Devisenreserven.

Wechselgeld

Was bekommt ein Kunde zurück, der Anfang 2002 noch mit Schilling zahlt? Wie viel Wechselgeld werden Handelsunternehmen brauchen?

Bis zum 28. Februar 2002 kann beim Einkaufen noch der Schilling als Zahlungsmittel verwendet werden. Das gilt aber nur für Bargeld, nicht für

ec-Karten oder **Kreditkarten.** Im Einzelhandel, an der Kinokasse, im Restaurant oder am Fahrkartenschalter kann dann Wechselgeld in Schilling oder in Euro zurückgegeben werden. Letzteres ist jedoch wahrscheinlicher, da dadurch der Austausch der alten gegen die neue Währung schneller vonstatten gehen und somit für die Unternehmen weniger aufwendig sein wird.

Für den Einzelhandel und die Dienstleistungsunternehmen ist die **duale Phase** in jedem Fall eine starke Belastung, weil zwei Monate lang mit zwei Währungen gleichzeitig gearbeitet werden muss. Da nicht – wie sonst üblich – sowohl Kleingeld wie Banknoten gleichzeitig eingenommen und bei Bedarf als Rückgeld wieder herausgegeben werden, muss eine wesentlich höhere Bevorratung mit Wechselgeld als in normalen Zeiten geplant werden. Verschiedene Untersuchungen (unter anderem der Wirtschaftsuniversität Wien) haben ergeben:

- die Bevorratung mit Wechselgeld muss höher sein als sonst üblich,
- es wird eine andere Stückelung der Scheine und Münzen benötigt,
- der Wechselgeldbedarf ist je nach Branche sehr unterschiedlich.

Die folgende Tabelle zeigt, wie hoch der Bargeldbedarf bei einem Bäcker, einem Wirt oder einem Lebensmittelhändler ausfallen kann. Der Berechnungszeitraum erstreckt sich vom 1. bis 7. Jänner. (Der mittels **EuroCalculus** errechnete Bedarf enthält Sicherheitsreserven.)

Wechselgeldbedarf im Handel

	Bäckerei	Gastwirtschaft	Lebensmittelgeschäft/ Supermarkt
Scheine			
500 Euro	0	0	0
200 Euro	0	0	4
100 Euro	0	0	4
50 Euro	24	34	109
20 Euro	81	110	298
10 Euro	27	49	210
5 Euro	309	209	428

Münzrollen			
2 Euro	27	17	34
1 Euro	16	7	21
50 Cent	13	7	17
20 Cent	16	12	28
10 Cent	11	7	13
5 Cent	14	7	14
2 Cent	16	13	22
1 Cent	10	5	12
Wert insgesamt	**6.873 Euro**	**6.757 Euro**	**19.754 Euro**
% vom Umsatz	**149,57**	**94,93**	**92,11**

Wie die Beispiele zeigen, kann der Bedarf an Wechselgeld und vor allem die erforderliche Stückelung je nach Branche sehr unterschiedlich sein. Kleiner bis null können dafür natürlich bereits die Schilling-Wechselgeld-Kontingente ausfallen. Kein Unternehmen ist gezwungen, noch Schilling herauszugeben.

Die Ergebnisse solcher Tests geben den beteiligten Unternehmen die Möglichkeit, ihren jeweiligen Wechselgeldbedarf in der gewünschten Stückelung rechtzeitig bei der Hausbank reservieren zu lassen. Vor allem für die Reservierung der **Cent**-Münzen liefern die Ergebnisse in den Testbranchen wertvolle Anhaltspunkte auch für andere Unternehmen mit ähnlicher Kundenstruktur. Im Durchschnitt der Branchen beträgt der Euro-Münzgeldbedarf für die ersten Tage des Jahres 2002 zwischen 150 und 200 Euro für jeweils hundert Kunden.

Probleme nicht unterschätzen

Das Beispiel Wechselgeld zeigt, wie wichtig es für Unternehmen und Selbstständige ist, auch Details der Euro-Umstellung sorgfältig zu planen. Wer nicht über genügend Wechselgeld verfügt, kann ebenso in eine kritische Lage geraten wie Betriebe, die die Software ihrer **Computer** nicht rechtzeitig anpassen und dadurch bei der **EDV-Umstellung** in Schwierigkeiten geraten. Das kann zum Beispiel die korrekte Lohnabrechnung, die Auftragsverwaltung oder den Versand von Rechnungen gefährden. Handelsrechtlich kann das wiederum bedeuten, dass der Geschäftsführer persönlich für dadurch entstehende Schäden haften muss, da keine ausreichende Vorsorge für vorhersehbare Ereignisse getroffen wurde.

Wechselkurs des Euro

Wer bestimmt in der Europäischen Währungsunion den Außenwert des gemeinsamen Geldes?

Der Kurs des Euro gegenüber dem Dollar, dem japanischen Yen, dem Schweizer Franken oder anderen frei konvertierbaren Währungen bildet sich in ähnlicher Weise an den Märkten, wie dies früher beim Schilling oder dem französischen Franc, der Lira oder D-Mark der Fall war.

Vergangenheit: Grundsätzlich lag die Entscheidung über den Wechselkurs der jeweiligen nationalen Währung gegenüber anderen Währungen bei den Regierungen bzw. den Finanzministern. Aufgabe der Nationalbanken war es, durch Kauf und Verkauf von Devisen dafür zu sorgen, dass dieser Kurs dann auch eingehalten wurde. Dieses System fester Wechselkurse hat sich aber auf die Dauer gegenüber dem Dollar und anderen Währungen nicht halten lassen. Deshalb wurde der Kurs schließlich freigegeben und bildete sich seither je nach Angebot und Nachfrage am Devisenmarkt.

Gegenüber den Währungen der EU-Länder wurde anders verfahren. Hier einigte man sich mit den Partnerländern darauf, die Kurse im Rahmen des **Europäischen Währungssystems (EWS)** nur innerhalb bestimmter Bandbreiten gegeneinander schwanken zu lassen. Damit dies einzuhalten war, mussten die beteiligten Länder ihre Wirtschafts- und Währungspolitik eng aufeinander abstimmen, und die Notenbanken der EU-Länder mussten unter Einsatz ihrer Devisenreserven am Markt eingreifen, wenn durch kurzfristige Nachfrageschwankungen oder als Folge spekulativer Bewegungen die Gefahr entstand, dass die Kurse der am EWS beteiligten Währungen über die vereinbarten Bandbreiten hinaus schwankten. Hatte diese konvergente Wirtschafts- und Finanzpolitik keinen Erfolg, mussten die Kurse an die Marktverhältnisse angepasst werden. Dies war in der Vergangenheit durch Auf- und Abwertungen bzw. Änderung der Bandbreiten mehrfach erforderlich.

Gegenwart und Zukunft: In der Europäischen Währungsunion bestimmt der Ministerrat (in diesem Fall der Rat der Wirtschafts- und Finanzminister) die grundsätzliche Wechselkurspolitik: flexible oder frei schwankende Kurse

gegenüber den Währungen von Drittländern (wie Japan, USA und der Schweiz); Festlegung eines „Korridors“, innerhalb dessen die Kurse schwanken dürfen. Diese Art der Wechselkurspolitik (Korridor, Bandbreiten) wird gegenüber den Währungen der EU-Länder betrieben, die der Währungsunion zunächst nicht beitreten konnten oder wollten (Großbritannien, Schweden und Dänemark). Sie sind oder werden in ein **EWS II** mit dem Euro als Leitwährung eingebunden.

Die laufende Wechselkurspolitik und die Entscheidung über geldpolitische Mittel, die dabei eingesetzt werden, liegt allein in der Verantwortung der Europäischen Zentralbank. Sie bestimmt, wie die Grundsatzentscheidungen des Ministerrates umgesetzt werden. Auch dabei hat das Ziel der inneren Preisstabilität (niedrige Inflationsrate) oberste Priorität. Die Stabilität des **Außenwertes** (geringe Schwankungen des Wechselkurses) steht an zweiter Stelle. Der Rat der Wirtschafts- und Finanzminister (ECOFIN) kann in diesem Zusammenhang nur allgemeine Empfehlungen geben und muss es der autonomen Notenbank überlassen, in welcher Form sie ihre Aufgabe erfüllt.

Wertgleicher Umtausch

Was bedeutet „wertgleicher Umtausch“ des Schilling in Euro?

Wertgleich bedeutet, dass alle in Geld ausgedrückten Größen in einem Land mit dem gleichen Faktor (in Österreich 13,7603) umgerechnet werden. Da dies für Einnahmen und Ausgaben, für Kredite und Guthaben gleichermaßen gilt, ändert sich an der **Kaufkraft** nichts. Der reale Wert der **Löhne** oder **Sparbücher** bleibt ebenso erhalten wie der von **Immobilien** oder **Aktien.** Da der Schilling im Verhältnis von 1:13,7603 gegen Euro getauscht wird, müssen auch alle anderen Geldwerte durch diesen Faktor geteilt werden.

Rein optisch führt das in Euro gerechnet zwar zu geringeren Summen (für 1.000 Schilling gibt es nur 72,67 Euro), aber am realen Wert dieses Betrages ändert sich nichts, da auch alle Güter und Dienstleistungen, Steuern, **Abgaben** usw. entsprechend „niedriger“ werden.

Ähnliches gilt für alle anderen Mitgliedsländer. Damit der unterschiedliche Wert von Schilling, Lire oder Peseten berücksichtigt wird, musste für jede dieser

Währungen ein eigener Umtauschkurs zum Euro ermittelt werden. Maßstab für die **Umrechnung** in die gemeinsame Währung waren die Wechselkurse, die sich 1998 an den Devisenbörsen gebildet hatten. Die Europäische Währungsunion ist deshalb in keiner Weise mit einer **Währungsreform** vergleichbar.

Zahlscheine

Was ändert sich bei Erlagscheinen und was ist beim Ausfüllen zu beachten?

Zahlungsbelege für Euro-Transaktionen sind bereits seit Anfang 1999 erhältlich. Ab 1. Jänner 2002 sind Überweisungen nur noch mit diesen Euro-Belegen möglich. Als Übergangslösung für Konsumenten werden die österreichischen Kreditinstitute jedoch in Schilling ausgestellte Zahl-/Erlagscheine in den ersten Wochen des Jahres 2002 – längstens bis 28. Februar 2002 – entgegennehmen.

Besonders bei regelmäßig anfallenden Zahlungen wie Raten oder Mieten werden oft Zahlscheine für einen längeren Zeitraum im Voraus verschickt. Hier ist vor allem darauf zu achten, dass diese Belege für das Jahr 2002 bereits in Euro ausgestellt sind.

Vorsicht: Die auf einem Zahlungsbeleg aufgedruckte Währungsangabe darf keinesfalls verändert werden. Wird das vor dem Betrag stehende EUR durch ein ATS ersetzt, so erfolgt die Abbuchung trotzdem in Euro – was bedeutet, dass ein rund 14-mal höherer Betrag als beabsichtigt abgebucht wird.

Zeitplan der Europäischen Währungsunion

Wie sieht der Zeitplan für den Übergang zur gemeinsamen europäischen Währung genau aus?

Die Währungsunion musste nach dem Vertrag von Maastricht spätestens am 1. Jänner 1999 beginnen. Der frühestmögliche Termin wäre der

1. Jänner 1997 gewesen. Vorher musste der Europäische Rat auf der Basis der festgelegten statistischen Daten (siehe **Konvergenzkriterien**) entscheiden, welche Staaten die Stabilitätskriterien erfüllen, die als Voraussetzung für einen Beitritt festgelegt wurden.

Die Währungsunion begann in der Praxis an dem Tag, an dem die Wechselkurse der teilnehmenden Länder unwiderruflich fixiert wurden, also keine Auf- oder Abwertung im Kreis der teilnehmenden Staaten mehr zulässig war. Dabei wurden die Kurse zugrunde gelegt, die sich 1998 an den Märkten gebildet hatten.

Der Beginn der Wirtschafts- und Währungsunion am 1. Jänner 1999 war aber nicht gleichbedeutend mit der Einführung europaweit gültiger Münzen und Geldscheine. Die Umstellung auf Euro fand in einem Zeitraum von drei Jahren statt.

So lange konnte der Euro nur auf dem Papier oder elektronisch, also im bargeldlosen Zahlungsverkehr verwendet werden. Davon machten nur die Kreditinstitute Gebrauch. Innerhalb des Finanzsektors wird schon seit 1999 mit der europäischen Währung gerechnet.

Anfang 2002 erfolgt die Ausgabe der Euro-Banknoten und Münzen. Das alte Geld verliert nach einem festgelegten Zeitplan seine Gültigkeit. Für den **Bargeldumtausch** konnte jedes Land eigene Regeln aufstellen.

Zeitplan für die Euro-Umstellung

Wie sieht der Fahrplan für die Bargeldeinführung in Österreich aus?

In Österreich erstreckt sich das Auswechseln des alten gegen das neue Geld wie in vielen anderen EWU-Ländern über zwei Monate: von 1. Jänner 2002 bis 28. Februar 2002. Innerhalb dieses Zeitraums kann sowohl mit Schilling und Groschen als auch mit Euro und Cent bezahlt werden. Umgekehrt können Schilling oder Euro als Wechselgeld zurückgegeben werden. In manchen Mitgliedsländern der Währungsunion – wie etwa Deutschland – sind zum Teil deutlich abweichende Regelungen getroffen worden (siehe: **Bargeldumtausch für Verbraucher**).

Der Geld-Fahrplan

1. September 2001: Die Oesterreichische Nationalbank versorgt die Kreditinstitute mit Bargeld **(Frontloading).** Diese geben es in eigener Verantwortung an Handel, Gaststätten, Verkehrsbetriebe usw. weiter, damit diese ab 1. Jänner 2002 in der Lage sind, Wechselgeld vorzugsweise nur noch in Euro herauszugeben und so den Währungsumtausch zu beschleunigen.

15. Dezember 2001: Von diesem Tag an dürfen Kreditinstitute **Startpakete** mit einer bestimmten Münzmischung an Privatpersonen abgeben. Die Bevölkerung soll sich so mit dem neuen Geld in Ruhe vertraut machen können und Geld zum Beispiel für Automaten haben, die schon in der Silvesternacht umgestellt werden.

1. Jänner 2002: Um null Uhr wird der Euro parallel zum Schilling **gesetzliches Zahlungsmittel** in Österreich. Restbestände an Münzen und Banknoten können noch für Barzahlungen verwendet oder bei den Banken und Postämtern gegen Euro umgetauscht werden. Alle Konten werden automatisch auf Euro umgestellt. Die darauf gutgeschriebenen Beträge (oder negativen Salden) werden in Euro umgerechnet.

28. Februar 2002: An diesem Tag kann letztmalig mit Schilling bezahlt oder Schillinge in den Kreditinstituten gegen Euro getauscht werden. Punkt Mitternacht dieses Tages verliert der Schilling seinen Wert als gesetzliches Zahlungsmittel.

1. März 2002: Die Verwendung von Schilling als Zahlungsmittel ist nicht mehr moglich. Restbestände an Schilling Bargeld können aber auf unbegrenzte Zeit bei der Nationalbank und ihren Zweigstellen gegen Euro getauscht werden (siehe Adressen im Anhang). Der festgelegte Umrechnungskurs bleibt dauerhaft bestehen.

Zinsen

Werden bei der Umstellung auf Euro auch die Zinssätze angepasst?

Die Zinssätze von **Anleihen, Sparbüchern** oder anderen festverzinslichen Geldanlagen bleiben ebenso unverändert wie die von **Bauspardarlehen**

und sonstigen **Krediten.** Wer zum Beispiel vertraglich 6 Prozent vereinbart hat, muss weiterhin 6 Prozent zahlen oder erhält eine Rendite von 6 Prozent.

Nur die Zahlbeträge ändern sich. Wenn ein Sparer zuvor für einen Anleihebetrag von 1.000 Schilling 60 Schilling Zinsen bekam, dann wird nach der **Umrechnung** der Anleihe in Euro auch die Zinszahlung entsprechend angepasst: Auf die Anleihe von nunmehr nominal 72,67 Euro werden 4,36 Euro an Zinsen ausgezahlt. Es sind also weiterhin 6 Prozent. Da durch die Preisumstellung sowie durch die Umrechnung der **Löhne, Mieten,** Gebühren usw. auch alle anderen Geldgrößen entsprechend niedriger ausfallen, ändert sich der reale Wert der Ersparnisse oder Zinszahlungen nicht. Die **Kaufkraft** bleibt erhalten. Die Umstellung findet **wertgleich** statt.

Zinstage

Werden die so genannten Zinstage mit Einführung des Euro anders berechnet als bislang in Österreich?

Bei den „Zinstagen“ handelt es sich um die Zahl der Tage, die pro Monat der Zinsberechnung zugrunde gelegt werden. In Österreich, Deutschland und der Schweiz wurde früher pro Monat mit 30 Zinstagen gerechnet. Aufs Jahr gerechnet werden 360 Zinstage zugrunde gelegt. In Italien, Frankreich und den Benelux-Staaten sowie in einigen anderen Ländern geht man zwar von der gleichen Zahl von Jahrestagen aus, aber es gibt keine „pauschalierte“ Monatsrechnung. Es wird mit der tatsächlichen – also von Monat zu Monat schwankenden – Zahl von Tagen gerechnet. Hinsichtlich der monatlichen Kalendertage ist es in Großbritannien und den USA ebenso. Allerdings wird das Jahr mit 365 Tagen angesetzt.

Ähnlich wie bei der Mehrwertsteuer soll es auch hier laut einer Empfehlung der EU-Kommission innerhalb des einheitlichen europäischen Währungsraums zu einer Vereinheitlichung kommen. Das wird sich bei Unternehmen und anderen Kreditnehmern auf die Höhe der Zinsbelastung auswirken. Mit der Euro-Einführung selbst hat es aber nichts zu tun. Es ist daher auch unabhängig vom Zeitpunkt der Währungsumstellung.

Ihre persönliche Euro-Checkliste

So vermeiden Sie beim Austausch der Währungen jeden Ärger:

Hinweise, wie Sie persönlich den Wechsel vom Schilling zum Euro vorbereiten und reibungslos abwickeln können

☐ **Münzen:** Wer größere Mengen an Münzen hat, sollte das Geld jetzt entweder beim Einkaufen ausgeben, für Parkautomaten und andere „Groschengräber" verwenden oder bald zur Bank bringen. Den Gegenwert auf ein Konto oder Sparbuch einzahlen. So vermeiden Sie Anfang 2002 lange Wartezeiten und können sogar Zinsen kassieren.

☐ **Ausländische Münzen:** Wenn Sie noch Bestände aus verschiedenen Ländern haben, in denen ab 2002 auch der Euro gilt, sollten Sie das Kleingeld – wenn möglich – im nächsten Urlaub im „Heimatland" ausgeben. Ausländisches Münzgeld wird im Gegensatz zu Banknoten grundsätzlich nicht getauscht. Sie können restliche Münzen auch einer wohltätigen Organisation spenden.

☐ **Sammlermünzen:** Weiterhin in der Schatulle lassen oder jetzt aufs Konto einzahlen. Die Bank löst sie allerdings nur zum Nennwert ein. Wenn Sie warten wollen, ob später am Sammlermarkt der Preis steigt – kein Problem. Da es echtes Geld ist, kann es bei der Oesterreichischen Nationalbank zeitlich unbegrenzt gegen Euro getauscht werden.

☐ **Medaillen:** Von privaten Unternehmen produzierte runde Metallstücke. Sie sind kein Geld und haben daher weder mit Schilling noch mit Euro etwas zu tun. Fast immer wertlos. Kein Handlungsbedarf.

☐ **Banknoten:** Alle österreichischen Banken tauschen zwischen dem 1. Jänner und dem 28. Februar Schilling-Bargeld gebührenfrei in Euro. Das gilt für Scheine wie für Münzen. Wenn Sie mehr Bargeld zu Hause haben, als Sie aktuell brauchen, sollte es bald auf ein Konto eingezahlt werden. Restbestände Anfang 2002 beim Einkaufen ausgeben. Sie vermeiden so Wartezeiten beim Umtausch. Wer noch Vorbehalte gegen den Euro hat, kann Bargeld vor Jahresende auch in Dollar oder eine andere Dritt-Währung einwechseln.

☐ **Geldwäschegesetz:** Wer 200.000 Schilling und mehr am Bankschalter tauscht, muss mit Fragen auf Grund des Geldwäschegesetzes rechnen. Bei

Verdacht muss die Bank auch schon bei geringeren Summen nachfragen. Das ist selbst dann unangenehm, wenn Sie nichts zu verbergen haben. Deshalb: Nicht benötigte Bargeldbestände vorher aufs Konto einzahlen. Oder warten, bis das Gedrängel vorbei ist. Die Nationalbank nimmt Bargeld zeitlich unbegrenzt zurück. Allerdings: Der Weg ist meist viel weiter als zu Ihrer Bank oder Sparkasse.

☐ **Konto:** Lohn- oder Gehaltskonten bzw. Girokonten werden ebenso wie Sparkonten und alle anderen auf Schilling lautenden Konten am 1. Jänner 2002 Punkt null Uhr auf Euro umgestellt. Wer nicht schon vorher sein Konto umstellen will, muss nichts unternehmen.

☐ **Daueraufträge:** Miete, Vereinsbeiträge und andere regelmäßige Zahlungen per Dauerauftrag werden automatisch auf Euro umgestellt. Kein Handlungsbedarf.

☐ **Wertpapierdepot:** Wurde schon Anfang 1999 automatisch auf Euro umgestellt. Wertpapiergeschäfte wurden bereits in Euro abgewickelt. Kein Handlungsbedarf.

☐ **Sparbücher:** Siehe unter Konten. Kein Handlungsbedarf.

☐ **Sparverträge:** Alle vertraglich festgelegten Zahlungen werden in Euro umgerechnet. Die Verträge gelten weiter. Kein Handlungsbedarf.

☐ **Bausparen:** Alle vertraglich festgelegten Zahlungen werden in Euro umgerechnet. Die Verträge gelten weiter. Kein Handlungsbedarf.

☐ **Kredit- und EC-Karten** werden automatisch umgestellt. Sie sind schon jetzt „doppelwährungsfähig". Neue Karten werden nicht gebraucht. Aber ab 1. Jänner 2002 dürfen Sie damit im Inland und der gesamten Währungsunion nur noch in Euro zahlen.

☐ **Schecks:** Bis Jahresende können Sie wählen, ob Sie einen Scheck in Euro oder Schilling ausstellen. Im Währungsfeld muss das angegeben werden. Ab Jänner nur noch Euro.

☐ **Kreditverträge** werden automatisch umgestellt. Die Schuldsumme wird durch 13,7603 geteilt. Das gilt auch für den Zinsbetrag, den Sie zahlen müssen. Der Zinssatz bleibt gleich. Auch privat (zum Beispiel bei Kredit unter Verwandten) müssen beide Summen exakt in Euro umgerechnet werden.

☐ **Versicherungen:** Alle vertraglich festgelegten Zahlungen werden in Euro umgerechnet. Die Verträge gelten weiter. Kein Handlungsbedarf.

- ☐ **Miete:** Muss ab Jänner 2002 exakt in Euro umgerechnet werden.
- ☐ **Verträge:** Auch alle sonstigen Verträge behalten ihre Gültigkeit. Wie bei Miete, Krediten oder Versicherungen nur Währungsumrechnung.
- ☐ **Lohn und Gehalt:** Die Lohnabrechnung muss der Arbeitgeber für Sie umstellen. Alle Posten der Abrechnung werden durch 13,7603 dividiert. An sich für Sie kein Handlungsbedarf. Nachrechnen kann aber nicht schaden. Nicht jeder Betrieb hat die Umstellung sorgfältig genug vorbereitet.
- ☐ **Pensionen:** Ab Jänner 2002 werden alle Renten in Euro umgerechnet (also durch 13,7603 geteilt). Anträge sind nicht nötig. Überweisung erfolgt wie gewohnt.
- ☐ **Steuern:** Steuererklärungen ab 2002 in Euro. Freibeträge und andere steuerliche Vorgaben wurden im Finanzministerium umgerechnet. Deshalb nicht selbst umrechnen, sondern die neuen Beträge beachten.
- ☐ **Handwerkerrechnungen:** Hier kann es wegen oft schlechter Vorbereitung zu Fehlern kommen. Kontrollieren Sie lieber einmal zu viel als zu wenig.
- ☐ **Briefmarken:** Statt 7 Schilling für den Standardbrief 0,51 Euro. Briefmarken, die nur eine Wertangabe in Schilling haben, können noch bis 30. Juni 2002 verwendet werden. Restbestände tauscht die Post danach kostenlos in Euro-Marken.
- ☐ **Computer:** Wer ältere Versionen von Windows verwendet und zum Beispiel das € nicht darstellen kann, sollte ein Update laden (http://microsoft.com/windows/euro.asp). Wenn Sie Schilling-Beträge in alten Dateien (Texten und Tabellen) umrechnen wollen, sind Konverterprogramme erforderlich.
- ☐ **Homebanking:** Sorgfältig prüfen, ob Ihre Software eurofähig ist. Kann sie jetzt schon Euro- und Schilling-Beträge nebeneinander buchen? Ist eine automatische Umstellung zum Jahresbeginn möglich? Sie sollten die letzten Updates Ihres Herstellers laden. Oft geht es dennoch nicht. Der Grund: Die Banken gehen bei der Umstellung unterschiedlich vor. Erkundigen Sie sich bei Ihrer Bank. Zur Sicherheit alle Umsätze am 31.12. abrufen und das Konto schließen. Anfang 2002 die Buchungen von der Bank holen und Konto neu in Euro eröffnen.

Anhang

Chronik der Wirtschafts- und Währungsunion

1946 Winston Churchill fordert in Zürich die Schaffung der „Vereinigten Staaten von Europa“.

1951 In Paris wird der Vertrag zur Gründung der Europäischen Gemeinschaft für Kohle und Stahl (EGKS) unterzeichnet. Gründungsmitglieder sind Belgien, Deutschland, Frankreich, Italien, Luxemburg und die Niederlande.

1957 In Rom werden die so genannten Römischen Verträge, die Verträge zur Gründung der Europäischen Wirtschaftsgemeinschaft (EWG) und der Europäischen Atomgemeinschaft (Euratom) unterzeichnet. Die Römischen Verträge treten 1958 in Kraft. Der EWG-Vertrag sieht die Koordinierung der nationalen Wirtschafts- und Währungspolitiken vor. Die EG-Mitgliedstaaten verpflichten sich, die Wechselkurse „als eine Angelegenheit von gemeinsamem Interesse“ anzusehen.

1969 Der EG-Gipfel von Den Haag erteilt den Auftrag, die Möglichkeiten einer Entwicklung der Gemeinschaft zu einer Wirtschafts- und Währungsunion zu prüfen.

1970 Der „Werner Plan“ (benannt nach dem damaligen luxemburgischen Regierungschef Pierre Werner) mit einer stufenweisen Verwirklichung einer Wirtschafts- und Währungsunion wird vorgelegt.

1971 Die Gemeinschaft beschließt den Stufenplan für die Schaffung einer Wirtschafts- und Währungsunion innerhalb von zehn Jahren. Das Vorhaben scheitert zum großen Teil an den Auswirkungen des Zusammenbruchs des auf

dem US-Dollar basierenden Weltwährungssystems (System von Bretton Woods) und der damit verbundenen Freigabe von Wechselkursen mehrerer Mitgliedstaaten. Unterschiedliche Wirtschaftspolitiken im Anschluss an die erste Ölkrise tun ein Übriges.

1972 Einrichtung der „Währungsschlange“, ein erster Versuch, die Wechselkurse der teilnehmenden Länder untereinander stabil und gegenüber dem US-Dollar flexibel zu halten. Die Wechselkurse der Mitgliedstaaten sollen nur noch um höchstens 2,5 Prozent voneinander abweichen.

1973 Irland, Dänemark und Großbritannien treten der EG bei.

1979 Inkrafttreten des Ende 1978 beschlossenen Europäischen Währungssystems (EWS), in dem die zunächst acht teilnehmenden Mitgliedstaaten ihre Wechselkurse innerhalb bestimmter Schwankungsbreiten halten. Schaffung der Europäischen Währungseinheit ECU.

1981 Griechenland wird Mitglied der EG.

1986 Portugal und Spanien treten der EG bei.

Juli 1987 Inkrafttreten der Reform des EWG-Vertrages, der Einheitlichen Europäischen Akte. Ziel ist es, den Binnenmarkt ohne Grenzen bis Ende 1992 zu vollenden. Erstmals wird im EG-Vertrag die Währungsunion fixiert.

Juni 1988 Der EG-Gipfel von Hannover setzt einen Expertenausschuss (Vorsitz: Jacques Delors) mit der Aufgabe ein, Mittel und Wege für eine Vollendung der Wirtschafts- und Währungsunion (WWU) zu prüfen.

Juni 1989 Der EG-Gipfel von Madrid billigt den Delors-Bericht. Die Staats- und Regierungschefs beschließen, am 1. Juli 1990 in die erste Etappe der WWU einzutreten und eine Regierungskonferenz zu dieser Thematik vorzubereiten.
Die spanische Peseta tritt dem Europäischen Währungssystem bei.

Juli 1990 Die ERSTE STUFE DER WIRTSCHAFTS- UND WÄHRUNGSUNION mit einer Aufhebung der meisten noch bestehenden Beschränkungen des Kapitalverkehrs, einer verstärkten Koordinierung der einzelstaatlichen Wirtschaftspolitik und einer intensiveren Zusammenarbeit der Zentralbanken startet.

Oktober 1990 Das britische Pfund tritt dem Europäischen Währungssystem bei.

Dezember 1991 Der Europäische Rat vereinbart in Maastricht den Vertrag über die Europäische Union. Die wichtigsten Ziele: Vollendung der Wirtschafts- und Währungsunion und Einführung der europäischen Einheitswährung ECU spätestens 1999.

April 1992 Der portugiesische Escudo tritt dem Europäischen Währungssystem bei.

September 1992 Das britische Pfund und die italienische Lira scheiden aus dem Europäischen Währungssystem aus.

August 1993 Nach starken Wechselkursspannungen beschließen die Finanzminister und Notenbankpräsidenten die Erweiterung der EWS-Bandbreite auf plus/minus 15 Prozent (Ausnahme: D-Mark/Gulden-Relation weiterhin plus/minus 2,25 Prozent).

1994 Am 1. Jänner beginnt die ZWEITE STUFE DER WÄHRUNGSUNION. Das Europäische Währungsinstitut (EWI) wird als Vorläufer der Europäischen Zentralbank (EZB) gegründet.
Das Abkommen über den Europäischen Wirtschaftsraum von EG- und EFTA-Staaten – mit Österreich, aber ohne die Schweiz – tritt in Kraft. Die „vier Freiheiten", die Freizügigkeit für Waren, Personen, Dienstleistungen und Kapital, gelten damit auch für die EFTA-Staaten.

1995 Finnland, Österreich und Schweden werden Mitglieder der EU. Österreich nimmt seit Jänner am Wechselkursverbund teil. Im Zuge der Dollar-

Schwäche geraten im Februar und März viele europäische Währungen gegenüber dem D-Mark-Block unter Abwertungsdruck. Im März werden Peseta und Escudo im EWS abgewertet.

Dezember 1995 Beim EU-Gipfel in Madrid wird der weitere Zeitplan für die Währungsunion festgelegt; der Name „Euro“ wird beschlossen.

April 1996 In Verona einigen sich die EU-Finanzminister auf die Bezeichnung „Cent“ für die Untereinheit des Euro.

Oktober 1996 Finnland tritt dem EWS bei.

November 1996 Italien kehrt in das EWS zurück.

Dezember 1996 Die Entwürfe der Euro-Geldscheine, mit dem Design des Österreichers Robert Kalina, werden präsentiert.

Juni 1997 Beim EU-Gipfel wird ein „Vertrag von Amsterdam“ festgelegt, der auch ein Beschäftigungskapitel vorsieht. Die europäische Seite der Euro- und der Cent-Münzen wird präsentiert. Ein belgischer Entwurf hat die Ausschreibung gewonnen.

März 1998 Auf Grundlage der von den Teilnehmerländern bereitgestellten Wirtschaftsdaten von 1997 legen das Europäische Währungsinstitut und die Europäische Kommission Konvergenzberichte und Empfehlungen bezüglich der Beitrittskandidaten vor.

Mai 1998 Die Staats- und Regierungschefs der EU-Länder geben bei einem EU-Sondergipfel bekannt, wer die Aufnahmebedingungen für die Währungsunion im Referenzjahr 1997 erfüllt hat, und beschließen, wer von Beginn an an der Europäischen Währungsunion teilnehmen kann. Großbritannien und Dänemark wollen noch nicht, Schweden und Griechenland können noch nicht teilnehmen.

Juni 1998 Die Europäische Zentralbank mit Sitz in Frankfurt/Main nimmt als Nachfolgerin des Europäischen Währungsinstituts ihre Tätigkeit auf. Gleichzeitig wird das Europäische System der Zentralbanken errichtet.

Dezember 1998 Am letzten Tag des Jahres gibt EZB-Präsident Wim Duisenberg die offiziellen und unwiderruflich fixierten Wechselkurse zwischen dem Euro und den Teilnehmerländern bekannt. Der amtliche ECU-Korb verliert damit seine Gültigkeit.

1999 Am 1. Jänner beginnt die DRITTE STUFE DER WIRTSCHAFTS- UND WÄHRUNGSUNION. Deutschland, Frankreich, die Beneluxstaaten Belgien, Niederlande und Luxemburg, Österreich, Irland, Finnland, Spanien, Portugal und Italien – auch die „Euro-11“ genannt – bilden die Europäische Währungsunion. Ab diesem Zeitpunkt gilt in der Geld- und Wechselkurspolitik nur noch der Euro; als Buchgeld ist er nun alternatives Zahlungsmittel neben dem Schilling.

Jänner 2001 Griechenland wird als zwölftes Land in den Kreis der EWU-Länder aufgenommen.

September 2001 Die Vorverteilung von Euro-Banknoten und -Münzen an Banken und Unternehmen beginnt.

Oktober 2001 In Österreich sind ab nun alle Preise doppelt – in Schilling und Euro – auszuzeichnen.

Dezember 2001 Ab Mitte Dezember erfolgt die Vorverteilung von Euro-Münzen an Konsumenten.

Jänner 2002 Mit 1. Jänner wird der Euro als Bargeld eingeführt. Konten und Sparbücher werden auf Euro umgestellt, Verordnungen, Bescheide, Verträge lauten ab nun auf Euro. Schilling-Münzen und -Banknoten werden eingezogen, gelten aber noch als Zahlungsmittel.

Februar 2002 Mit 28. Februar verlieren Schilling und Groschen ihre Gültigkeit als Zahlungsmittel. Die Umstellung auf den Euro ist abgeschlossen.

März 2002 Am 31. März endet die Umtauschfrist der Oesterreichischen Nationalbank für Banknoten, die auf nationale Währungseinheiten der anderen Euro-Länder lauten.

Jänner 2003 Die Bilanzerstellung für 2002 ist nur noch in Euro möglich.

Europa-Glossar

AGENDA 2000 Reformprogramm der Europäischen Union, das der Europäische Rat im März 1999 in Berlin beschloss. Konkret beinhaltet die Agenda 2000 Vorschläge zur Reform von Agrar- und Strukturpolitik, den Finanzrahmen für die Jahre 2000–2006, die Erweiterungsstrategie und Stellungnahmen zu den Beitrittsanträgen der Länder Mittel- und Osteuropas.

ARTIS Austrian Real Time Interbank Settlement. Zahlungsverkehrssystem, dessen Echtbetrieb die OeNB im Juli 1997 startete. Den Banken wird damit ein effizienteres Management ihres Zahlungsverkehrs und ihrer Liquidität ermöglicht.

BIP (Bruttoinlandsprodukt) Die Summe aller innerhalb der Landesgrenzen (von In- und Ausländern) erbrachten Wirtschaftsleistungen (Waren und Dienstleistungen), in einem bestimmten Zeitraum zu laufenden Preisen bewertet. Das BIP zeigt die Wirtschaftskraft eines Landes.

BUCHGELD Geld, das nur in „Büchern" erfasst ist, also jenes Geld, das nicht in Form von Banknoten oder Münzen im Umlauf ist, zum Beispiel bei Überweisungen, im bargeldlosen Zahlungsverkehr.

DEFLATION Wachstums- und Beschäftigungseinbußen werden in Kauf genommen, um das Ziel der Stabilität zu erreichen. Die Preise sinken, weil es zu wenig Nachfrage gibt. Einkommen, Gewinne, Investitionen und Preise gehen zurück, die Arbeitslosigkeit steigt.

DENOMINATION Seit 1999 sind der Schilling und die anderen an der Währungsunion teilnehmenden Währungen eine „unrunde Denomination" – also Ausdrucksform – des Euro; das heißt, eine unterschiedliche Bezeichnung für denselben Wert.

DEVISENRESERVEN Bestand an ausländischen Währungen, den Notenbanken

oder Europäische Zentralbank halten und der großteils in US-Dollar oder Gold angelegt ist.

DRITTLÄNDER Staaten, die nicht der Europäischen Union angehören.

ECOFIN Rat der Wirtschafts- („eco“) und Finanzminister („fin“).

EDIFACT Electronic Data Interchange for Administration, Commerce and Transport (elektronischer Datenaustausch für Verwaltung, Handel und Verkehr). Eine weltweit anerkannte Verständigungsmethode zwischen EDV-Anwendungen. Alle Geschäftsfälle eines Unternehmens, wie etwa Bestellungen oder Rechnungen, können elektronisch binnen Sekunden mit dem Geschäftspartner ausgetauscht werden. EDIFACT wird als einheitliches Format jenen Anforderungen gerecht, die auch bei der Einführung des Euro von modernen Zahlungsverkehrssystemen erfüllt werden müssen.

EEA Einheitliche Europäische Akte. Reform der EG 1986. Neue Zuständigkeiten, etwa in Umweltfragen, wurden für die EG begründet; das Prinzip der Abstimmung mit qualifizierter Mehrheit statt Einstimmigkeit in bestimmten Fragen wurde geschaffen.

EFTA Europäische Freihandelszone. Zusammenschluss mehrerer europäischer Staaten zu handelspolitischen Zwecken. Sie wurde am 3.5.1960 als eine alternative Integrationsform zur EG gegründet. Allerdings sind seither eine Reihe von EFTA-Staaten der EG beigetreten, sodass ihr mittlerweile nur noch Norwegen, die Schweiz, Island und Liechtenstein angehören.

EG Europäische Gemeinschaften. Sammelbezeichnung vor dem Namen EU (Europäische Union), der durch den Maastrichter Vertrag geschaffen wurde und umfassendere Kompetenzen beinhaltet. Unter EG werden die Europäische Gemeinschaft für Kohle und Stahl (EGKS), die Europäische Atomgemeinschaft (EAG; EURATOM) und die Europäische Wirtschaftsgemeinschaft (EWG) zusammengefasst. Weitgehend zusammengeführt wurden diese drei Gemeinschaften durch die Einheitliche Europäische Akte 1986.

EGKS Europäische Gemeinschaft für Kohle und Stahl, 1951 von Deutschland, Frankreich, Italien und den Beneluxstaaten gegründet.

ENTSCHEIDUNG Verbindlicher Rechtsakt der EU, der sich aber nicht an alle Mitgliedstaaten richtet, sondern nur an einzelne Staaten, Personen oder Unternehmen.

ENTSCHLIESSUNG Rechtlich unverbindliche Willensäußerung der EU. Programmatische Bedeutung.

ERWEITERTER RAT DES ESZB Er stellt das Bindeglied zwischen EZB und EU-Staaten, die nicht der Währungsunion angehören, dar. Der Erweiterte Rat überwacht das Funktionieren des weiter bestehenden Wechselkursverbundes und sorgt für die geldpolitische Koordinierung zwischen der EZB und den Zentralbanken dieser Staaten.

EU Europäische Union. Die 15 Mitglieder sind Belgien, Dänemark, Deutschland, Finnland, Frankreich, Griechenland, Großbritannien, Irland, Italien, Luxemburg, die Niederlande, Österreich, Portugal, Schweden und Spanien. Grundlage der Union ist der Vertrag von Maastricht, der am 1.11.1993 in Kraft trat.

EUGH Europäischer Gerichtshof mit Sitz in Luxemburg; wacht über die rechtmäßige Auslegung und Anwendung der Politiken in der Union.

Euribor Euro Interbank Offered Rate. Euro-Referenzzinssatz für den Interbankenhandel am Geldmarkt. Der Euribor löste die bisherigen Referenzzinssätze für die einzelnen Länder und Währungen (wie zum Beispiel Vibor = Vienna Interbank Offered Rate oder Fibor = Frankfurt Interbank Offered Rate) ab.

EURO-11-RAT Gremium der Finanzminister der EWU-Teilnehmerstaaten, zu dem auch Vertreter der Kommission und der Europäischen Zentralbank eingeladen werden können. Die Minister der nicht zur Euro-Zone gehörenden Staaten nehmen nur dann teil, wenn Fragen auf der Tagesordnung stehen, die

vorab als gemeinsame Angelegenheiten aller EU-Staaten definiert sind. Der Euro-11-Rat wurde vor allem auf Betreiben Frankreichs eingerichtet, um in Form einer „Wirtschaftsregierung" ein gewisses Gegengewicht zur Europäischen Zentralbank zu schaffen. Seine Aufgaben: Meinungsaustausch über die gesamtwirtschaftliche Situation, Erörterung der öffentlichen Haushalte mit dem Ziel einer hohen Konvergenz und Debatte über struktur- und beschäftigungspolitische Ansätze. Das Gremium hat informellen Charakter und kann keine verbindlichen Beschlüsse fassen.

EUROPARAT Ist kein Organ der EU, hat auch nichts mit dem Europäischen Rat oder den EU-Ratstagungen zu tun; wurde 1949 als Organisation für wirtschaftliche, soziale und kulturelle Zusammenarbeit gegründet. Sitz in Straßburg.

EUROPÄISCHE KOMMISSION EU-Organ mit Sitz in Brüssel, das neue EU-Gesetze vorschlägt und die Einhaltung der bestehenden Regeln überwacht – etwa im Wettbewerbsbereich. Die 20 Kommissare – einer davon aus Österreich – werden von den Regierungen der Mitgliedstaaten ernannt. Ihnen steht ein in Generaldirektionen unterteilter Verwaltungsapparat zur Verfügung.

EUROPÄISCHER RAT Der Europäische Rat gibt der Union – laut Maastrichter Vertrag – die für ihre Entwicklung erforderlichen Impulse und legt die allgemeinen politischen Zielvorstellungen fest. Es handelt sich dabei um mindestens zweimal jährlich stattfindende Treffen auf Ebene der Staats- und Regierungschefs der EU-Mitgliedstaaten sowie des Präsidenten der Europäischen Kommission. Diese werden von den EU-Außenministern und einem Mitglied der EU-Kommission unterstützt (nicht zu verwechseln mit den Ratstagungen der EU-Minister).

EUROPÄISCHES PARLAMENT (EP) Seit Juni 1979 werden die derzeit 626 Abgeordneten von der Bevölkerung der EU-Mitgliedstaaten alle 5 Jahre direkt gewählt. Das EP hat Kontroll- und Mitentscheidungsfunktionen. Sitz in Straßburg, Brüssel und Luxemburg. Im Bereich der Währungsunion hat das EP vor allem beratende Funktionen.

EUROPOL European Police; wurde mit dem Maastrichter Vertrag geschaffen; Sitz in Den Haag. Aufgaben der Polizeibehörde: Bekämpfung des Drogenhandels, der internationalen Kriminalität und des Terrorismus.

EUROSTAT Statistisches Amt der Europäischen Union, Sitz in Luxemburg.

EUV Vertrag über die Europäische Union. Besser bekannt unter dem Namen „Maastrichter Vertrag".

EWG Europäische Wirtschaftsgemeinschaft, 1957 zusammen mit der Europäischen Atomgemeinschaft durch die Römischen Verträge gegründete Kerngemeinschaft der heutigen EU.

EWR Europäischer Wirtschaftsraum aller EU- und EFTA-Staaten ohne Schweiz (d. i. 15 EU-Staaten plus Island, Liechtenstein, Norwegen). Seit 1.1.1994 in Kraft. Die vier Freiheiten – freier Verkehr für Waren, Personen, Dienstleistungen und Kapital – der EU wurden mit dem EWR auch in den EFTA-Staaten umgesetzt. Sie übernahmen in diesen Bereichen auch die Gesetzgebung der EU. Für Österreich bedeutete dies die Übernahme von 60 Prozent des diesbezüglichen Gemeinschaftsrechts bereits vor dem EU-Beitritt.

EWS/EWS II Das Europäische Währungssystem EWS wurde 1979 in Kraft gesetzt und sollte eine Zone monetärer Stabilität schaffen. Mit Beginn der dritten Stufe der Europäischen Währungsunion wurde das EWS durch den Euro abgelöst. Für die noch nicht an der Währungsunion teilnehmenden EU-Staaten ist ein veränderter Wechselkursmechanismus (EWS II) vorgesehen. Ziel des EWS II ist die Vorbereitung dieser Länder auf die Währungsunion.

EWU Europäische Währungsunion.

GAP Gemeinsame Agrarpolitik der EU.

GASP Gemeinsame Außen- und Sicherheitspolitik, durch den Maastrichter Vertrag begründet.

GRÜNBÜCHER Dienen der EU-Kommission als Diskussionsgrundlage. Das „Grünbuch über die praktischen Verfahren zur Einführung einer Einheitswährung“ wurde am 31.5.1995 herausgegeben und zeigte Szenarien für den Übergang zum Euro auf.

HARTWÄHRUNGSPOLITIK Konzept zur Erhaltung der Stabilität einer Währung im In- und Ausland; im Inland durch eine Minimierung der Inflationsrate, im Ausland durch Halten des Wertes gegenüber anderen Währungen. Im Gegensatz dazu wird in Weichwährungsländern durch Abwertungen versucht, die Wirtschaft anzukurbeln, da so heimische Preise für das Ausland relativ günstiger werden.

INFLATION Geldentwertung in Prozent ausgedrückt. Die Preise von Waren und Dienstleistungen steigen. Ursache ist eine zu hohe Nachfrage nach Gütern bei zu wenig Angebot.

INTERBANKRATEN Zinssätze, zu denen Banken einander Geld leihen. Siehe auch EURIBOR.

IWF Internationaler Währungsfonds. Nach dem Zweiten Weltkrieg zur Regelung des internationalen Währungssystems gegründet.

KOHÄSION Wirtschaftlicher und sozialer Zusammenhalt in der Union. Damit sie wirtschaftlich aufholen können, werden die im Vergleich ärmeren Staaten Spanien, Portugal, Griechenland und Irland aus Mitteln des Kohäsionsfonds unterstützt.

KONVERGENZ Gegenseitige Annäherung der europäischen Volkswirtschaften.

MAASTRICHTER VERTRAG Korrekter Titel: „Vertrag über die Europäische Union“; da der Vertrag aber in der holländischen Stadt Maastricht unterzeichnet wurde, wird er meistens so bezeichnet. Vereinbart wurde dieser Vertrag im Dezember 1991 von den Staats- und Regierungschefs der damaligen EG, die durch diesen Vertrag zur EU wurde. Unterzeichnet wurde er am 7.2.1992 in

Maastricht, in Kraft trat der Vertrag am 1.11.1993. Kern des Vertrags sind zusätzlich zu den bestehenden Gemeinschaftsverträgen die Schaffung einer Wirtschafts- und Währungsunion, Bestimmungen über die Gemeinsame Außen- und Sicherheitspolitik (GASP) und über die Zusammenarbeit in den Bereichen Justiz und Inneres.

MADRIDER FREIHEITEN Prinzip des „no compulsion – no prohibition" (kein Zwang, keine Behinderung); das heißt, die freie Entscheidung, ob und wann jemand in der Übergangsphase 1999 bis Ende 2001 beim Buchgeld auf Euro umsteigen wollte. Dieses Prinzip wurde beim EU-Gipfel in Madrid 1995 formuliert.

MENGENTENDER Ausschreibung von Zentralbankkrediten mit einem fixen Zinssatz.

MINDESTRESERVE Währungspolitisches Instrument der Nationalbank. Banken müssen demnach einen Teil ihrer Einlagen bei der Nationalbank halten. Für die Europäische Zentralbank ein weiteres Steuerungselement für die Durchsetzung ihrer Geldpolitik mit einheitlichen Mindestreservesätzen.

MINDESTRESERVESATZ Durch den Rat der Europäischen Zentralbank bestimmter Satz, zu dem Kreditinstitute einen Teil ihrer Einlagen als (verzinsliche) Reserve bei der EZB als Mindestreserve halten müssen. Mit Einführung der Währungsunion gilt beispielsweise ein einheitlicher Reservesatz von 2 Prozent für alle Einlagen mit einer Laufzeit bzw. Kündigungsfrist von bis zu zwei Jahren.

NETTOZAHLER Jene EU-Staaten wie Österreich und Deutschland, die mehr nach Brüssel zahlen, als sie von dort – etwa durch Förderungen – zurückbekommen.

OPTING OUT Ausnahmeklausel für ein EU-Mitgliedsland, das sich der Kooperation innerhalb der EU auf einem bestimmten Gebiet nicht anschließen will (wie etwa Großbritannien und Dänemark im Fall der Europäischen Währungsunion und der Einführung des Euro.)

QUALIFIZIERTE MEHRHEIT Entscheidungsverfahren in der EU. Ist die qualifizierte Mehrheit – im Gegensatz etwa zur Einstimmigkeit – für einen Beschluss des Ministerrats erforderlich, werden 62 von 87 Stimmen benötigt. Jeder Staat hat eine unterschiedliche Anzahl von Stimmen, so zum Beispiel Österreich 4, Deutschland und Italien je 10 Stimmen. Für den Beitritt der Staaten Mittel- und Osteuropas wurde eine neue Stimmengewichtung geplant (siehe Stichwort „Aufnahme neuer EWU-Mitglieder" im Hauptteil des Buches).

RATSTAGUNG Ministerräte der EU. Sie sind das Rechtsetzungs- und Entscheidungsorgan der EU. Wer am Ministerrat teilnimmt, ist von der Themenstellung abhängig. Wenn Agrarfragen der EU behandelt werden, nehmen die Landwirtschaftsminister teil, bei Finanzfragen die Finanzminister usw.

RECHTSHARMONISIERUNG Angleichung der nationalen Rechtsvorschriften zu einem gemeinsamen Recht in der EU.

REZESSION Phase einer schrumpfenden Wirtschaftsleistung. Das Wirtschaftswachstum ist negativ. Umsätze, Gewinne fallen, die Arbeitslosigkeit steigt.

RICHTLINIEN Von den EU-Mitgliedstaaten verbindlich umzusetzende Bestimmungen der EU. Die spezifische Umsetzung in das nationale Recht wird den Staaten überlassen.

RTGS Real Time Gross Settlement System. Echtzeit-Bruttosystem; ein Überweisungssystem, in dem Zahlungsaufträge zum Zeitpunkt ihres Entstehens einzeln und unverzüglich verarbeitet werden.

SPERRMINORITÄT Anzahl der Stimmen, die bei einem Beschluss mit qualifizierter Mehrheit nötig sind, um diesen Beschluss im EU-Ministerrat zu verhindern. Um das zu erreichen, werden 26 von 87 Stimmen gebraucht.

STELLUNGNAHME Nicht verbindlicher Rechtsakt (zum Beispiel des Europäischen Parlaments) zur Beurteilung einer Sachlage.

SUBSIDIARITÄT Prinzip, dass Entscheidungen der EU möglichst „bürgernah“ getroffen werden sollen. Im Maastrichter Vertrag festgelegt.

TARGET Transeuropäisches Automatisiertes Echtzeit-Bruttoabrechnungs-Express-Überweisungsprogramm. EU-weites Zahlungsverkehrssystem zur schnellen und sicheren Abwicklung von großvolumigen Zahlungen.

VERORDNUNG EU-Rechtsakt, der von den Mitgliedstaaten verbindlich umgesetzt werden muss und der unmittelbare Geltung hat; dem nationalen Recht übergeordnet.

WIRTSCHAFTS- UND FINANZAUSSCHUSS Seit 1.1.1999 bestehender Ausschuss der EU mit folgenden Aufgaben: Erarbeitung von Stellungnahmen für den Rat und die EU-Kommission, Beobachtung der Wirtschafts- und Finanzlage der EU-Staaten, Überprüfung der Lage des Kapitalverkehrs und der Freiheit des Zahlungsverkehrs. Jeder Mitgliedstaat sowie die EU-Kommission und die EZB ernennen jeweils höchstens zwei Ausschussmitglieder.

WIRTSCHAFTS- UND SOZIALAUSSCHUSS Beratungsorgan, das von der EU in wichtigen Fragen des Binnenmarktes gehört werden muss. Eine Art Sozialpartnerschaft mit Vertretern von Arbeitgebern und Arbeitnehmern und verschiedenen Interessenvertretungen.

ZINSTENDER Ausschreibung von Zentralbankkrediten, bei dem die Zentralbank das Volumen festlegt und die Banken den Zinssatz bestimmen.

Adressen

Bargeldumtausch nach dem 28. Februar 2002

Hier können auch nach dem 28. Februar 2002 unbefristet Schilling-Banknoten und -Münzen in Euro umgetauscht werden:

OeNB Hauptkasse
Otto-Wagner-Platz 3
1090 Wien
Tel.: 01/404 20-0

OeNB Zweiganstalt Bregenz
Anton-Schneider-Straße 12
6901 Bregenz
Tel.: 05574/49 61-0

OeNB Zweiganstalt Eisenstadt
Esterhazyplatz 2
7001 Eisenstadt
Tel.: 02682/627 18-0

OeNB Zweiganstalt Graz
Joanneumring 7
8011 Graz
Tel.: 0316/81 81 81-0

OeNB Zweiganstalt Innsbruck
Adamgasse 2
6021 Innsbruck
Tel.: 0512/594 73-0

OeNB Zweiganstalt Klagenfurt
10.Oktober-Straße 13
9010 Klagenfurt
Tel.: 0463/576 88-0

OeNB Zweiganstalt Linz
Coulinstraße 28
4021 Linz
Tel.: 0732/65 26 11-0

OeNB Zweiganstalt Salzburg
Franz-Josef-Straße 18, 5027 Salzburg
Tel.: 0662/87 12 01-0

Münze Österreich AG (nur Tausch von Münzen)
Am Heumarkt 1
1030 Wien
Tel.: 01/717 15-0

Euro-Preiskommission/Landespreisbehörden

Bei falsch oder mangelhaft ausgezeichneten Schilling- und Euro-Preisen oder bei vermeintlichen Preiserhöhungen anlässlich der Euro-Einführung können sich Konsumenten an folgende Kontaktpersonen wenden (Quelle: Bundesministerium für Wirtschaft und Arbeit):

Bundesministerium für Wirtschaft und Arbeit
Abteilung I/B/6
Mag. Elisabeth Müller/Mag. Kristina Hofer
Stubenring 1
1010 Wien
Tel.: 01-71100/5816 oder 2103
e-Mail: ewag@bmwa.gv.at

Burgenland
Dr. Andreas Gold
Tel.: 02682/600/2346
e-Mail: post.gemeindewesen@bgld.gv.at

Kärnten
Dr. Erwin Steiner
Tel.: 0463/536/30705
e-Mail: waltraud.komar@ktn.gv.at

Niederösterreich
Dr. Gerhard Orthofer
Tel.: 02742/200/5267
e-Mail: post.wst7@noel.gv.at

Oberösterreich
Dr. Hermann Felbermayr
Tel.: 0732/7720/5120
e-Mail. ge.post@ooe.gv.at

Salzburg
Mag. Alexander Prähauser
Tel.: 0662/8042/3467
e-Mail: alexander praehauser@land-sbg.gv.at

Steiermark
Dr. Marlies Skorscheni
Tel.: 0316/877/2092
e-Mail: anna.ablasser@stmk.gv.at

Tirol
Dr. Peter Turecek
Tel.: 0512/508/2328
e-Mail: p.turecek@tirol.gv.at

Vorarlberg
Mag. Karlheinz Rüdisser
Tel.: 05574/511/26110
e-Mail: karlheinz.ruedisser@vlr.gv.at

Wien
Dr. Hans-Werner Sokop
Tel.: 01/4000/89411
e-Mail: post@m62.magwien.gv.at

Informationen zum Euro

In nahezu allen öffentlichen Institutionen gibt es Ansprechpersonen, die Ihnen bei konkreten Fragen zum Thema Euro-Einführung helfen können. Hier eine Auswahl der wichtigsten Adressen und Telefonnummern.

HOTLINES:

Euro-Initiative der Bundesregierung
Tel.: 0800-221 111(zum Ortstarif aus ganz Österreich)

Euro-Hotline von ORF und Wirtschaftskammer
Tel.: 0800-221 222 (zum Ortstarif aus ganz Österreich; Mo–Fr 8–23 Uhr)

Euro-Hotlines der Arbeiterkammer
Tel.: 01/501 65-400 (Mo–Fr 8–16 Uhr)
Tel.: 0800-801 801 (zum Ortstarif aus ganz Österreich)

Euro-Hotlines des Vereins für Konsumenteninformation
Tel.: 07113/ 203 04 (zum Ortstarif aus ganz Österreich; Mo–Fr 9–15 Uhr)
Einkaufen in der EU: Tel.: 0810/810 225 (Mo–Fr 9–18 Uhr)
Euro-Fragen: Tel.: 0810/810 226 (Mo–Fr 9–18 Uhr)

ADRESSEN:

Europäische Kommission in Brüssel
Rue de la Loi 200
B-1049 Brüssel
Tel.: 0032-2/299 11 11

Europäisches Parlament (EP) in Wien
Vertretung des EP in Österreich
Kärntnerring 5–7
1010 Wien
Tel.: 01/516 17-0

EU-Außenhandelsstelle in Brüssel
Avenue de Cortenbergh 118
B-1040 Brüssel
Tel.: 0032-2/735 48 11
Fax: 0032-2/735 91 88

Industriellenvereinigung
Schwarzenbergplatz 4
1031 Wien
Tel.: 01/711 35-0

Kammer für Arbeiter und Angestellte
Prinz-Eugen-Straße 20–22
1041 Wien
Tel.: 01/501 65-0

Oesterreichische Nationalbank
Otto-Wagner-Platz 3
1090 Wien
Tel.: 01/404 20-6666

Österreichische Gesellschaft für Europapolitik
Oppolzergasse 6
1014 Wien
Tel.: 01/533 49 99

Österreichischer Gewerkschaftsbund
Hohenstauffengasse 12
1010 Wien
Tel.: 01/534 44-0

Verein für Konsumenteninformation
Mariahilfer Straße 84
1060 Wien
Tel.: 01/588 77-0

Vertretung der Europäischen Kommission in Österreich
Kärntnerring 5–7
1010 Wien
Tel.: 01/516 18-0

Wirtschaftskammer Österreich
Projektbüro Euro
Wiedner Hauptstraße 63
1045 Wien
Tel.: 01/501 05-3151

Internet-Adressen zum Euro

Aktuelle Informationen und Hintergrundwissen zum Euro werden im Internet an vielen Stellen angeboten. Hier einige wichtige Adressen:

Bundesministerium für Wirtschaft und Arbeit: www.bmwa.gv.at
Euro-Initiative der Bundesregierung: www.euro.gv.at
Europa-Server der EU: europa.eu.int/euro/html/entry.html

Europäische Union: www.europa.eu.int, www.europa.at
Europäische Zentralbank: www.ecb.int, www.euro.ecb.int
Europay Austria Zahlungsverkehrssysteme GmbH: www.europay.at
Industriellenvereinigung: www.industriellenvereinigung.at
Kammer der Wirtschaftstreuhänder: www.kwt.or.at
Oesterreichische Nationalbank: www.oenb.co.at
Österreichische Gesellschaft für Europapolitik: www.euro-info.net
Studiengesellschaft für Zusammenarbeit im Zahlungsverkehr GmbH (STUZZA): www.stuzza.at
Verband österreichischer Banken und Bankiers: www.voebb.at
Verein für Konsumenteninformation: www.konsument.at
Vertretung der Europäischen Kommission in Österreich: europa.eu.int/austria
Wiener Wirtschaftsförderungsfonds: www.wwff.gv.at
Wirtschaftskammer Österreich – Projekt Euro: wko.at/euro

Gesetzestexte

Folgende Gesetze stehen unter http://wko.at/euro/p-unt.htm als Download zur Verfügung:

- Kleine Euro-Verordnung, Verordnung (EG) Nr. 1103/97 des Rates, 17. Juni 1997
- Große Euro-Verordnung, Verordnung (EG) Nr. 974/98 des Rates, 3. Mai 1998
- 1. Euro-Finanzbegleitgesetz, 126. Bundesgesetz, 14. August 1998
- 1. Euro-Justizbegleitgesetz, 125. Bundesgesetz,14. August 1998
- Euro-Währungsangabengesetz – EWAG, 110. Bundesgesetz, 22. Juli 1999
- Euro-Selbstberechnungsverordnung, BM für Finanzen, 30. Juni 1999
- Euro-Einführungserlass, BM für Finanzen, 11. Dezember 1998

Auf der Homepage des Bundesministeriums für Finanzen findet sich das Euro-Steuerumstellungsgesetz mit den ab 1.1.2002 geltenden Euro-Beträgen:
http://www.bmf.gv.at/euro/

Abkürzungsverzeichnis

ATS	Schilling
BIP	Bruttoinlandsprodukt
BIZ	Bank für Internationalen Zahlungsausgleich
ECU	European Currency Unit (Europäische Währungseinheit)
EG	Europäische Gemeinschaft
ERE	Europäische Rechnungseinheit
ESZB	Europäisches System der Zentralbanken
EU	Europäische Union
EUR	Euro
EWAG	Euro-Währungsangabengesetz
EWI	Europäisches Währungsinstitut
EWS	Europäisches Währungssystem
EWU	Europäische Währungsunion
EWWU	Europäische Wirtschafts- und Währungsunion
EZB	Europäische Zentralbank
OeNB	Oesterreichische Nationalbank

Stichwortverzeichnis